都市再生の法と経済学

都市再生の法と経済学

福 井 秀 夫 著

信 山 社

はしがき

日本の都市は，環境が悪く，都市基盤施設も未整備であるにも拘らず，土地や住宅は依然高額である。安価で快適な居住の場や経済活動の牽引車として都市に期待される役割が大きい一方，それと現実の姿との間にはあまりに距離がある。生活や産業を支える器として都市の再生を目指していくことは，すべての市民にとっての豊かさを向上させるはずである。

日本のみならず諸外国にも，都市論は古来枚挙に暇がないほどあふれるが，一市民の立場から見て納得できるものはほとんどなかったことが本書をまとめる大きな契機となった。

これまでの都市論の多くは，都市の物理的形態・意匠のあり方を反証可能性のない自らの価値観に照らして論じるもの，既得権を持つ都市住民の利害を守りそれに反する政策を攻撃することを主目的とするもの，一貫した分析の方法論を欠き，単なる見聞録・都市感想文の域を出ないもの，政策提案が誰のどのような利害を守ることになるのか不明であるもの，のいずれかまたはそれらの複合であったと思う。

本書の論述で留意した点は次のとおりである。

第1に，分析のための法と経済学に基づく規準を提示したうえで一貫して具体的問題点への適用を試みた。無論公正そのものに関して客観的な基準は存在しないが，本書の規準では，ある政策が誰の利害をどのように守り，または損ねるかを示すことができる。

第2に，潜在的住民の利害を極力視野に入れた分析を心がけた。そこに長く住んでいる者の居住権や環境権のみがそうでない者の利益に対して優越するという立場を排することに努めた。都市の問題の多くは，一種の混雑に起因する。混雑の原因は，新参者の参入であるか，旧来の者の存在であるか，という問いに対して，前者のみを答えに挙げるのは皮相な見方である。答えは両方であって，先後関係に優劣はないという視点を貫いた。

第3に，再開発や持家・借家など，都市再生問題の分析に当たって，あらゆる行動主体はインセンティブに反応するという当然の原理に即した説明と提案を試みた。民間人，政府部門を問わず，動機なく徳行や反社会的行為を積み重ねることはありえない。無論動機はさまざまであるが，制度の効果や政策の巧拙は，それらがいかに個人的にではなく，社会経済的に合理的な結果をもたらすように関連主体のインセンティブをコントロールしているか，によって評価しうる。人間観に過度の理想主義を混入したり，業界や政治家・官僚は私利私欲に固まっておりおよそ反公益的であるといった「である」論理を用いたりして都市再生を考えることは，有害であることをも示そうとした。

第4に，立法や政策という社会の根源的な規律要素に科学・技術の工学的成果を組み込むことによって，法解釈学には欠如している仮説——検証モデルに極力依拠して論じることに努めた。利益衡量と称する紛争当事者のみの瑣末な利益調整に理屈を付ける法解釈学の方法からは，社会システムの設計の知見は得られない。ここでは第三者に再現可能なモデルを社会システムの設計・立法一般に応用していくためのケース・スタディを意図した。

第5に，分析のための分析に終わらず，現実の政策処方箋を具体的に示すことに努めた。特に第6章の借地借家法制の論述は，これをベースとし，提案内容をほぼ法案化する良質な賃貸住宅等の供給の促進に関する特別措置法(2000年3月施行)として結実した。社会科学の理論や分析は，閉鎖的ギルドとしての学術研究者集団のレビューを受けるのみでは，社会的有用性のみならず，学術的有用性も獲得することはできないと思われる。現実の社会経済的現象にフィットするとともに，何らかの尺度から見てよりよい社会システムへの移行を支援する理論であることこそ，学術性の条件たるべきであろう。

いずれにせよ都市再生の道のりは，利害集団のバイアスのない現実分析，都市のビジョンに関するコンセンサス，そして少しでも快適で豊かな社会を求めようとする市民の貪欲さ如何によって遠くもなり，近くもなる。

本書を，いわゆる専門家と称する実務家・研究者のみならず，一生活者としての一般市民にも読んでいただき，本当の都市再生の実現のために尽力いただければうれしく思う。

2001年7月

著　者

目　次

はじめに

序　章 …………………………………………………………………… 1

第1節　本書の視角 …………………………………………………… 1

(1)　都市住宅問題の多様性（1）

(2)　利害関係の複雑性（2）

(3)　公共の役割（4）

(4)　本書の目的と方法（5）

第2節　既往の関連研究の概観 ………………………………………… 7

第3節　本書の構成 …………………………………………………… 9

第2章　都市住宅問題への接近の視点とその評価規準 ………………… 13

第1節　都市住宅問題への接近の視点 ……………………………… 14

(1)　住居費負担能力の低迷（14）

(2)　「持家政策から賃貸住宅政策へ」は妥当か（14）

①　持家と借家の特質（14）

②　持家と借家の選択の中立性（16）

③　制度の歪み（17）

(3)　新規産業参入の困難化（18）

(4)　資産格差の拡大（18）

(5)　インフラ整備の困難化（19）

(6)　急激な土地利用転換に伴う副作用（20）

(7)　都心における居住機能の衰退（21）

(8)　住環境の悪化（22）

(9)　税負担の増大（23）

(10)　要　約（23）

第2節　都市住宅問題の評価規準としての社会経済的厚生評価規準 …24

(1)　社会経済的更生評価基準（主基準）（27）

⑵　副 基 準（29）
1）寄与分に応じた分配の公平評価基準（29）
2）社会福祉観点からの分配の公平評価基準（31）
3）社会経済的更生を増大させるための再分配評価基準（32）
4）制度・システムの設計評価基準（34）
①　土地投機の抑制（35）
②　市街地区域内農地の宅地化（36）
③　既成市街地の低未利用地（37）
④　借地借家法の歪み（37）
⑤　公的介入のための政策手段の選択に係る価値判断（38）
5）場面適合的公的介入評価基準（38）
6）複数の目的には複数の手段評価基準（40）
⑶　総　括（41）

第3章　住宅市街地の実態と問題点 ……………………………………*47*

第1節　住宅市街地の現状と問題点 ……………………………………*47*
⑴　住宅市街地の特徴（47）
①　敷地規模の狭小性（47）
②　権利関係の複雑性（48）
③　建築ストックの質の低水準（48）
④　外部環境の低水準（49）
⑤　土地の非有効利用（49）
⑵　低層住宅密集市街地の土地利用のあり方（49）
⑶　土地の有効利用に対する反対論（51）
①　インフラの整備水準（51）
②　歴史的意義（52）
第2節　低層住宅密集市街地の再開発・整備手法の現状 …………………*54*
⑴　都市計画・建築規制による土地利用規制（54）
⑵　土地・住宅税制（56）
⑶　市街地再開発事業・土地区画整理事業等による権利変換手法による再開発（57）
⑷　住宅金融公庫，地方公共団体による政策融資制度（58）
⑸　住宅地区改良事業（60）

(6)　助成による民間建替え誘導制度（62）
(7)　ま と め（64）

第４章　住宅市街地整備における住宅供給的視点の付加 ……………… 67

第１節　住宅対策における住宅供給的視点の付加 …………………… 67
(1)　住宅対策における住宅供給的視点の付加（67）
(2)　新しい課題設定（68）
１）住宅供給の観点の付与（68）
２）明確かつ現状追随的でない将来ビジョンの設定（71）
３）公共公益的見地からの対策の費用対効果の検証（73）
①　対策の効果（73）
②　個別建替えの限界（75）
③「修復型」事業と「敷地共同化型」事業（76）
４）関係当事者に対するインセンティブの付与（78）
５）権利調整の手法の体系化と継承可能性の付与（79）
６）良好な土地利用転換を助長するような制度的枠組みへの転換（80）
第２節　敷地の共同化と道路整備 ………………………………………… 82
(1)　敷地の共同化の隘路とその対策促進（82）
(2)　道路整備の課題（84）
第３節　ま と め ……………………………………………………………… 87

第５章　権利調整費用の低減による共同建替え促進効果 ……………… 89

序　節 …………………………………………………………………………… 89
(1)　将来市街地像の検討（89）
(2)　大規模共同建替えの阻害要因と実現可能性（92）
(3)　共同建替え推進施策実施による政策効果の分析（92）
(4)　ストック更新メカニズム分析（93）
(5)　都市住宅市街地整備システム設計へのアプローチ（93）
第１節　将来住宅市街地像の検討 ………………………………………… 93
(1)　現状市街地と趨勢（94）
１）豊島地区の概況（94）
２）鶴見地区の概況（95）

(2)　3つの市街地像（96）
1）豊島地区ケーススタディ街区の市街地像（97）
①　現状の市街地像（ケースA）（97）
②　個別建替えによる市街地像（ケースB）（98）
③　大規模共同建替えによる市街地像(1)～4敷地への集約化（ケースC－1）（101）
④　大規模共同建替えによる市街地像(2)～2敷地への集約化（ケースC－2）（104）
2）横浜地区ケーススタディ街区の市街地像（107）
①　現状の市街地像（ケースA）（107）
②　個別建替えによる市街地像（ケースB）（108）
③　大規模共同建替えによる市街地像（ケースC）（109）
(3)　市街地像の比較検討（109）
1）市街地像の計量的評価（111）
①　開発利益（豊島地区ケーススタディ街区）（111）
②　住環境（111）
2）高容積開発に対する疑問（113）
①　実効容積率300％の開発への疑問（114）
②　「高度成長型都市像」への疑問（114）
③　コミュニティの維持・存続の問題（115）
第2節　大規模共同建替えの阻害要因と実現可能性……………………*116*
(1)　共同建替えに対する地権者の意向（116）
(2)　地権者による建替え行動のモデル化（118）
(3)　共同建替えの阻害要因分析（120）
①　個別建替えの優位性（120）
②　共同建替えの阻害要因（121）
(4)　共同建替えの権利調整費用低減のための施策（123）
①　収用権を背景とする道路網整備（123）
②　交換分合制度の導入（125）
第3節　共同建替え推進施策実施による政策効果の分析………………*128*
(1)　調整作業の内容及び作業期間の実態調査（128）
①　調整作業の内容に関するアンケート調査（128）
②　調整作業期間に関するアンケート調査（132）
(2)　施策が実施されていた場合の調整作業期間（132）

① 聞き取り調査実施要領（132）
② 施策の導入・実施による調整作業期間短縮効果（132）
(3) 個別建替えと共同建替えの収益性の比較（単純な場合）（135）
(4) 建替え時期及び権利調整費用についての想定（137）
(5) 調整作業期間短縮効果の推計（140）
① 調整作業期間・コンサルタント委託費予測式推計（140）
② 施策実施による調整作業期間短縮効果（141）
(6) 共同建替え期待収益改善効果の推計（142）
① 建替え時期を考慮した個別建替えの期待収益（142）
② 権利調整費用を考慮した共同建替えの期待収益（142）
③ 施策の実施による共同建替えの期待収益改善効果（142）
(7) 施策実施効果の評価（145）
第4節 ストック更新メカニズム分析……………………………………*146*
(1) ストック更新モデルの構築（147）
1）モデル構築の考え方（147）
2）前提条件（147）
3）定式化（148）
(2) 豊島地区におけるストック更新モデルの適用（150）
1）豊島地区における自然ストック更新の実態（150）
2）パラメータ推定（151）
① 住宅除却比率α（151）
② 戸建て住宅建設比率β（151）
③ 住宅滅失比率γ_1（151）
④ オフィス建設比率γ_2（152）
⑤ 共同建替えによるマンション建設比率ω（152）
⑥ 共同建替え時の従前住宅棟数平均値n（152）
(3) 大規模共同建替え促進施策を実施した場合の将来ストック変化予測（152）
1）趨勢ケース（153）
① 前提条件（152）
② 推定結果（152）
2）政策ケース（153）
① 前提条件（153）
② 推計結果（154）

第５節　都市住宅市街地整備システム設計へのアプローチ……………156
(1)　収用事業方式の検討（156）
１）背景と必要性（156）
２）既存の収用事業方式の活用課題（156）
(2)　共同化のための土地の交換分合（157）
１）背景と必要性（157）
２）施策のイメージ（158）
①　集合住宅建設促進のための協定（158）
②　交換分合（158）
③　協定と交換分合による集合住宅建設事業のイメージ（159）
第６節　ま と め……………………………………………………………160
(1)　結　論（160）
(2)　既成市街地における整備･再開発促進方策に係る今後の検討課題（162）
①　制度的枠組み再編の必要性（163）
②　強制的な計画・事業措置適用のための社会的合意形成（163）
③　事業主体及び事業方式について（163）
(3)　既成市街地整備･再開発促進問題に係る理論･実証研究上の課題（164）
①　計画の最適解について（164）
②　モデルの精度に係る問題（165）
③　権利調整費用の計測に係る課題（165）

第６章　借地借家法制の住宅供給抑制効果 ……………………………169

第１節　は じ め に…………………………………………………………169
第２節　新借地借家法（92年改正法）で何が変わったか………………170
(1)　定期借地権（170）
(2)　借地権の存続期間（170）
(3)　借地借家に係る正当事由の具体化（171）
(4)　地代・家賃に関する紛争についての調停前置（171）
(5)　期限付建物賃貸借（171）
第３節　判例の動向……………………………………………………………173
(1)　正当事由の判断（173）
(2)　継続賃料に関する判断（175）
第４節　判例が借地借家市場に与える影響……………………………175
(1)　返還時期（176）

⑵　正当事由具備のコスト（177）
⑶　利用期間長期化のコスト（178）
⑷　市場均衡（181）
第５節　データによる検証……………………………………………………*183*
⑴　貸家の規模（183）
⑵　戦前との比較（183）
⑶　諸外国との比較（186）
⑷　建て方別借家率（186）
⑸　借上げ社宅（187）
⑹　家　賃（191）
第６節　東京圏住宅市場モデルによる借家制度見直し効果の計測……*191*
⑴　効果計測の考え方（192）
１）基本的考え方（192）
２）借家制度見直しが新設住宅市場に与える影響（192）
３）借家制度見直し効果の計測方法（193）
４）効果計測の前提条件（194）
⑵　持家需要関数及び借家需要関数の推計（194）
１）前提条件（194）
２）定 式 化（194）
３）需要関数の推計（195）
①　潜在住宅需要Q_{TOTAL}算出（195）
②　借家選択比率ϕ（r）の推計（196）
③　住宅需要累積分析関数の推計（196）
④　住宅需要関数の推計（197）
⑶　持家供給関数及び借家供給関数の推計（趨勢ケース）（197）
１）前提条件（197）
２）定 式 化（197）
３）供給関数の推計（197）
①　住宅価格の推計（197）
②　住宅供給の動向見直し（199）
③　住宅供給の価格弾力性の設定（200）
④　住宅供給関数の推計（200）
⑷　借家制度見直しが借家経営に与える影響の分析（200）
１）借家経営による期待収益（200）
２）趨勢ケース及び政策ケースでの借家経営条件の相違（200）

3) ケース別借家経営期待収益算出（202）
① 前提条件（202）
② 算出方法（203）
③ 算出結果（203）
4) 借家供給関数の推計（政策ケース）（204）
(5) 需給均衡の推計（204）
① 趨勢ケース（204）
② 政策ケース（204）
(6) 政策効果の計測（204）
第 7 節　法の政策科学……206
(1) 住宅・土地政策（209）
(2) 正当事由制度（209）
(3) 定期借家権（210）
① 従来の状況（210）
② いわゆる定期借家法の制定（211）
(4) 継続賃料の設定基準（213）
(5) 開発利益の土地税制による吸収（214）
(6) 既存借地・借家と土地利用（214）
(7) 自由化が先か，福祉が先か（215）
(8) 自己責任原則（216）
(9) むすび（217）

第 7 章　結論及び今後の課題……221

あとがき

事項索引（巻末）

序　章

第１節　本書の視角

(1)　都市住宅問題の多様性

都市論，住宅論は，領域や切り口を問わず，広く各界でなされている。建築学，土木工学等比較的直接関連をもつ分野のみならず，行政法，民法などの法律分野，経済学，歴史学，政治学といった分野においても，都市や住宅に関する論議は広範に行われている。

それにもかかわらず，都市住宅問題を一定の論理的な規準に基づき，さまざまな分野を横断して統一的・体系的な分析を行うことは困難であるとみなされてきた。

住宅は，建築技術の客体であって，計画，構造，設備等建築学の研究対象であり，住宅のあり方に関する住居学の領域も深く関わる。さらに広い範囲で考えれば，住宅は都市の構成要素でもあって，都市計画の立案や事業にとって必須項目である。住宅の配置や量を考慮しない都市計画はありえない。そして都市計画における住宅は，それに関連するインフラストラクチャー（都市基盤施設。以下「インフラ」という），例えば，道路，上下水道，公園，ガス・電力施設等のネットワークを伴って初めて居住可能となるものであり，インフラの多くは土木工学の対象となる。

また，住宅は売買や請負や賃貸借の対象でもあって，日々ぼう大なマンションや戸建て住宅が，多くは仲介業者を介して売買されている。土地を所有する者が工務店やハウスメーカーに建築を請け負わせることも広く行われる。借家の形態でアパートやマンションに居住する者も多い。建築基準法に適合している場合であっても，住宅建築が近隣との関係で日照紛争を引き起こすこともある。これらの関係は民法典及びその特則である借地借家法等が規律することとなっており，紛争解決に対する規範をも与えている。さらに，住宅建築の際には，建築基準法による確認が行われることとなっており，これを経なかったり，違法である住宅は，同法による除却命令の対象となり，最終的には行政代執行により強制的に除却されることになる。また住宅取引の仲介業者に対しては，宅地建物取引業法による行政の監督が行われることになっている。これらは，行政法的規律であって，市民の権利保護や行政の適法性コントロールの視点からさまざまな問題設定が可能である。

住宅の売買や賃貸借を市場という視点からみると，そこは，価格機構が働き，需要の法則，供給の法則が妥当するミクロ経済学の分析対象となる。住宅投資への助成や減税を考えると，これらにより消費の拡大を通じた乗数効果が生じ，国内総生産が増大する。そのメカニズムはマクロ経済学の分析対象である。

政治学や歴史学の研究対象としても住宅には独自の意義は当然存在する。このように，ひとえに「住宅」といってもそこに切り込む視角はきわめて多様な種類が併存するのである。このことは「都市」についても同様である。

したがって，身近な対象物であって市民の関心も強く，そのうえさまざまな視角からの分析が可能な都市住宅には，学術研究の対象としても興味深い論点が無数に存在する。現に各種関連学術分野においても活発に優れた研究の蓄積がなされてきている。

(2) 利害関係の複雑性

都市住宅問題は，長い間日本で重要性が指摘され続け，都市計画法，建築基準法，国土利用計画法，都市再開発法，土地区画整理法，土地収用法，公営住宅法，住宅建設計画法等をはじめとして，おびただしい数の法令が制定されてきた。これらの運用に携わる行政担当職員の数や，関連予算の金額もぼう大になっている。しかし，これら施策が十分な成果をおさめ，安価で快適な都市住宅空間が実現しつつあるとは言い難い。これにはさまざまな要因があるが，特に主要な要因の一つは，都市住宅問題をめぐる利害関係の複雑性である。例えば，1980年代後半の急激な地価上昇期に土地対策，地価対策の重要性が各方面で指摘された。このときの「地価対策」としての，地価を下げるべきだ，との主張には実は二面性がある。いわゆる土地神話に基づいて土地や住宅を購入し，将来の値上がりに備えようとする行動は，土地を転売しようとの意図がなくても広義の土地投機に分類される。値上がり期待の対象たる土地やマンションを所有しない，いわゆる第1次取得者は，この意味の土地投機に参入するためにはあまりに地価が高くなりすぎたため，地価を下げるべきとの主張に与することになった。一方，既に土地投機に参入済みであった土地やマンションの所有者は，地価上昇によって住み続ける権利が奪われると主張した。具体的には，相続税や固定資産税の評価額が高くなりすぎたため，税負担の限界を越えてしまい，土地・マンションを手放さざるを得なくなる，したがって，「地価対策」によって課税評価額を引き下げ，税負担が軽くなるようにすべきだというのである。両者の主張は一見同様である。ところが，相続税の評価額を金融資産と同様の水準まで高めることは，相続税対策のために土地を取得する行動を不利にするため，土地需要を減少させ，土地投機を緩和する。固定資産税の評価を時価で行うことは，土地を低未利用のまま保有することを不利にするため，土地の有効利用が進む。有効利用が進めば，土地は総体的に多く供給されることとなるから，少なくとも床面積当たりの価格は低下する。課税評価額を引き上げることは第一次取得者の利益になるのである。

課税評価額に関して，両者の利益をともに増大させるような選択肢は存在しない。このような前提を明確にしない地価対策論議は混迷を深めることとなる。さらにいえば，土地・マンション保有層が地価対策を主張するとき，課税評価額の引き下げを意図するのであれば，転売時の価額もそれと同一額にしたい，ということにはならない。彼らの願望は，売却時のキャピタルゲイン（地価上昇差益）はできるだけ多く獲得したいが，税金は多く支払いたくないと解釈せざるを得ないのである。このように考えてくると，一時期の地価対策論議は，同床異夢であって，ここからも問題の複雑性，解決の困難性を読み取ることができる。

また，宅地開発やマンション建築をめぐる紛争も二面性をもつ。自治体では，宅地開発指導要綱等の行政指導により，宅地開発に関する負担金を開発事業者に求めたり，マンション建築に際して近隣住民の同意を求めたりすることがある。これらの措置は，その内容の当否は捨象するとしても，少なくとも利害のうえでは，いわゆる旧住民と潜在的住民との間の緊張関係を反映するものである。負担金や住民同意の強制は開発コストを押し上げ，最終的には，新たな宅地やマンションの購入者という潜在的住民であった新住民がそのコストを負担することになる。秩序ある街並みを維持することは比較的旧住民の合意を得やすい。しかし，開発を抑制することは，地価の上昇を通じて当該自治体への参入の障壁を高めることとなり，潜在的住民の利益は小さくなる。ところが，当該自治体において未だ選挙権をもたない潜在的住民は，さまざまな開発のバリアーに対して民主的手続きによる対抗の術をもたない。さらに，潜在的住民の利益は薄く広がっており，これを集約して特定の自治体に対する政策への意見表明に結びつけるには恐らく禁止的な取引のコストが必要である。従来の都市住宅政策では，明示されにくかった利益も含めて普遍的市民の立場をシミュレーションした選択肢を示して議論がなされることは少なかった。

(3) 公共の役割

このような現況に鑑みれば，都市住宅政策における国，自治体等の公共の役割は一応大きいといえる。ただし，役割の大きさは，直ちに公金支出の増大や，公権力によるより強い介入を正当化するわけではない。民間の市場に委ねた方が適切な場合もあるであろうし，現行の市場機構の枠組みを修正することが適切ということもあろう。どのような場合に，どのような手法で，どの程度公共が都市住宅問題に介入することが適切であるかを検討することこそ有益である。

日本の都市住宅問題の深刻さを語るときに，ドイツの都市計画が理念型として対置されることが多い。ドイツの都市計画は，「計画なければ開発なし」を原則とし，通称Bプランと呼ばれる拘束力の強い地区詳細計画によって特徴付けられる。計画実現を担保するための建設命令の制度も存在する（ドイツの都市計画法制の詳細については，ブローム・大橋（1995）参照）。ドイツを範として日本の都市計画を厳格化すれば，ミニ開発，スプロール，密集市街地の環境悪化等のさまざまな問題も解決でき，1980年代後半の異常な土地投機も防げたはずだったとの議論がある。

一方では，現行の都市計画・建築規制の存在は，土地の有効利用を妨げ，地価高騰を招いた原因の一つでもあって，このような規制は大幅に縮小すべきであるとの議論もある。

このような対立する見解に対してどのようにアプローチすべきだろうか。先鋭な論議が交わされることが多いのも都市住宅問題の特徴である。価値判断も政策の前提であるから，その違いが政策論に反映されるのは当然のことである。議論における結論の違いが帰するところ価値判断であるならば価値判断そのものの当否を論拠を挙げて十分に討議すべきである。さもなければ政策は決まらない。

ただし，思想には存在被拘束性がある（丸山（1961）156頁）。土地所有者かどうか，大都市居住者か地方居住者か等々の立場が規定する思考様式へのバイアスである。政策論ではそれをいったん認識したうえで，普遍的市民の立場をシミュレーションする必要がある。また，論理的な推論のプロセスは一定の前提を採る限り，技術的に検証が容易であるが，その前提の妥当性の吟味は困難なことが多い。

さらに，政策論では，利害の複雑性から，政治的制約が加わることが多い。土地保有税の強化等に例をみることができる。前述のように，資産格差の是正，土地の有効利用のための手段として土地保有課税の適正化が地価高騰期に議論の対象となったが，当初想定されていた税率，非課税土地及び基礎控除額について大幅に後退した形で1992年に地価税が導入された（岩田・小林・福井（1992）197頁参照）。このような政治的制約とは独立に政策の及ぼす影響をいったん検証することも重要である。これらは，福沢（1931）33頁以下にいう「多事争論」が「議論の本位」を定めたうえで行われることにほかならない。

(4)　本書の目的と方法

本書では，都市住宅問題に関する多様性，利害の複雑性，公共の関与に関する規範等，従来，分析の視角や方法において統一的に処理することが困難であると理解されてきた事象について，できるだけ明確で，具体的かつ体系性を具備した評価規準を設定し，そのような規準の有効性を検証することを重要な目的とする。

この際，分析の規準は，現実のさまざまな都市住宅をめぐる事象そのものの動向や特徴を的確に把えうるものであると同時に，これら事象そのものや，これら事象をもたらすさまざまな制度の評価が可能であり，さらに，一定の評価の体系に合致したより望ましい制度の設計が可能であるようなものであるべきであるとの前提を採った。また，複雑で広範囲にわたる影響をもつ住宅市街地の更新整備方策を総合的に考察するためには，経済学及び法学を中心とした社会科学的知見を踏まえた工学的分析を行うことが重要であるとの基本的認識に立った。

このような要請を満たしうる分析の規準を「社会経済的厚生評価規準」と位置付け，主規準としての「社会経済的厚生評価規準」に加えて，副規準として「寄与分に応じた分配の公平評価規準」，「社会経済的厚生を増大させるための再分配評価規準」，「制度・システムの設計評価規準」，「場面適合的公的介入評価規準」，「複数の目的には複数の手段評価規準」を設定した。これらとの相対関係において，事象や制度を分析し，評価することによって，現実の諸問題をいかに明晰に認識することができ，公共的な関与のあり方をいかに合理的にコントロールできるかを明らかにすることに特に力点を置いた。ここで「システム」とは，制度の集積，これに関わる諸現象及びこれらが相互に及ぼす作用から構成される体系をいうこととする。

このため，ここでは，評価規準そのものを設定したうえで，これらが住宅市街地の更新整備における問題の①発見，②評価，③解決提案を図っていくうえで有効な規準たりうることを応用場面における適用を通じて検証しようとした。

まず，住宅市街地の更新整備方策を捉え，特に敷地の共同化に関するモデル試算を実施する。都市住宅問題を，社会経済的厚生評価規準から分析・評価する場合に中核的要素を構成するのが，土地の有効利用の概念である。土地の有効利用とは，土地利用市場における社会経済的厚生水準を上昇させることを意味し，その達成の上で，大都市既成市街地においては，敷地の共同化が重大な意義を有する。

このような前提の下で，敷地の共同化に際しての権利調整に要する時間，労力等の諸コストを踏まえ，これら諸コストが，計画実施の法制的担保措置の実現によっていかなる場合にどの程度縮減可能であるかを考察する。そして，実証的シミュレーションを通じて，このような措置の土地利用面での効果として共同建替えの選択確率が上昇し，住宅市街地の更新整備が促進されることを示し，併せて，社会経済的厚生評価規準を満足する将来住宅市街地の物理的形態についての展望をも示す。

次に，社会経済的厚生評価規準の観点から，住宅市街地における賃貸住宅市場，賃貸住宅ストックをみると，市場の縮小，賃貸住宅ストック水準の劣悪性，ストックの集積がもつ土地利用の歪み等さまざまな問題点を指摘することができる。住宅市街地の更新の上でも，賃貸住宅ストックの更新の法的隘路に基づく困難性が存在している。

また，新規賃貸住宅ストック，既存ストックを問わず，住宅市街地の形成のうえで重大な影響を及ぼしている借地借家法制について，社会経済的厚生評価規準の主規準，副規準の各規準に総合的に照らすことにより，いかなる土地利用上の問題点が存在し，それをいかに評価しうるか，その解決方策は何かについて明確化しようとした。

この際，借地借家市場の現況を実証的に把えるとともに，借地借家法制そのものの機能を判例の集積と合わせて具体的に明らかにすることに特に留意した。そのうえで，法制上の「正当事由制度」及び「継続賃料抑制主義」が，借地借家市場や住宅市街地のストック状況，土地利用等にいかなる影響を及ぼしているかについての作業仮説を提示し，これら仮説の１つ１つを，データ，モデルシミュレーション等によって具体的・実証的に検証することを試みる。さらに，法制，土地利用，市場等の相互関連を踏まえて，社会経済的厚生評価規準に基づくことによって，新たな政策，法制としていかなる方策が適切であるかについての実践的な提案を示すことが可能であることを論証する。

これらの検証過程を通じて，現在の日本の都市住宅市街地が抱える問題点の認識を体系的，実証的に深めるとともに，法令，税制，予算等さまざまな制度に対する改善提案を行う場合の基本的枠組みとしての社会経済的厚生評価規準が従来のさまざまな規準と比較して理論的・実践的に有効であることを論証しようとするものである。

第2節　既往の関連研究の概観

本書の中核を成す社会経済的厚生評価規準に関連しては，岩田（1977）をこの分野における最も包括的な理論的研究として挙げることができる。岩田（1977）

は，従来理論的に論じられることが多かった資源配分の効率性問題を，土地利用，土地税制，住宅政策等の具体的な諸問題や，それに関連する諸制度に対して適用し，その具体的な改変方策についても提示したことに意義がある。本書の特に評価規準に関する部分は，岩田（1977）を踏まえて，特に資源配分の効率性及び所得分配の公平性規準をさらに精緻化し，具体的場面により実践的に応用可能な評価規準として構築し，発展させせようとしたものである。

また，住宅市街地の更新整備に関する研究としては，次のように多数の蓄積がなされてきている。本光・中村（1991）では，修復型まちづくりにおけるセットバック空間，ポケットパーク用地，通り抜け路等の公共的空間の拡大過程を実証的に分析している。谷口・天野（1983）は，東京都目黒区を素材として既存建築物の方針の実態とその条件の予測を行い，計画策定上の基礎的課題を明らかにしている。高見沢（邦）・武内（1982）は，敷地の共同化に対する地権者等の意向の調査を踏まえて，共同建替えの概念整理を行い，共同建替えの効果について考察したものである。高見沢（邦）（1991）では，いわゆる改善型地区整備事業の計画及び実施過程について，東京都区部の事例を基にして実態調査を踏まえた計画上の諸課題を明らかにしている。高見沢（実）（1985）は，東京都下の低層高密市街地を対象として土地利用更新の経緯を実態調査するとともに民営借家の更新整備のあり方を考察する。高見沢（実）（1986）は，東京都下の低層高密度市街地におけるアンケート調査，実態調査を通じて土地利用更新を敷地条件との関係で考察したものである。坂本・長田（1984）は，既成市街地における敷地の共同化の困難性の要因を分析するとともに，実態調査及びアンケート・ヒアリング結果に基づき，敷地の共同化に関する敷地規模，占有者，用途等の諸要因を分析している。

以上のように住宅市街地の更新整備をめぐっては，公共施設整備，敷地の共同化等さまざまな観点からの優れた蓄積がなされてきているものの，住宅市街地の更新のメカニズムや，それに影響を与える制度・システムの評価を，モデル化し，統一的・体系的に分析したものは現在のところみられない。これら研究を踏まえつつも，一定の評価規準からみた現況，制度・システムの評価・分析の体系を構築することが課題となっていたと考えられる。

借地借家問題に関する研究としては，森本（1975），森本（1976），森本

(1978)，森本 (1993) 等が，民営借家に関する地代，家賃，規模，設備等に関して包括的な分析を行い，借家経営形態のさまざまなパターンについて詳細な論拠を提示している。借地借家問題の制度そのものに関する要因分析としては，岩田 (1976)，岩田 (1977) が，ミクロ経済学を駆使して，借地借家法が民間借家供給に与える影響について，理論的・実証的に分析し，制度と借家実態との関わりに関する我が国で初めての経済学的分析の端緒を切り開いた。

第３節　本書の構成

本書は７章で構成している。全体構成は**図１－１**のとおりである。

序章では，本研究の背景と目的及び概要について述べている。

第２章では，従来必ずしもコンセンサスがみられなかった複雑な都市住宅問題の認識について共通の基盤に立って理解する枠組みを定立することを目的として，経済学における資源配分の効率性概念のうち特にパレート最適概念を発展させることにより，上記７つの評価規準を定立した。これにより，従来明らかでなかった住宅市街地更新に係る問題の根幹的要因，発生の過程，他の関連する問題との関係等を体系的に認識することが可能となることを明らかにしている。また，住宅・土地市場の活性化により市街地の環境を改善するとともに，市場全体における社会経済的な厚生水準を高めるためには，法制，税制，予算等の各種制度・システムの中の，どの部分に対して，どのような手法により，どの程度の公的な介入をなすべきかという点をも分析している。併せて，分配に関する評価規準からみて住宅市街地の更新整備を図っていくに際しての潜在的市民をも含めた市民全体における公平の実現のためには，いかなる形態の公的な介入が望ましいかについても明らかにしている。

第３章では，住宅市街地の現況，なかんずく低層住宅密集市街地を例にとって，現行の法令，税制，予算，事業制度等を前提として施策を講じたとしても，住環境水準，防災性の向上に資する市街地の更新を円滑に図っていくことが困難であることを論証している。

第４章では，社会経済的厚生評価規準に基づき，従来のいわゆる修復型再開発の限界を明らかにするとともに，住宅供給の観点の付与，明確かつ現状追随

図1—1 全体構成

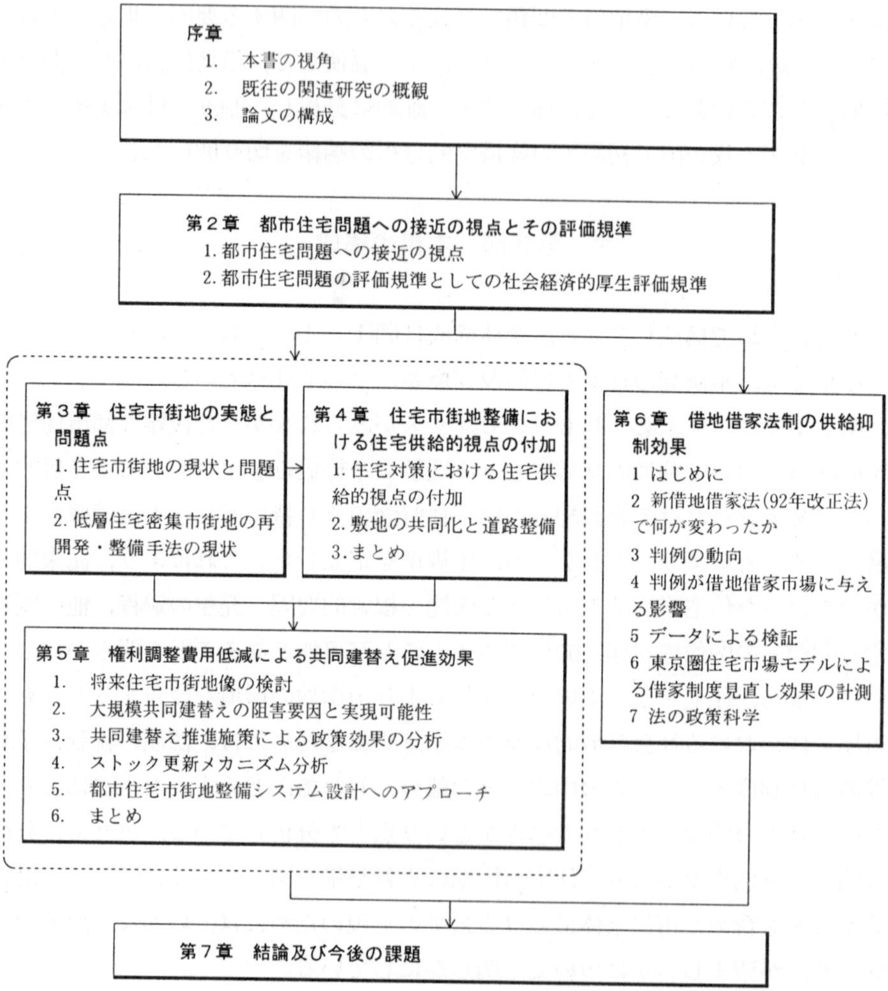

的でない将来ビジョンの設定，費用対効果の検証，関係当事者に対するインセンティブの付与，権利調整手法の体系化等の政策的目標を具体化することにより，低層住宅密集市街地における敷地共同化等を伴う良好な住宅市街地の更新整備が行われる蓋然性が高いことを明らかにしている。

第５章では，具体的な低層住宅密集市街地をモデルケースとして将来市街地像を特定し，権利調整費用の分析を中核に据えることで，その低減を図ることが，共同建替えの選択確率を高めることになることを実証的に明らかにした。併せて，収用権の活用，交換分合制度の構築により社会経済的厚生水準を向上させる可能性についても具体的に示した。

第6章では，住宅市街地の更新に際して権利調整費用の重大な一要素をなす借地借家法制の問題について，法の変遷，裁判例の動向，借家市場，持家市場への影響等を工学的知見の活用により実証的に明らかにし，借地借家法制のうち，特に正当事由制度及び継続賃料抑制主義の点で市街地更新整備上の隘路があることを明らかにしている。すなわち，これらが，一室住居のシェアの肥大化，借家率の減少，借家規模の狭小化，再開発の困難化等をもたらしていることを実証的に分析した。併せて，社会経済的厚生評価規準等から見て望ましい借地借家法制，住宅福祉措置，土地利用計画のあり方についても具体的に提示している。

第7章は結論であり，本研究で得られた結果を総括している。

〈参考文献〉

岩田規久男（1976）「借地借家法の経済学的分析」季刊現代経済24号

岩田規久男（1977）『土地と住宅の経済学』日本経済新聞社

岩田規久男・小林重敬・福井秀夫『都市と土地の理論』ぎょうせい

ヴィンフリート・ブローム，大橋洋一（1995）『都市計画法の比較研究』日本評論社

阪本一郎・長田直二（1984）「既成市街地における敷地併合の実証分析」第19回日本都市計画学会学術研究発表会論文集

高見沢邦郎（1991）「東京区部における改善型地区整備事業の計画と実施課程の考察」日本建築学会系計画論文報告集第426号

高見沢邦郎・武内陸男（1982）「住宅系既成市街地における「共同建替え」の検討」第17回日本都市計画学会学術研究発表会論文集

高見沢実（1985）「東京区部低層高密度市街地における住宅地の安定性と民営借家等の方針に関する考察」第20回日本都市計画学会学術研究発表会論文集

高見沢実（1986）「東京区部低層高密度市街地における住宅需給・建物更新動向を踏まえた居住環境整備の動向」第21回日本都市計画学会学術研究発表会論文集

谷口汎邦・天野克也（1983）「既存建築物の更新実態とその変容に係わる物的条件について」第18回日本都市計画学会学術研究発表会論文集

福沢諭吉（1931）『文明論之概略』岩波文庫（原書は1875）

丸山真男（1961）『日本の思想』岩波文庫
本光章一・中村攻（1991）「修復型まちづくりにおける公的空間拡大課程に関する研究」第 26 回日本都市計画学会学術研究論文集
森本信明（1970）「民間貸家更新論（その１・その２）」日本建築学会論文報告集227号
森本信明（1976）「民間貸家更新論（その3）」日本建築学会論文報告集241号
森本信明（1978）「民間共同賃貸住宅の経営分析に関する研究（その１・その2)」日本建築学会論文報告集第268号・269号

第2章　都市住宅問題への接近の視点とその評価規準

都市住宅問題は，関わる利害当事者の多様性や，地価高騰という比較的単純な事実の背後にあるその複雑なメカニズム故に，そもそも問題認識の前提について論者によって大きな隔たりが存在することが少なくない。政策提案においては，これが一層大きくなる傾向にある。また，特に「資産格差の拡大」的議論についていえば，ややもすると情緒的に流れる傾向もある。

このような論点に関して，整理体系化し，議論の共通の基盤を関係者のすべてが共有しておくことは切実な課題である。

きわめて根源的なレベルにおいては都市住宅問題に関する関係者の認識にはそれ程大きい隔たりはないと思われるが，そこから具体的な方向に進展する程くい違いが大きくなる。そのような意味での一定の普遍性を有すると考えられる根源的な認識を呈示すると，次のようなものではないだろうか。

都市住宅問題は，我が国の将来にわたっての個々人の幸福を基盤とした国民生活の豊かさを維持・発展（抽象的価値としての「国家の繁栄」や「国力の伸張」ではない。）させていくうえでの大きな障害となる可能性がある。このような意味での「豊かさ」の形成の方向は何か。第一に生活の基盤としての居住がすべての国民にとって快適かつ安価なものとなる必要がある。第二に生産の基盤としての産業活動一般が，生活を犠牲にすることなく，技術革新を伴いつつ質的に活性化していく必要がある。

都市住宅問題が多くの人の関心の対象となっている現在は，この問題について包括的で基礎的な認識を深めるとともに，政策的にも体系的で効果的な施策を実行に移す好機である。これにより，将来にわたる障害の芽を除去できる可能性もある。

本章では，都市住宅問題への接近の視点及び評価規準について，やや基本的領域にまで立ちかえって整理することとする。

第1節　都市住宅問題への接近の視点

(1)　住居費負担能力の低迷

我が国の特に大都市圏における近年の地価高騰は，中堅勤労者層等にとっての住宅取得能力を著しく低下させた。

このため，特に東京を中心とする大都市においては，住宅取得の困難化，住宅立地の遠隔化，住宅規模の狭小化が著しく進行している。これらの問題を放置することにより，中堅勤労者の勤労意欲の低下，家庭内コミュニケーションへの影響等が生じるほか，我が国が内需中心の安定的な経済成長を図ることにより，経済社会の活力を維持していくうえでも重大な支障が生じる可能性がある。

(2)　「持家政策から賃貸住宅政策へ」は妥当か

この点に関連して，これまでの持家政策に代えて，今後は賃貸住宅への公的支援を重視すべきだ」との主張がある(1)。このような主張の論理構造は必ずしも明らかではないが，仮に，現在の住宅・土地市場には何らかの制度・システム上の隘路が存在するために，本来の持家と借家のバランスが歪められており，歪みを解消して中立的な制度を構築すべきである，との趣旨を含むのであれば，その限りにおいて妥当といえよう。

しかしながら，仮に，持家による居住形態は高額に過ぎるため，中堅勤労者層のすべてに対して持家を所有させることは現実の地価水準の下では困難となった，一定の所得階層以下の者に対しては，持家取得を諦めさせて借家への入居で我慢させるべきだ，との趣旨が含まれているのなら，結果的には住宅政策における敗北主義を宣言していることになる。

①　持家と借家の特質

すなわち，持家又は借家を居住形態として選択する場合，居住機能そのものにのみ着目して比較するならば，次のようになる。持家の場合，利用の仕方について貸手から注文をつけられたり，許可を受けたりする必要はない。居住期間についても，自己の所有権が存在する限りどのような長期間にわたることも可能である。居住に関する社会的，心理的な安定が得られるとともに，家族の成長等に合わせた生活スタイルに同一住居を前提とした計画性をもたせることもできる。一方，持家は，取得に際して多額の一時金が必要となるほか，一般的に住宅ローンを借りる場合，そのための審査や手続に一定の労力や費用が必要である。また，転居が必要となった場合，2000年3月，良質な賃貸住宅等の供給の促進に関する特別措置法によって定期借家制度が創設されるまでは，他人に貸し出すことは借地借家法の正当事由制度が存在する以上不利となる可能性が強いことから，売却することが合理的選択となる場合が多かった。売却に当たっては，一般的に仲介業者に手数料を支払うことを前提として依頼する。しかも，希望価格で即座に買手が現れる保証はない。引合いがあっても，価格面での交渉のコストが発生するであろう。金融資産と比べて土地・住宅資産の流動性は著しく低いのである。さらに，無事に成約に至っても，特に昨今のような地価低下局面ではキャピタルロス（地価低下差損）が発生することもある。さまざまなリスクが持家所有にはつきまとう。

これに対して，借家の場合には，持家と比べて一時的な多額の出費は必要ない。家族の人数や成長に合わせて気軽に住換えができる。立地にしろ，広さにしろ，子供の有無・年齢や通勤の便宜，趣味の変化といった事情に合わせて最も適切な住居を比較的容易に選択できる。キャピタルロスを被ることもない。一方，借家は，貸手の許可がない限り，改築等が自由にはできない。一応存続期間が存在し，確実に長期間居住できることが保証されているわけではない。

このようなさまざまなメリットとデメリットを勘案したうえで，持家と借家のどちらを選択するかは，居住者である個人とその家族の私的な選好や事情によるならば次のようになる。持家と借家の選択に対して制度・システムが中立的となっていることを前提とすれば，そのような前提の下で誰がどのような居住形態を選ぼうと，それは当人の自由に属する。この選択に対してどちらかが望ましいとして公権力が干渉すること自体パターナリズム（温情主義）ないし愚民観の産物との評価を免れない。広く多様な選択肢の中から，各々の生活様式や，価値観，趣味等に応じて，当人が自由にかつ主体的に選びとれればよいこととなる。

②　持家と借家の選択の中立性

しかしながら，ここで前提とした持家と借家の選択に関する制度・システムの中立性は，次に述べるように，現在のところは確保されていない。すなわち，日本の制度・システムは，借地借家法，住宅税制，公的住宅融資制度の各側面において，借家よりも持家を有利にするように設計され，かつ，運用されており，借家市場，持家市場のそれぞれの効率性を阻害している。また，所得分配の面でも，一般的にみれば借家層と比べて高額所得層である持家取得層に対して，財政上の支援がより手厚くなされているという不公平が存在している。

第1に，住宅税制については，家賃には課税されるにも拘らず，帰属家賃(持家所有者兼居住者が観念的な賃貸により得ている利得)に課税されない所得税制は，中立的な制度・システムと比べて持家を有利にし，持家率を高める方向で作用している。ただし，借家経営による不動産所得の算定に当たっては，建物建設の減価償却費及び借入金利分を経費に算入することができるのに対して，持家では減価償却費を経費に算入することができず，借入金利分についても，原則として残高の1％を控除できるにすぎない。これは借家を有利とする要因である。

第2に，住宅金融公庫には，持家同様，貸家建設に対してもさまざまな融資制度がある。しかし，持家融資制度の多くは原則として土地面積100m²以上であるのに対して，貸家建設融資制度の多くは原則として1,000m²以上となっている。特に大都市の既成市街地では，そもそも狭小な敷地が多いこともあり，公庫融資上は，貸家建設が相対的に不利とならざるをえない。ただし，公庫融資残高でみて圧倒的に持家向け融資が大きいシェアを占めている点については(1994年で84.8%，貸家向けは8.7%)[(2)]，そもそも，借家法制による影響で借家供給が著しく阻害されているため，結果として持家向け融資が突出しているとの要因が大きいことに留意する必要がある。

第3に，借地借家法による正当事由制度と継続賃料抑制主義の影響のため，一定規模以上の借家が著しく抑制され，結果的には保護したはずの借家がかえって壊滅的な状況に瀕している。これは，既存借手は保護されるが，潜在的借手は，市場の不存在，供給過小による家賃の高額化のために保護を受けられなくなってしまっていることを意味する。併せて，無理してでも持家を所有しようとする売買市場における需要要因へのバイアスをも生むことから，持家市場が歪みにより肥大化するとの副作用をも発生させている。

③　制度の歪み

以上指摘した諸要因は，現行制度・システムに内在する歪みであって，このような歪みへの対処が必要となるのは当然である。しかし，現にある歪みを放置し，これを相殺するために，ひたすら借家に対して，建設費補助や家賃補助を増大させたり，税制上の優遇を手厚くしていく方向は，「良質な借家への支援」とのスローガンに惑わされた非効率かつ不公平な方向となる。一方で借家が不利となる制度・システムを残したまま，他方で借家が有利となるよう公金を投入するという政策は矛盾している。一方が不利となる歪みをもたらす要因を除去するのが先決というべきである。一定の要件を満たす民間賃貸住宅に対して，建設費，家賃を国と地方自治体が助成する特定優良賃貸住宅制度（1993年創設）は，これまで光のあたらなかった民間借家に対する支援策として画期的な制度との評価がある。一定の意義があるものの，それは持家が有利となるように借地借家法等が設計されていることの相殺措置にすぎない。民間借家の平均的規模を大幅に上回る規模で，かつ質の高い賃貸住宅を，住宅・都市整備公団や地方住宅供給公社が，独立にみれば採算割れにも拘らず，一般納税者の負担により財政上の支援を受けながら供給し続けているのも相殺措置として位置付けられるにすぎない。

なお，「持家から借家へ」との考え方には，敗北主義ないし借家居住で我慢してしかるべきとの視点のほかに，借家ではキャピタルゲインを享受することができないので，借家人にも持家同様の資産的価値が実現できるようにすべきだとの視点もありうる。この方向をとるならば，借家人の持家層への転換を公的支援により促進（例えば，イギリスでなされたような公的賃貸住宅の入居者に対する格安での払下げ）したり，土地同様のキャピタルゲインを生むとのふれこみで土地や住宅の証券化を促進したりすることになるであろう。これらは，土地税制における投機抑制措置が伴わない限り，広義の土地投機を奨励することにほかならない。土地・住宅非所有者に対して，所有者とイコール・フッティングのために土地の有効利用や公平とは相容れない恩典を与えることと，同じイコール・フッティングのために，土地投機そのものが有利でないように土地税制等を整備することのどちらを選択すべきかという問題である。

いずれにせよ，一方で歪みを残したまま，他方で別の歪みによりそれを相殺するといった政策パッケージは，日本の都市住宅政策の中に広くみられる。

住居費負担能力，なかんずく，持家か借家かをめぐる議論では，このような矛盾が象徴的にあらわれている。持家であれ，借家であれ，どちらかが有利となることのない制度・システムが設計されるとともに，売買価格・家賃ともに，市場における歪みがない状態がもたらされれば，それが適正価格・家賃となる。ただし，あまりにも高額の価格・家賃はそれ自体が市場の歪みのシグナルである可能性が強い。そして，歪みの除去のための制度的技術革新により，市民の厚生水準は高まることになる。そのような制度的技術革新の余地をつぶさに検討することが課題となる。

⑶　新規産業参入の困難化

一方，土地の有効利用がなされていないことによって生じた地価の高騰は，大都市地域への新規事業所の立地を困難にしており，大都市の高度情報機能，国際金融機能等の高次都市機能と密接に結びついた高付加価値型の産業分野が後発的に参入することをも妨げている。このような参入障壁の存在そのものが，産業のインキュベータとしての都市の機能を衰退させ，ひいては日本の経済ポテンシャルの低下・停滞を招くこととなる可能性がある。

⑷　資産格差の拡大

土地資産の保有の有無，取得の時期により資産格差が拡大し，特に個人の場合，それが消費生活水準の格差ともなっている。これに伴う不公平感の蔓延が，日本社会の平等性を失わせ，社会の安定が妨げられる可能性があるとも考えられる。この視点は少し見方を変えれば，住宅・土地を取得し遅れた層が，財産形成の点で先発組に大きく遅れをとったと認識していることの問題であるかもしれない。このような視点から生じる対応の方向が，もし，土地・住宅の未取得層に対するその取得の容易化と，取得後の資産価値の増大の方向であるならば，つきつめれば，先に述べたように，結局のところ土地・住宅所有者にとっての地価上昇待望論に応えることとなってしまう。住宅価格・地価対策の成功を望むのは，自己が土地・住宅の所有層となるまでの間の大義名分ということにもなりかねない。

もう1つの方向は，個人・法人を問わず，自己の寄与分に対応した土地からの収益（たとえば，ディベロッパーによる土地の付加価値の形成）を除いて，土地を早く取得したかどうかにかかわらず，土地から生じる利益は，土地税制等によって吸収し，土地関連収益が，一般的地価上昇をもたらした道路・公園・下水道等のインフラの整備主体や，地価上昇を支える経済的繁栄を担っている勤労者や企業に帰っていくような，再分配・再投資のサーキットを形成していく方向である(3)。

このような方向であれば，「資産格差の拡大」の是正は，より社会的公平の観念に合致することになると思われる。

なお，地価上昇そのものは経済社会の発展のシグナルの1つでもあって，高い地価上昇率や，高い地価水準を絶対的悪とみなして，単にその名目値を下げることのみに注目するよりも，それが誰のどのような利害をどう侵しているのか，その回避方策としてはどのような選択肢がありうるのかという点について，後述する評価規準に沿って具体的かつ実証的に検討することが本質的に重要である。地価上昇に副作用があることは間違いないが，副作用に目を奪われて地価上昇そのものを敵視したり，単純な地価凍結論に向かうことは注意を要する(4)。

⑸　インフラ整備の困難化

近年の地価高騰は，特に大都市部において，期待地価上昇率を高めたことにより，土地所有者の土地の売り惜しみを招いている。インフラ整備に要する用地取得に当たってもこの事情は同様であり，用地難によるインフラ整備の遅延に加え，高地価水準による整備財源の圧迫が一層事業の進捗を遅延させるという事態が生じつつある。

このような事態は，第1にインフラ整備に伴う土地の有効利用が妨げられるために，一層の地価・住宅価格の上昇につながる。第2に，開発を見越して上昇した地価を前提として地価上昇の原因者である開発者自身が買収せざるを得ないという問題を抱えていることになる。このことは，道路・公園等の整備費用の最終負担者である納税者や，施設利用料金負担者から，周辺の土地所有者に対して，開発利益が移転されていることを意味する。

(6)　急激な土地利用転換に伴う副作用

大都市地域では，地価の高騰と相まって，特に都心の利便性の高い地域において，いわゆる「地上げ」等による急激な土地利用転換が発生した。1980年代の終わりの地価高騰は，高齢者等の零細な生活者が，オフィスビルの建設等に伴って，長年の居住の場を失うこととなったり，従前存在した地域コミュニティが崩壊したりといった副産物を残した。このような場合，平穏にそこで居住する権利や長年にわたって培われたコミュニティの維持・存続を不当に脅かされない権利を保護することは，恐らく一般論として多くの人々の社会的公正の観念に合致するであろう。このような要請に応えていくことは今後ますます重要となるに違いない。

しかしながら，このような現象を前にして見られる反応の中には，次のようなものがある。第１は，いわゆる地上げ屋の非人道性に対する倫理的・道義的非難である。第２は，現象の直接の原因となった土地利用転換そのものに対する非難である。これらは，いずれも事実に着目し，かつ，因果関係の一側面もとらえている限りにおいてそのとおりである。

しかし，なぜ地上げ行為が隆盛したのか，なぜ急激な土地利用転換がもたらされたのか，という基本に戻った原因究明も併せ考えることが必要である。さらに，基本原因の存在を前提としたとき，非人道的で悪質な地上げ行為を消滅させる方途はなかったのか，土地利用転換そのものを阻むことは可能であったのか，また必要であったのか，土地利用転換が不可避であるとき，従前生活者の居住権の保護はいかにして可能か，またコミュニティの存続はありうるか等の要素を総合的に考えることが必要であろう。

この場合，次のことを認識しておくことはとりわけ重要である。すなわち，「すべての大都市居住需要者が良好な環境で質の高い住宅に適正な価格・家賃で住むことを可能とする」という命題と，「大都市地域の現状有姿の土地の低・未利用を継続することの利益を保護する」という命題とを同時に達成することは不可能であるということである(5)。前者の達成を前提とするならば，少なくとも後者は「従前居住者の居住の継続を保護し，コミュニティの維持・存続を可能とする」との命題に置き換えることとしなければ両者の同時達成は可能とならない。しかしながら，後者の達成を土地利用転換の抑制のみによって，図ろうとするならば前者の達成は不可能となる。したがって，この一見矛盾・対立するかに見える複数の命題を双方とも同時に解決するためには，複数の手段が用意されねばならないのである。言い換えれば，前者及び置き換え後の後者の2つの命題が一見矛盾して見えるのは，2つの命題に対して1つの政策手段によって対処しようとするからなのである(6)。

(7) 都心における居住機能の衰退

都心地域では，住宅用途の減少と商業業務機能の台頭が著しく，居住機能の衰退がみられる。商業地域や住居地域など，都市計画上住宅と商業業務施設との混在が可能な地区では，ニーズがある限り収益力の高い商業業務施設への土地利用転換が有利であり，住宅用途は相対的に競争力が弱い。このため，都心部への高次都市機能の集積に伴う商業業務地としての利便性の向上が著しい最近では，従来の住宅対商業業務用途の土地利用バランスが崩れて，後者の比率が上昇した。

この結果，人口減少により地域のコミュニティが崩壊したり，地域の活力が低下するということが問題視されるようになっている。この場合，従前あったコミュニティの存続や，居住機能の維持そのものが目的であるのか，他に目標となるべき命題があるのか，これが次節で述べるような評価規準に照らしてどのように合理化されるのか，といった点については十分な吟味と検討が必要である。一方では，居住機能の衰退は，経済メカニズムの自然な帰結であって不合理なものではないとの議論もありうる。

仮に都心の居住機能の確保を合理化するとしても，誰にとってのどのような利益が守られるかが問題である。そのような意味で，政策的に都心の居住機能を確保することの合理性は，次のようなインフラ投資の効率性に求めることができると思われる(7)。

第1は，都心には学校，病院等の生活関連インフラのストックが十分に存在していることが多い。人口減少によりこのようなインフラの利用効率が低下したり，インフラが遊休化したりすることは，投資の効率性の観点から問題が生じる場合がある。

第2は，都心部の住宅が減少して，商業業務施設の立地が中心となるときは，新たに立地した商業業務施設の従業員用住宅は都心部以外の地域に立地せざるを得なくなることから，住宅立地の外延化にさらに拍車がかかることとなる。このため，職住近接が可能なときには必要のない通勤のための交通インフラに対して多大な負荷が生じる。この回路を通じてもやはり投資の非効率化がもたらされうる。既存の交通インフラの混雑の費用や新たな交通インフラへの投資費用よりも安く，負荷の前提となる人口を都心に確保することができれば，社会的費用は節約されることとなる。

以上2点から都心において居住機能を確保することには一定の意義があると考えられるが，その実現手段については，次節の評価規準の観点から慎重な検討が必要である。

(8)　住環境の悪化

大都市地域では以前から，木造賃貸住宅密集地区等の住環境上・防災上の問題を有する地域が数多く存在している。たとえば，東京23区内においては，木造賃貸住宅密集地区は，約7,000 haと23区内全体の面積の1割強を占めるに至っている(東京都調べ)。このような地域は，権利関係が複雑であるうえに，零細土地所有者が多い等の理由により土地利用が更新されず，更新されたとしても，従前と比べて住環境が改善されなかったり，敷地の細分化が進んでかえって住環境が悪化する事例も見受けられる。また，これら以外の一般の低層住宅市街地においても，都市計画上は，土地の有効利用が可能であり，地域のポテンシャルも高い場合であっても，土地利用が秩序だって転換されないために中高層共同住宅の建設に伴う日照・通風・電波障害等の近隣紛争が生じることも多い。

このような，劣悪な住環境の単純再生産ないし拡大(「縮小」というべきか)再生産及び土地利用転換が周辺の環境に外部不経済を発生させるという事態を食い止めることの社会経済的な意義は大きい。ただし，この場合も，現状変更による副作用としての住環境悪化に目を奪われると，表面的な原因である土地利用転換そのものを忌避する態度につながりかねない。この場合もうえで指摘した

2つの命題の矛盾に注意したい。

(9) 税負担の増大

地価の上昇は，固定資産税評価額，相続税評価額等の上昇を通じて前者は個人及び法人，後者は個人の税負担の増大をもたらすことになる。これについては，土地所有者自身が地価を上昇させたわけではないとの論拠の下に，地価高騰の副作用として認識されることが多い。土地保有税についていえば，確かに多くのバブルを含む可能性の強い大都市地域の地価を規準として課税を行うことは，土地の収益を超えて税負担が生じることになりかねず，問題が多い。

また，仮に土地の収益力，すなわちファンダメンタルズに基づく地価が形成されているとしても，その地価形成の前提となっている土地の需給を決定する都市計画等の土地利用フレームが，高地価をもたらすべく過少に設定されているような場合には，結局のところ，高い土地保有課税の負担に耐え得るような高収益企業，高額所得者だけが，大都市地域に立地・居住することができるという事態になりかねない。

しかし，土地保有税が，とにかく現状有姿の土地利用形態を保護する目的で低く押さえられる場合には，土地保有税の持つ投機制御機能，土地の有効利用の促進機能などが停止してしまうことになる。だとすれば，土地の有効利用の促進と，非高額所得者や零細企業の保護という一見矛盾する複数の命題を両立させるためには，やはり複数の手段が用意される必要があることになる。

(10) 要　　約

以上見てきたように，一口に都市住宅問題といってもそれがどのような利害集団にとってのどのような痛みを指しているのかを十分に見極めないと議論が同床異夢になりかねない。また，相互に一見矛盾・対立する問題を処理するに当たっては，一定の価値体系の序列化が必要になる。そのようにして序列化された価値体系は，一定の優先順位に従いつつも相互にできるだけ他を侵すことなく同時に保護されていくことが望ましい。その際には，ある1つの手段だけをとってその副作用の多寡から，すべて採用するか，すべて棄却して現状をそのまま維持するかといった二者択一的発想に陥らないことが重要であると思われる[8]。

なお，価値体系の序列化は，あくまでも価値判断であって，ある一定の時期区分，当事者の置かれた地域や土地保有に係る立場，職業的影響といった諸要素から何人も完全に独立ではありえない。いわば価値判断の存在被拘束性が存在する。そのような意味での政治的社会的文脈から派生するイデオロギー性については，それをことさらに糊塗することなく，はっきりと明示したうえで問題を認識し，手段を選択する方が，かえって，イデオロギーから自由であるばかりでなく，議論の生産性向上に寄与すると思われる[9]。

次に，限界を十分に認識しつつも，先程来の問題に対するより一般的な評価規準の一案を示してみることとする。

第2節　都市住宅問題の評価規準としての社会経済的厚生評価規準

都市住宅問題の評価規準としては，従来，資源配分の効率性，所得分配の公平性といった経済学的評価規準[10]，計画による生活環境の保護を重視する評価規準[11]，紛争に際して当事者間の利害を比較衡量することにより判断する評価規準[12]等さまざまな評価規準が示され，それらの評価規準から具体的問題が評価されて，望ましいとする政策が提案されたり，問題解決が図られてきている。

これらの評価規準は，同じ用語による場合であっても論者により包含する意味内容にずれがあることも多い。そのような意味で，どのような名称の評価規準を使う場合であっても，その名称のイメージから生じる思い込みや，自己の使用する概念の意味内容の説明不足から生じる誤解を避けるため，あらかじめ概念を明確化しておくことが必要である。

ここでは，そのような観点に立ったうえで，さまざまな評価規準を比較的包括的に取り込むことが可能であり，普遍性をもつと思われる評価規準案を示しておきたい。

都市住宅政策に限らず，およそ公共部門における政策の役割は，大きく2つに大別できる。第1は，社会における豊かさないし富を増大させることであり，第2は，このような豊かさないし富を，弱者への配慮も含めて，誰にどの程度分配していくかに関する公平な規準を策定し，実践していくことである。前者は，経済学でいう資源配分の効率性に対応し，後者は，所得分配の公平性に対応する。この規準は，教育，環境，福祉，地方分権，規制緩和等すべての公的な政策の設計に関し共通であり，この両者が満たされる限り，多くの論者に受け入れが可能な公共政策の目的であると思われる。

ここでいう第1の豊かさないし富の増大は，社会経済的厚生評価規準の最も重要な要素であり，経済学における資源配分の効率性と対応する。資源配分の効率性は，経済学においてパレート最適の概念によって計られる。パレート最適とは，常木（1990）4頁によれば，「ある一人の消費者の効用（満足度）を増加させるように資源を再分配しようとすれば必ず他の消費者の一部の満足度を低下させなくてはいけないような資源配分状態のこと」であり，「パレート最適でない資源配分では適当に資源の再分配をしてやると他の消費者の効用を犠牲にしなくてもある消費者の効用を上げてやること」ができ，これを「パレート改善」と呼ぶ。

本書において設定する社会経済的厚生評価規準の理論的基盤は，パレート最適概念と共通であるが，従来，都市計画・建築規制の諸領域，住宅市街地の更新メカニズム等の工学的分野において，いかなる制度，システムが社会経済的厚生水準に対してどのような影響を及ぼし，それをどのように改変することによって社会経済的厚生水準を上昇させることが可能となるかについて，現実の住宅市街地の状況や，制度・システムの具体的な内容を前提として理論化を図り，それを検証しようとする試みはなされてこなかった。

ここでの評価規準とその応用の試みは，従来都市住宅問題の全体像を把握する上で困難のあった方法に対して，実証的かつ実践的な基礎を付与しようとするものである。

また，うえに述べた第2の分配に関する公平については，経済学においても，パレート最適性と並んで重要な規準である旨指摘される（岩田（1993）416頁）が，後に詳述するように，分配の公平概念そのものを確立し，これを都市住宅問題一般や住宅市街地更新という観点から論じる試みは従来なされてこなかった。本書では，いかなる分配状態が，どのような評価規準の下で，どの程度公平であって，その改善のためにいかなる政策の改変がなされるべきかについても，具体的な問題を前提として分析することを試みた。

それでは，第1の役割と第2の役割の関係をどう考えるべきか。この点については，特に規制緩和をめぐる昨今の論議に重要な論点が顕在化している。規制緩和は，自由な個人の自己決定原理を貫き，自己責任原則の下で市民や企業に多様な選択肢を与えることに意義がある。多様な選択肢は，競争を生み，経済社会の活性化を通じて社会の豊かさないし富を増大させるであろう。社会を豊かにしていくことに資するさまざまな選択肢が，パターナリズム（温情主義）や愚民観ともいうべき思想を背景とした規制によって狭められることは，豊かさそのものの縮小につながる。選択肢の多さはリスクをも伴うが，一部の既得権益を有する者にとっては，リスクを避けためにこそ公権力による規制が発動されることが利害にかなうことになる。しかし，規制のたてまえは，あくまでも「安全」や「環境」，「弱者保護」であったりする。規制の背後にある私的利害を認識することが重要である。

ただし，競争は活力と改善をもたらすが，敗者，弱者をも生み出すことになる。敗者を守るために規制維持，ないし強化との議論も根強い。しかし，規制による弱者保護は必ず社会全体の富ないし豊かさを縮小させることになる。富の減少は弱者への分配を困難にする。さらに，分配に当たって，くじ，行列ないし先着順，コネの横行を誘発する可能性が強い。これに対して，規制緩和により増大した富を優先順位に応じて弱者への分配にあてることは，偶然に依拠し，コネや不正の温床となりやすい規制による保護よりも公正となるのみならず，弱者全体で受け取る富をかえって増大させることになる。規制緩和は，適切な分配システムを伴う限り弱者に対してより暖かい手を差しのべることができるのである。

比喩的に言えば，「みんなで食べるパイはできるだけ大きく焼こう。取り分けかたは焼けてから弱者に手厚く，かつ公平に」といえよう。パイを大きく焼く，すなわち資源配分の改善問題と，取り分けかた，すなわち所得分配の問題は，政策的には独立の問題であって，もし分配を重視するあまり，パイの一切れ一切れが完全に同じ重さ，同じ形になるようにあらかじめ厳格な型枠作りから始めるということであれば，確かに公平かもしれないが，パイ全体の収穫総量は低下することになる。まずは大きなパイを作るのが先決というべきであり，規制緩和，自由な競争の促進はそのための有力な手法と位置づけられることにな

図2－1　社会経済的厚生評価規準のイメージ

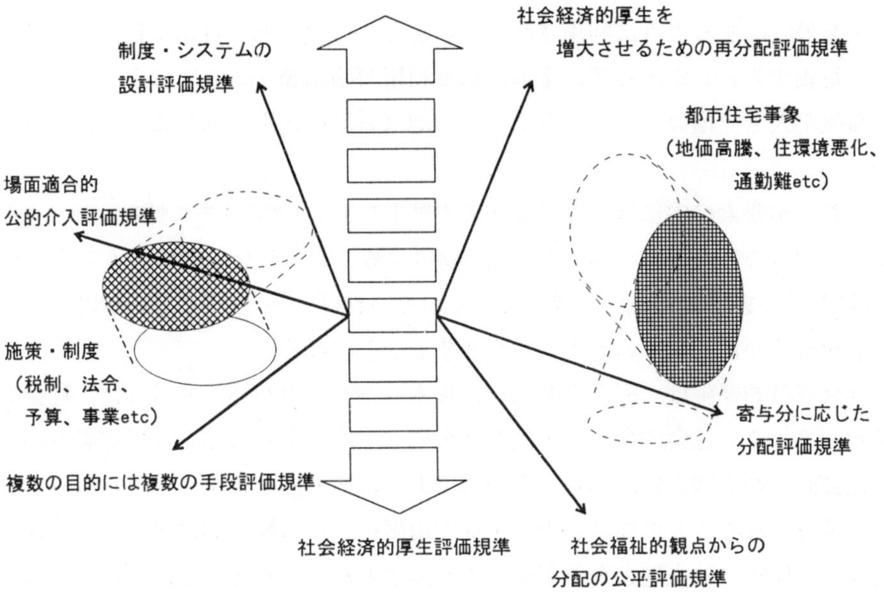

る。

基本的には，弱者への配慮のみを目的とした規制に頼ることは妥当でなく，市民や企業の諸活動ができるだけ自由で競争的に行われるように基制緩和すべき部門では徹底的にこれを実施することが重要である。そして，増大した富は，公平に，しかし弱者や敗者にも十分手厚く一定の明確な優先順位に沿って分配していく方向が望ましいとの前提を採る。

そして，本書の主規準と位置付けられるのがこれらを総合した社会経済的厚生評価規準であり，その副規準として6つの評価規準を設定することとする(図2－1)。

(1)　社会経済的厚生評価規準（主規準）

社会経済的厚生，すなわち個々の者の利得の総和は，何人の利得をも損なうことなく増大させることが可能であるときには，できるだけ大きくすることが適当である。この場合の利得ないし厚生には，行為の当事者に帰属するものはもちろん，防災性，環境一般など行為の当事者以外にも及ぶ，経済学でいう外部経済・不経済もすべて含まれる。本書では，土地がうえの意味で社会経済的厚生を最大にするように利用されているとき，その土地は有効に利用されていると定義する。したがって，土地の高度利用（利用容積率の上昇）によって，周辺の環境が大きく損なわれるときには，土地は有効に利用されたことにはならない。

なお，諸要素の中には，相互にある程度トレード・オフ（ある要素を増大させると他の要素をそれに対応して減少させる必要が生じること。）となる関係のものもあるが，同じ社会経済的厚生を達成しているのであれば，どの要素にどの程度のウェイトをおくかは，公平の観点から判断することになる。

社会経済的厚生は，経済学的には，常木（1990）23頁が述べるように，社会的余剰と等しく，社会的余剰は，消費者余剰と生産者余剰の和として定義される。

社会的余剰の増大は，パレート改善であり，その極大化をもってパレート最適が達成されることになる。土地・住宅市場における社会的余剰の増大や極大化は，具体的には土地の有効利用により達成されることとなるが，これらは，当該市場における総効用から総費用を減じた金額の大小によって判定することとなる。

以上の概念を図示すると**図2－2**のとおりである。総効用は，需要曲線Dであるところの限界効用曲線の下部のある需要量にいたるまでの面積で表すことができる。総費用は，供給曲線Sであるところの限界費用曲線の下部のある供給量にいたるまでの面積で表すことができる。市場均衡がB点で，価格がP_1，量がQ_1のとき，総効用はABQ_1O，総費用はCBQ_1O，総余剰はABC，消費者余剰はABP_1，生産者余剰はP_1BCの面積で示される。そして，このとき，市場の失敗がないならば当該市場の社会的余剰は最大化され，パレート最適が実現していることになる。

これに対して，何らかの制度的な要因によって土地や住宅の供給が阻害されており，その要因を取り除くことが可能であるならば，SはS_1にシフトし，市場均衡はD点に移動する。このときの価格はP_2，量はQ_2である。これによって，社会的余剰はCBDEの面積分だけ純増し，パレート改善が実現する。第6章で論じる借地借家法制の改変はこのような場合に相当する。

図2－2　土地・住宅市場

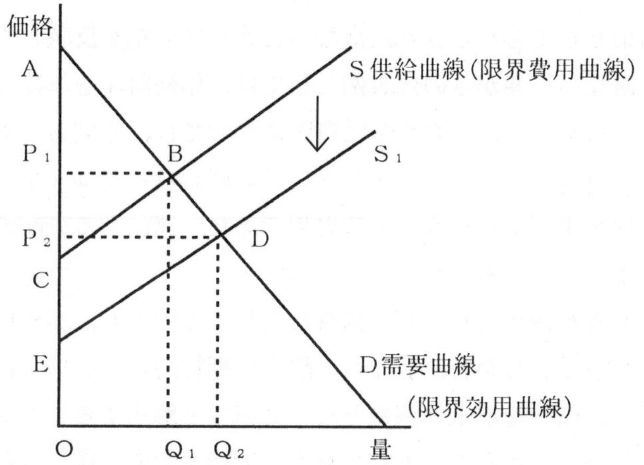

また，地価や賃料の上限規制，取引量の抑制のような規制なども社会的余剰を小さくする。

一般的に，社会的余剰の極大化すなわちパレート最適は，限界効用と限界費用とを等しくするような取引量のとき達成され，都市住宅問題の分析評価一般に当たっても，この意味での社会経済的厚生評価規準を満たすことが最も重要な要素となる。

⑵　副 規 準

1）寄与分に応じた分配の公平評価規準

土地・住宅をめぐる個人及び法人は，その者の寄与分に応じて分配を受けることが社会的公平観念に原則として合致すると考える。インフラ整備や不特定多数の経済的活動の故に生じた利得は，それぞれの原因者であるインフラ整備主体等に原則として帰属することが適当である。

ここで，寄与分とは何かという点について検討しておくこととする。人間の消費や所得に結びつく要素としては，運，能力及び努力の三要素を想定することができる。この点については，八田(1994)において指摘されている。ここで言う寄与分とは，このうち，努力に対応した部分をいい，寄与分に応じた分配の公平とは，努力の程度に応じて分配がなされることが公平であるとの理念と対応している。もちろん，ここでいう努力とは，そのプロセスそのものではなく，努力の結果としてもたらされた富ないし豊かさの量を反映した概念である。

運に基づく富ないし豊かさの代表例としては，相続財産を挙げることができる。ところが，日本では，土地や金融資産に対しては，原則としてかなり高率の相続税がかけられる。人生のスタートラインにおけるイコールフッティングにより競争条件を平等にしようとする思想であり，運による分配の不公平を是正する機能を果たしている。

ところが，所得を稼ぎだしたり，消費したりする能力も，実は相続財産であるという側面がある。しかし，能力への課税は相続時点においては技術的に計測が困難なので，相続税法上非課税となっていると解釈することができる。ただし，生涯にわたって所得を稼ぎだしたり，消費をする金額は相続財産の一種である能力を反映しているはずであるから，現行の累進の所得税制は結果的には，程度はともかくとして，能力に対する相続税制を代替する機能を果たしている。

このような意味で，努力以外の要素としての運や能力に対しては，相続税や，累進の所得税によって分配の公平が一定程度図られていることになる。もっとも，運はともかくとして能力と努力はその境界線が必ずしもはっきりしないこともある。努力を積み重ねることができるという精神力や体力も実は能力の一種であり，完全に形式的に分離することは困難かもしれない。しかしながら，努力のベースにある能力と，その能力のもとで営まれるプロセスとしての努力は，理論的には，別物であって，分配の公平を検討する際には，これを要素としては分離することが重要であると思われる。

この点に関連して，現在の日本の消費税制は，累進税率を設定することが技術的に不可能である。ところが，消費税率の上昇により消費税中心主義をとるべきとの議論が存在し，総体的に所得税制から消費税制へのシフトをはかろうとする動きも現実に強くなっている。このような方向では寄与分に応じた分配の公平を図ることは困難である。また，次に述べる社会福祉観点からの弱者への分配の公平を図ることもできない。

これに対しては，弱者に対しては後から再分配すればいいし，能力に対応した部分も後から補正できるという議論(13)があり得るが，妥当ではない。厳格な意味での寄与分に応じて再分配したり，弱者に対して再分配するためには所得又は消費の個人毎の総量がわからなければならない。この点の正確な認識を経ずして，再分配をすることは論理矛盾である(14)。

再分配政策を認める以上，所得や消費の個人毎の総量をわざわざ測定するのであれば，その測定結果は課税そのものに活用することとし，最初から累進の税制を設定するのが手続きの合理性，効率性にかなうと考えるべきである。これに対して，もし正確な所得や消費の測定を放棄して，再分配をなすべきことを主張するのは，主張自体矛盾をはらんでいる。

つきつめて考えるならば，弱者への再分配や，能力による利得の補正が一切必要がないとする立場であれば，今の消費税のシステムは整合的である。消費税シフトを図ることも，そのような前提をとる限り合理的な政策の方向である。

しかしながら，再分配の必要性を認めながら消費税シフトを支持し，なおかつ「不公平をなくすためにこそ消費税が必要」との主張(15)もある。このような論議は，結局のところ，誰が弱者で，誰が強者であるかの探求をそもそも放棄し，弱者が強者に対して再分配することをも正当化することにほかならない。

なお，Lerner（1944）は，各人の所得の限界効用が逓減することを仮定すれば，所得の再分配による社会経済的厚生が増大する可能性が高いことを示した。この指摘は，所得の再分配のあり方に係る規準を与えるものではないが，所得再分配政策を合理化する上で，別の論拠を与えるものである。

2）社会福祉的観点からの分配の公平評価規準

寄与分に応じた分配によっては，その者の最低限度の生存がおびやかされるような場合には，その者に対して社会経済的な利得の総和の中から利得を再分配することが，多くの者の社会的公平の観念に合致すると思われる。

このためには，誰が社会福祉的観点からの分配の公平に値するか，すなわち誰が弱者であるかの計測と認定されることが必要不可欠となる。既に述べたように，このような弱者対策としての分配の公平を実現することは，累進の所得税制が適切に運用され，消費税が廃止されることと対応している。

土地の有効利用や都市の再開発を進めるに当たっては，従前居住者であるところの高齢者や弱者の問題が生じることが多い。

誰が弱者であるのかの計測・認定は，所得捕捉が完全であるならば，基本的には所得の大小に連動することになる。しかし，再開発等により，環境の変化が急激に起こるような場合に，所得に対応した本来の再分配のみによっては，変化に対応していけない者が発生するときは，激変緩和の観点と，当該者の変化への適応能力の補完という観点から，追加的に再分配することは許されるというべきである。場合により，公的な近隣住居への優先入居や，家賃補助施策を，累進所得税及び生活扶助による一般的再分配に加えて実施することとなる。

なお，Rawls (1971) によるマックスミニの原則は，社会福祉観点からの分配の公平評価規準を正当化する別の論拠を与えるものである。マックスミニの原則とは，高所得者間の所得配分がどうであろうと，社会の最低に位置する人々の効用を引き上げるのが社会経済的厚生を増大させるとするものである。その根拠として，人々には危険を回避したいとする欲求があり，将来が不確実であるなら，高所得者でも，自分がたまたま社会の最下級の所得階層になったとしても極端に生活水準を落とすことなく生活できる社会制度を選好することが指摘されている。

３）社会経済的厚生を増大させるための再分配評価規準

常木(1990)27頁によれば，外部効果とは，「市場化されることなく，直接に他の消費者・企業の選好や技術の体系」に及ぼす影響のことと定義される。

外部効果のうち，生産力の上昇，効用の増大など好ましい方向に作用するものが外部経済，好ましくない方向に作用するものが外部不経済と呼ばれ，外部効果があるときは，市場はパレート最適な資源の配分に失敗する。外部効果は，市場の失敗の典型的ケースと位置付けられる。

図２－３は，土地・住宅市場における外部効果を図示したものである。まず，都市再開発など外部経済のある事業の市場を想定する。このような市場で仮に何らの政策的介入がなされないとすると，供給者にとっての私的な供給曲線はＳであって，Ｂ点において，価格Ｐ，量Ｑで再開発事業市場が均衡する。このとき，１単位の供給につき，防災性の向上，環境改善などの外部経済効果がｘ円だけあるならば，これらの社会への貢献も加味した社会的な供給曲線はS_1となる。ＳとS_1とのかい離によって，社会的余剰はABHEとなるが，仮に経済的インセンティブ等の手段によってこれらを一致させることができれば，社会的

図２－３　土地・住宅市場における外部効果

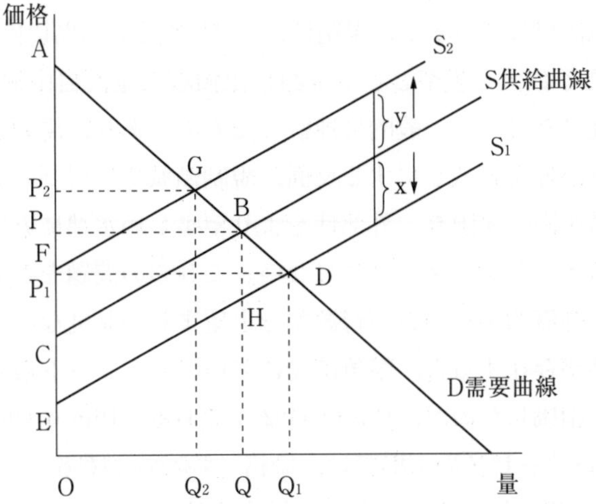

余剰はADEに増大する。

したがって，(1)の社会経済的な厚生の増大を円滑に図るために，たとえば，土地の有効利用に資する住宅開発プロジェクトに対して，低利融資，助成・税制優遇措置等を講じること（すなわち再分配すること）は，(2)の意味の公平性を損なうと思われるかもしれないが，社会経済的な厚生の増大が十分に存在し，利益が直接再分配を受ける主体以外にも及ぶ場合（すなわち，外部経済が存在する場合）には，社会経済的な厚生の増大を優先することが合理的である。

逆に，ある者の行為，例えばミニ開発や乱開発が，他の者に環境悪化などの不利益を及ぼし，社会的な富ないし豊かさの総和を減少させる場合には，その行為に対して公的介入し，外部不経済を抑制することが必要となる。具体的には，賦課金，負担金を課したり，場合により規制することとなる。この場合は，Ｂ点の均衡は過大な取引量であって，１単位当たりｙ円の外部不経済効果が発生しているのであれば，社会的な供給曲線のためにはＧ点の均衡となるよう公的な介入が必要である。

現行の都市計画・建築規制が，建ぺい率規制や斜線制限，さらには日影規制などさまざまな形態規制等を置いているのはこのためである。しかし，現行都市住宅関連法の中には，賦課金や負担金を外部性のコントロールのための手段として位置付けるものは見当たらない。

規制と賦課金等の経済的インセンティブとの差異は何か。いずれも外部性の内部化手法と位置付けられるが，規制は，その性格上，何％以内，何m以下，何m²以上など，ある数値を規準として全面禁止領域と全面自由領域とを分ける。しかし，外部性はそもそも一般的に連続したものであり，規制を用いることは，程度の小さい外部性を野放しにする反面，規制領域では規制の過剰が発生する。しかも，規制値を満たす限り，外部性をより望ましい水準に近付けるための技術革新等を図るインセンティブは生じない。これらの問題をきめ細かに解決できる賦課金等の経済的手法の方が資源配分上望ましい制度なのである。

なお，外部性が存在すると，競争市場においてもパレート最適な状態が実現されないことを指摘したのが，Pigou（1920）である。Pigou（1920）は，外部不経済が在する財・サービスの市場では，価格（すなわち消費者にとっての私的限界費用）が，社会的限界費用を下回るため，社会全体にとって望ましい状態に比較し，過大消費が生じるとし，このような財・サービスの生産に対する課税（ピグー税）を提案した。

さらに，このような外部性の内部化のための政策手段としては，外部経済の発生者と受益者又は外部不経済の発生者と被害者の間に，これらの発生及び受益又は被害に係る権利の所在を明確にし，市場での売買の対象となり売る財産権を設定する手段が考えられる。このような手段は，Dales（1968）が汚染物を例に提案したため「汚染のライセンス」と呼ばれる。なおその際に，権利が明確で，取引費用がゼロであれば，発生者又は受益者若しくは被害者のいずれに対して権利を認めるかによって所得分配は変更されるが，最適な資源配分には影響を与えないことを指摘したのがCoase（1960）で，このため，この法則はコースの定理と呼ばれる。

社会経済的厚生を増大させるための再分配評価規準は，これらの諸論を踏まえ，所得の再分配とは独立な社会経済的厚生増大のための政策原理として定式化したものである。

4）制度・システムの設計評価規準

およそ公共政策において富を増大させるとともに，分配の公平をも実現していくためには，個別主体ごとの合理的な選択の結果が社会公共的にも合理的な結果となるように，個別主体ごとの選択の前提となっている制度・システムを設計することが基本的に重要である。いいかえれば，個別主体ごとの合理的な選択の結果が社会公共的に望ましくない状態をもたらしている，具体的には富の縮小を招いたり，所得分配の不公平を発生させたりしているような場合，個別主体の行動を捉えてこれを非難したり，説得したりしようとする試みは意味がないということである。この点は，例えば次のような問題を考えるとわかりやすい。

①　土地投機の抑制

第1は，土地投機に関する考え方である。地価上昇にともなうキャピタルゲインが十分に大きいと期待されるときは，資産形成の観点から必ずしも当面利用する意思がない土地についても，さまざまな経済主体による旺盛な土地需要が発生する。一方，地価上昇期待が大きい時はキャピタルゲインを考慮すると，土地を売り急ぐことは不利となり，土地の供給は減少（留保需要が増大）する。なお，広義の土地投機とは単なる転売目的のものに限らず，地価上昇が期待されるときにはそれが期待されないときよりも土地をより多く需要する行動のことをいう。普通の市民が，土地の値上がりに備えて居住用地を早めに取得し，後から住宅の建設を行うこともこの広義の土地投機に含まれる。このような行動は，一定の地価上昇が期待される場合，個別主体の選択としてきわめて合理的である。狭義の土地投機，すなわち転売目的の土地取引に関しても，地上げ行為や金融機関による不動産融資の拡大は，狭義の土地投機に関わる当事者に巨額の利得を確実にもたらすと信じられたからこそ盛んになったのである。

しかし，これらの土地投機は，結果として土地の低未利用を促進し，異常な地価上昇，住宅価格の高騰，住居費負担能力の低下等のさまざまな社会公共的な歪みを生じさせた。1980年代後半から1990年代前半にかけての地価上昇期には，特に狭義の土地投機を対象として，マスコミにおいて地上げ行為や不動産融資に対する一大非難キャンペーンが繰り広げられた。ところが，悪質な地上げ業者をいかに非難しても，また不動産融資の自粛を金融機関に呼びかけたとしても，地価上昇が巨額の利得をもたらすと信じられている限り，地上げの形態が変わったり，ノンバンクの関連会社が融資したり，土地以外のものに対する融資額に実質的に土地分の融資額を上乗せしたりといった脱法行為が発生する。

特に非難の対象となった狭義の土地投機についても，何が広義で何が狭義かということを分類することは困難である。さらにいえば，土地の有効利用を阻害するという効果において，広義の土地投機も狭義の土地投機も実は異なるところがない。むしろ，全国的にみれば広義の土地投機の方が対象面積，金額，影響ともにはるかに大きなものであった。

もし，本気で土地投機を抑制することにより，土地の有効利用を達成する意図を貫徹したいのであれば，そもそも土地投機を生み出す根本的原因となっている地価上昇に伴う利得そのものを対象とした施策を講じなければならない。すなわち，地価上昇に伴う利得そのものが十分でなくなるように，いい換えれば，土地投機そのものが有利でなくなるように，土地税制，土地利用規制等の制度・システムを設計する以外に，土地投機をくい止める手段は存在しないのである。一部の「悪玉」を捉えて，倫理的，道義的な非難，説得の美学を駆使するといった対応は，狭義・広義いずれの土地投機に対してもほとんど効を奏さない。

同様の例としては，国土利用計画法の土地取引規制があげられる。土地取引規制は，都道府県知事が監視区域を設定し，土地取引を届出させ，価格の引き下げ指導・勧告等を行う制度である（国土利用計画法23条〜27条の６）。勧告を受けてそれに従わない場合には，その旨公表されて社会的非難を受けることになる(同法26条)。これは社会的道義に訴える道徳的政策に分類されるが，この価格規制制度も地価高騰やその波及を止めることができなかった。のみならず，土地取引規制制度は，名目的な価格は抑えたかもしれないが，土地の取引そのものを阻害して土地の有効利用がもたらす富の増大そのものに対して，むしろ逆行する機能を果たしてきた。

②　市街地区域内農地の宅地化

第２は，かつての市街化区域内農地の問題である。市街化区域は，概ね10年以内に宅地化を図るべき区域として都市計画上位置付けられるが，1991年の税制改正までは長期営農継続農地認定制度の下で，都市計画上本来想定されている宅地としてではなく，農地としての固定資産税の課税がされてきた。相続税についても，宅地としての相続税は，納税猶予制度の下で20年猶予され，20年間農業を続けると猶予分の税は免除されていた。この長期営農継続農地認定制度の下での市街化区域内農地は，都市計画上の位置付けにもかかわらず，土地の宅地的利用がなされないという資源配分の歪みに加えて，不公平税制の典型例として批判の対象となってきた。

しかし，このような制度の下では転用費用が小さく，保有コストも小さい農地は，地価上昇機会の大きいときは将来のキャピタルゲインが大きく見込める。個々の農家にとっては，これらを直ちに売却したり賃貸することにより土地利用転換を図っていくことは，市街化区域という都市計画上の位置付けにもかかわらず，合理的選択とはなりにくい。市街化区域内農地の所有者に対して都市計画の意義を説き，または土地を有効利用することの社会的責務を強調することは，無力であったといわざるを得ない。

1991年の税制改正では，長期営農継続農地認定制度が廃止され，市街化調整区域に編入されるか，生産緑地の指定を受ける場合を除いて，現況にかかわらず市街化区域内では宅地並みの課税がなされることとなった。このような制度の改変を待って初めて，市街化区域内の農地は，従来と比べて宅地化が進むこととなった。

③　既成市街地の低未利用地

第3は，既成市街地の低未利用地の問題である。この場合もやはり，土地の低未利用を放置することが有利になるのは，固定資産税等の土地税負担が土地の利用価値に見合うほど十分に大きくないということによるところが大きい。地価上昇期待が大きくても保有コストが小さいままであることは，土地の低未利用地の所有者自身の土地投機を有利にする。彼らの行動はきわめて合理的である。彼らに対して土地の有効利用を図るべきことを説くことは，効を奏さないのである。

④　借地借家法の歪み

第4は，借地借家法の下での市場の歪みである。借地借家法の正当事由制度では，貸し手が借り手に対して，土地・住宅の明け渡しを金銭的負担なく求めることは困難となっており，継続賃料についても，市場賃料に合わせて円滑に改訂していくことは困難である。このことが，ワンルームマンション市場の肥大化や，持家市場の肥大化，ファミリー向け賃貸住宅市場の縮小等の市場の歪みをもたらし，結果的に潜在的な賃貸住宅需要者等に対して過酷な仕打ちを強いることとなっている。これは，社会的な富の減少をもたらすという意味で不合理な結果であるが，それにもかかわらずファミリー向け賃貸住宅市場に参入しようとしない供給者個人の選択はきわめて合理的であるといわざるを得ない。以上述べたように，社会公共的に不合理な結果をもたらしている根本的な原因を取り除かずに土地所有者にとっての土地の有効利用の責務といった精神訓話を唱えるだけでは，社会公共的にみて合理的な結果がもたらされることはない。

1989年に公布・施行された土地基本法では，事業者や国民に対しても，土地の利用，取引に当たっての「土地についての基本理念」の尊重義務等を課す（7，8条)。しかし，土地の有効利用や，土地に関する所得分配の公平という基本的な目的を達成するためには，個別主体の倫理や道義に訴え，または努力に期待するといった文脈で対処することは，法制度，税制等の制度・システムの枠組みを適切なものに改変していくことの重要性の認識をくもらせ，政府が何らかの政策を発動していることのアリバイを用意するのを正当化することにもつながりかねない。規範や政策目的は，これらを着実に達成可能とするような制度的な保障が備わって初めてその使命を全うできることになる。

⑤　公的介入のための政策手段の選択に係る価値判断

なお，このような制度・システムの設計評価規準には，公的介入のための政策手段の選択に係る価値判断規準が含まれている。行政による裁量の余地の大きい政策手段には，それだけ「政治の失敗」の危険性が大きくなる。政治の失敗は，投票による選挙や行政体内部の裁量等様々な場面で発生する。Arrow (1963) は，有名な「投票のパラドクス」で生じる問題は，多数決制に限らず，すべての集合的選択ルールで生じることを証明した。

Buchanan & Tullock (1962) は，このような投票による矛盾が「票の取引」によって一定程度解決されることを示したが，そのすべてが解決されるわけではない。また，公共選択に関わる主体としての官僚機構にも，Niskanen (1971) が提示したように，政府職員の効用最大化は，自己及び自己の属する機関の支配下にある予算規模の拡大によって追求される等の問題がある。

5）場面適合的公的介入評価規準

これまでに述べたような意味での制度・システムの設計を行う場合において

は，土地・住宅問題に対する公的介入のあり方は，一概に強い方がよい，あるいは弱い方がよいとはいえない。土地・住宅問題を規定する公的諸領域，たとえば，土地利用，税制，公的助成，土地・住宅関連法制等の各領域ごとに，ややもすれば，かなり一般的な権力的統制の強化論や，逆に，完全に自由な市場機構の支持論が強調されることがある。

例えば，公的住宅政策の中心的課題は住宅への補助金投入額のさらなる増大である，との議論がある一方，現行の住宅関連補助金は非効率と不公平が著しく，これらを縮小するかわりに都市住宅に関わる諸制度の改変により市場の歪みを取り除くべきであるとの議論もある。都市計画に関する全面的厳格化論がある一方で，都市計画不要論も存在する。

しかし，およそ公的住宅政策一般や，およそ都市計画一般をひとくくりにして精密な議論を展開することは困難である。個別の補助制度や計画制度ごとに，それぞれの制度が以上に述べた評価規準に照らしてどのような機能を発揮しているかを個別的に検討していくことが必要不可欠である。そもそも論の世界における公的介入の「べき論」は，政策における制度やシステムの設計論としての技術的な合理性を欠くことになる。設計の対象となる各部門ごとに，他の部門への副作用にも配慮しつつ，どの領域に，どのような手法により，どの程度介入すべきであり，または介入すべきでないか，という点について，メリットとデメリットを比較衡量しつつ，分析的に検証していくという科学的な態度で制度システムの設計に対処していくことが必要である(16)。結局のところ，社会的な富が最大化されるとともに，多義的な公平が実現すれば足りるのであるから，公的介入の対象分野とその内容・程度は個別の問題ごとに判断するという問題的思考の集積のうえに決定されることが妥当である。市場の失敗がない領域では，私的自治の原則（私人間の契約等については私人間の取決めに委ねるべきとする民事法の原則の１つ），市場原理を最大限発揮させることが適当であるし，外部性などの市場の失敗が生じる場面では外部性の内部化のための公的介入など，市場を円滑に機能させるための適切な公的介入がなされることが必要となる。後者の場合，公的介入の失敗，すなわち政府の失敗に対しても配慮することが必要である。もし，市場の失敗よりも，公的介入によってもたらされる政府の失敗の方が大きいと見込まれるような場合には，公的介入を直ちに正当化することはできない。

6）複数の目的には複数の手段評価規準

ある問題を解決すると他の問題がより悪化する場合がある。政策の選択におけるトレードオフの問題である，例えば低層住宅密集市街地を再開発し，土地の有効利用を図ることにより社会的な富の増大を図ろうとすると，既存の借家人のうち，所得が低い者は，再開発後の賃貸住宅には家賃が高いため入居できないというような問題がしばしば発生する。これは土地の有効利用に伴って発生する所得分配の問題である。

これに対処するためには，土地の有効利用のための施策とは別途に，社会福祉的観点からの所得分配の公平に資する独立の施策を講じる必要がある。すなわち，土地の有効利用などの資源配分の効率性の実現（社会的な富の増大）と所得分配の公平性という複数の政策目的を達成するためには，一般的に政策手段も複数用意しなければならない，という政策原理を認識しなければならない。再開発のケースでは，低所得者や移転の困難な高齢者に対して，新規家賃と従前家賃との差額を公的に補助したり，近隣の公共住宅への優先入居等を図る等の分配政策が，再開発による土地の有効利用とは別途に講じられる必要がある。

もし，このような弱者に対する分配を，従前住居への居住継続を保証することによって行うならば，社会的な富は常に縮小せざるをえない。社会的な富の縮小は，結局のところ，弱者への所得分配を困難にする要因となる。

また，借地借家法の正当事由を廃止したり，定期借家権を導入する等の自由化施策によって，土地の有効利用は進むかもしれないが，地主が土地のキャピタルゲインを独り占めすることとなり，借家人との間に不公平が生じるから，借地借家法の自由化には反対である旨の意見がみられる。しかし，このような場合も同様に，土地所有者と借家人との間での所得分配の公平の問題は，借地借家法の自由化という土地の有効利用施策とは独立に解決することが必要である。そもそも，土地所有者も借家人もほとんどの場合，当該土地の価格の上昇に対してあまり寄与していないのであるから，仮に寄与分は当人に帰属させることとしても，残りの大部分のキャピタルゲインは，それをもたらすこととなったインフラの整備主体，すなわち料金負担者や納税者等に帰属するように土地税制を設計することが必要となる。

ところが，現在の日本の都市住宅関連政策では，複数の目的には複数の手段をという政策原理が十分には貫徹されていない。独立の他の施策を視野にいれずに，ある施策のみでさまざまな問題を一挙に解決しようとしてジレンマに陥り，中途半端な政策効果しか発揮できずにいる領域が多く残されている。

(3) 総　括

以上都市住宅問題の評価規準として述べたことは，価値判断によるところも大きい。しかし，評価規準そのものが価値判断にも依存するということを認めた上で，諸問題を認識し，制度・システムの設計を試みることは，議論の生産性を高めることになる。なぜならば，客観的事実の認識や問題の所在の推論，政策手法の選択に当たっての論理の構築については，一定の価値判断を前提としてはいても，これら自体は何人によっても比較的明確な結論が得られやすいからである。

一定の価値判断の前提を認めた上での結論について，ある者にとって何か妥当性を欠く要素が含まれていると判断されることがあるとすれば，そのような要素をもたらした前提となる価値判断そのものまで論理的連鎖をたどることによって，その価値判断そのものの当否があらためて吟味されることになる。そして，その価値判断そのものの当否について民主主義的プロセスを経て合意に至った後は，新たな価値判断を前提とした論理の連鎖を再び先に進めることによって，最初の結論に対して必要に応じて修正が加えられることになる。

都市住宅問題の議論は，かみ合わないことが多いと言われる。特に，経済学と工学，経済学と法学といった側面で見解を異にする問題も多い。議論が不毛な結末をもたらしているようなケースでは，争点の所在が一見論理的・技術的領域にあるようで実は前提たる価値判断にあり，そのことに当事者自身が十分に気付いていないということが多いように思われる。分析や政策提言の方法そのものについても，価値判断の領域と論理的・技術的な領域とを明確に分離した上で，冷静かつ実践的な論議が学際的に行われるようになれば，都市住宅問題をめぐる展望も明るくなるはずである。このような分析の態度は，既に福沢(1931)が120年前に明確に論じながら日本で未だ普遍的とはなっていない思考様式のカテゴリーに属する。

ここで提示した７つの評価規準は，厚生経済学における「資源配分の効率性」と「所得分配の公平性」という２つの規準を踏まえつつ，都市住宅政策のみならず，具体の公共政策の体系を構築するに際して準拠すべき規準と，その結果として生じる社会の状態を評価する上での規準を体系化したものである（図２－４）。

ひとつの明確な評価規準を提示し，その下で住宅・土地政策を規範的に分析した最初の試みは，岩田（1977）である。岩田（1977）は，資源配分の効率性及び分配の公平という２つの規準を立て，これらの規準は，各々独立に考えうるという伝統的厚生経済学の立場から，政策問題を検討したものである。

７つの評価規準は，岩田（1977）による方法論を踏襲したうえで，公共政策の体系を評価する規準をさらに精密化し，再構成したものであり，次の意義をも

図２－４　評価規準と都市住宅像との関係

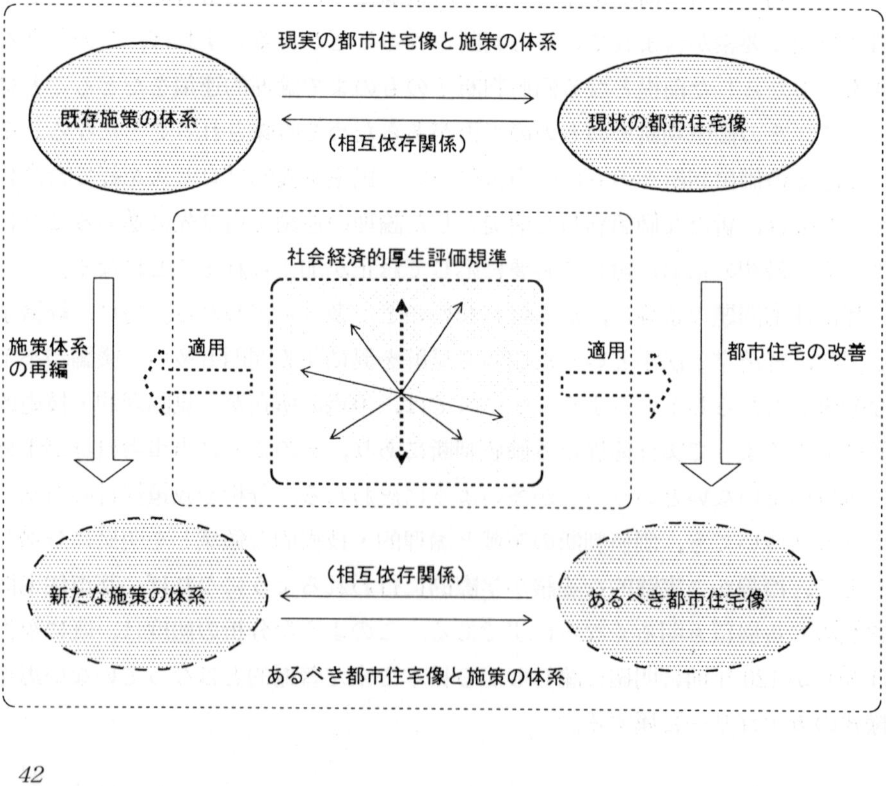

つ。

まず，「分配の公平」に関わる規準をより詳細に設定したことに独立の意義がある。すなわち，第1に，岩田 (1977) が分配の公平と提起した規準を，ここでは，「寄与分に応じた分配の公平」，「社会福祉的観点からの分配の公平」という2つの規準に再構成した。前者による公平規準は，例えば岩田 (1977) が「土地キャピタルゲイン100%課税」を提案した際にも，念頭にあったものと考えられるが，明示的には述べられてはいない。この規準は，八田 (1988) においても提示されているが，これをひとつの規準として定式化したのは，福井 (1990) である。

第2に，「社会福祉的観点からの分配の公平」は，例えば岩田 (1977) 213頁においても，「ある政策によって利益を受けるものは，その政策によって損失を受けるものに対して，その損失が個人の基本的人権を侵すほどにいたる場合には，その損失を補償しなければならない」として一部採用されている。しかしながら，公共政策一般を構築する場合に参照すべき独立の評価規準として提示されていない。

ここでは，公共的政策の達成状況を評価する上での不可欠の視点として，独立な規準として公平を位置付けた。

第3に，「社会経済的厚生を増大させるための再分配」も，効率性と公平性を統合する尺度として独自の意義をもつ。確かに，公共政策の体系を構築するに際し，「資源配分の効率性」のための措置と「分配の公正」のための措置は，各々独立に講じられる必要がある。しかしながら，前者により，「社会的厚生」が増大すれば，それだけ「再分配」の余地も高まり，「分配の公平」もより高い水準で達成される蓋然性も高くなるという関連性がある。この評価規準は，これを踏まえ，「効率」と「分配」との緊張関係を評価する上での独立な規準として構成されるものである。

このように7つの評価規準のうち，第1規準から第4規準までは，所与の公共政策の結果として生じる社会の状態を規範的に評価する上での独立な規準を定式化したものである。

第4に，本書では，第5規準から第7規準までに示すとおり，公共政策の体系を構築するに際して準拠すべき規準をも明確化しようとした。「制度・システ

図2－5　社会経済的厚生評価規準の検証プロセス

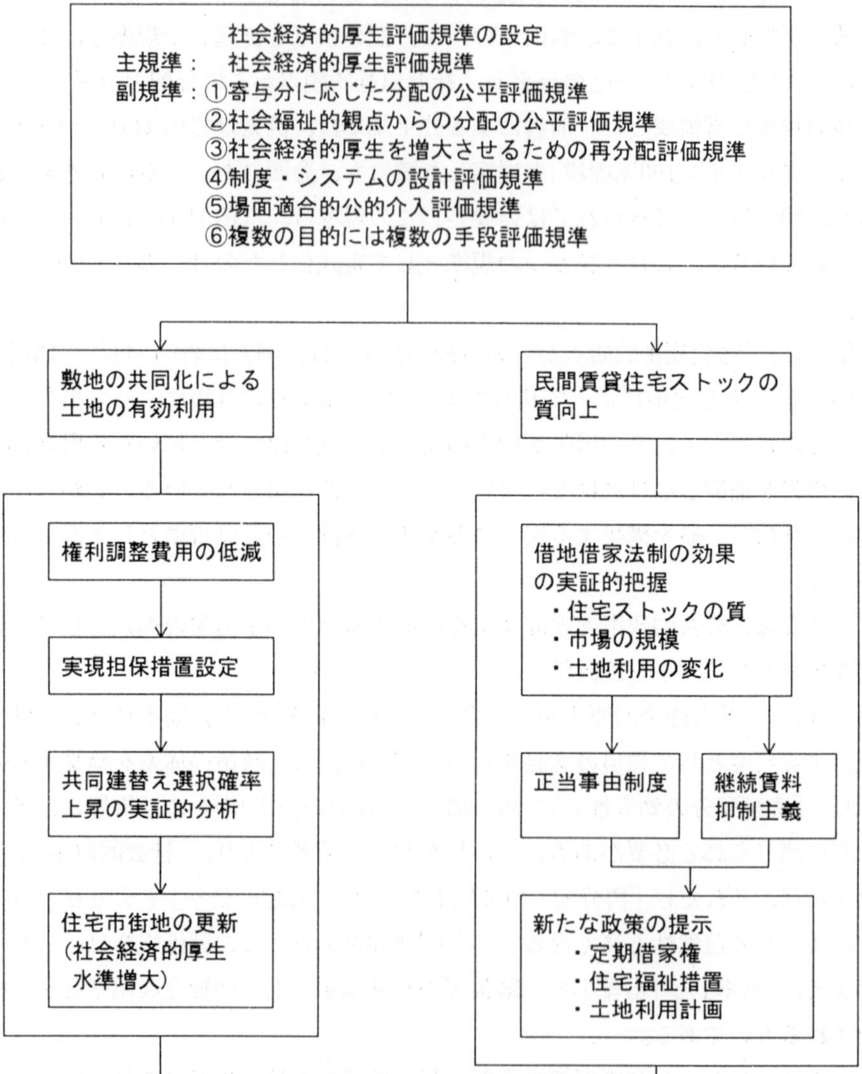
社会経済的厚生評価規準の設定
主規準：　社会経済的厚生評価規準
副規準：①寄与分に応じた分配の公平評価規準
②社会福祉的観点からの分配の公平評価規準
③社会経済的厚生を増大させるための再分配評価規準
④制度・システムの設計評価規準
⑤場面適合的公的介入評価規準
⑥複数の目的には複数の手段評価規準
敷地の共同化による土地の有効利用
民間賃貸住宅ストックの質向上
権利調整費用の低減
実現担保措置設定
共同建替え選択確率上昇の実証的分析
住宅市街地の更新（社会経済的厚生水準増大）
借地借家法制の効果の実証的把握
・住宅ストックの質
・市場の規模
・土地利用の変化
正当事由制度
継続賃料抑制主義
新たな政策の提示
・定期借家権
・住宅福祉措置
・土地利用計画
社会経済的厚生評価規準の検証

ムの設計評価規準」は，およそどのような公共政策においても「政府の失敗」という費用が一定程度存在するため，同じ結果をもたらす政策であれば，より裁量の余地の小さい手段を選択すべきことについて従来必ずしも明確に述べられてこなかったが，これを新たに定式化したものである。「場面適合的公的介入評価規準」も従来公共政策立案上公的介入の強弱二元論が示されることが多かったが，これを克服するうえでの留意事項を初めて定式化したものである。「複数の目的には複数の手段評価規準」も，都市住宅政策を含む公共政策立案上不可欠な事項であるが，従来の研究ではこの点は明示的に採用されてこなかった。このため，独立な評価規準として採用したものである。

これら全体の具体的問題における検証のプロセスは図２－５に示すとおりである。

(1) 例えば，塩崎・竹山（1992），森本（1994）はいずれも，この方向での論説をまとめたものである。
(2) 国土交通省調べ。
(3) 巽（1989），巽・高田（1988）及び岩田（1977）179～181頁参照。
(4) 岩田（1977）184～193頁参照。
(5) 住宅宅地審議会市街地住宅小委員会（1989）参照。
(6) 岩田（1988）159～160頁。
(7) 岩田（1988）131～132頁も同旨。
(8) 巽（1983）参照。
(9) 丸山（1961）156頁，丸山（1964）356頁参照。
(10) 岩田（1993）368～423頁，常木（1990）３～25頁参照。
(11) 大谷（1988）９頁など。
(12) 借地借家判例等特に民事法的判断に多くみられる。これらの具体例は，第６章の注(1)及び(2)に示した通りである。
(13) 石（1994）参照。
(14) 福井（1996）。
(15) 加藤・横山（1995）参照。
(16) 丸山（1961）171頁。

〈参考文献〉

石弘光（1994）『税金の論理』講談社
岩田規久男（1977）『土地と住宅の経済学』日本経済新聞社

岩田規久男（1988）『土地改革の基本戦略』日本経済新聞社
岩田規久男（1993）『ゼミナールミクロ経済学入門』日本経済新聞社
大谷幸夫編（1998）『都市にとって土地とは何か』筑摩書房
加藤寛・横山彰（1995）『税制と税収』読売新聞社
塩崎賢明・竹山清明編（1992）『賃貸住宅政策論』都市文化社
住宅宅地審議会市街地住宅小委員会（1989）「大都市地域における住宅供給の促進について（中間報告）」（市街地住宅研究会編（1989）『都市住宅ルネッサンス』ぎょうせいに所収）
巽和夫（1983）「大都市における住宅政策の検討」都市問題研究35巻10号
巽和夫・高田光雄（1988）「都市型ハウジングシステムの構図」都市問題研究40巻7号
常木淳（1990）『公共経済学』新生社
八田達夫（1988）『直接税改革』日本経済新聞社
八田達夫（1994）『消費税はやはりいらない』東洋経済新聞社
福井秀夫（1990）「住宅・土地問題への接近の視点とその評価規準」住宅39巻9号
福井秀夫（1996）「消費税は公平か」税研68号
福沢諭吉（1931）『文明論之概略』岩波文庫（原書は1875）
丸山真男（1961）『日本の思想』岩波新書
丸山真男（1964）『現代政治の思想と行動』未来社
森本信明（1994）『都市居住と賃貸住宅』学芸出版社

Kenneth J. Arrow (1963), Social Choice and Individual Value, 2nd. ed., New York: Wiley
James M. Buchanan and Goldon Tullock (1962), The Calculus of Consent: Logical Foundation of Constitutional Democracy, Ann Arbor: University of Michigan Press
Ronald Coase (1960), "The Problem of Social Cost," Journal of Law and Economics, Vol. 3
J.H. Dales (1968), Pollution, Property and Prices, Toronto: University of Toronto Press
A.P. Lerner (1944), The Economics of Control, London: Macmillan
A.C. Pigou (1920), The Economics of Welfare, Macmillan
John Rawls (1971), A Theory of Justice, Cambridge: Belknap

第3章　住宅市街地の実態と問題点

本章では，第2章で提案した評価規準に基づき，具体の住宅市街地における問題点を明らかにするとともに，これらに照らして住宅市街地の整備課題を明らかにする。

日本の大都市地域では，戦後の高度経済成長の下でさまざまな土地利用の歪みが発生した。たとえば，縁辺部では，スプロールによる無秩序な土地利用が広がり，中心部では，用途の無秩序な混在による外部不経済が発生したり，道路，公園などのインフラが十分でないまま，狭小な敷地の上に木造賃貸住宅が密集して大量に供給された。

そこで本章では，第2章の評価規準を踏まえ，大都市地域の既成市街地における土地利用の問題，特に木造賃貸住宅密集地区などの低層住宅密集市街地の土地利用の問題に応用して，その有効利用方策を検討する。ここで，特に低層住宅密集市街地をとりあげて検討するのは，後に述べるように，低層住宅密集市街地が，既成市街地の都市住宅問題の象徴的存在であると考えられるからである。

第1節　住宅市街地の現状と問題点

(1)　住宅市街地の特徴

①　敷地規模の狭小性

低層住宅密集市街地に代表される住宅市街地の第1の特徴は，敷地規模が狭小であることである。たとえば，東京23区では，土地所有者数全体に占める100 m²未満敷地の所有者数の割合が全体の44.9％を占める(1)など狭小敷地が多数存在する。木造賃貸住宅密集地区では，たとえば北新宿地区，荒川5・6丁目地区などでは，1992年で，全敷地数に対する100m²未満敷地数の割合が60％を超える（国土交通省調べ）など狭小敷地割合が一層高くなっている。

②　権利関係の複雑性

第２は，権利関係が複雑であることである。たとえば大阪府下の木造賃貸住宅密集地区では，地主が木造賃貸住宅の所在地とは別の場所に居住し，土地を木賃経営者に借地させ，借地人により賃貸住宅が供給されていることが多い(これに対し，東京23区では，地主が自己の居住地に木造賃貸住宅を自ら建設し，自ら経営するという形態が多い)。このような場合，地主，借地人（＝家主），借家人の三者による重畳的な権利関係が発生・存続し，三者の利害関係は必ずしも一致しないため，建替えなどの土地利用の更新は，当事者間の合意を待つ限りきわめて困難となる。

③　建築ストックの質の低水準

第３は，現存する建築ストックそのものの質が低水準である。１つには，老朽住宅の密度が高く，住宅の物理的老朽化が激しい。２つには，戸当たりの面積が小さく，設備なども低水準である。東京都内の木造賃貸住宅を例にとると，戸当たり専用面積が全体の住宅では61.9m^2であるのに対して，木造賃貸住宅では30.8m^2であり（表３－１），また，設備，日照などの条件も劣悪である（表３－２）。

３つには，火災発生時の防災上の問題が多い。たとえば，東京23区内の代表

表３－１　東京都内民営木造借家の居住水準

区　　分	住宅当専用面積	最低居住水準未満	誘導居住水準未満
木造賃貸住宅	30.8m^2	25.4%	85.2%
全　住　宅	61.9m^2	11.4%	62.9%

（備考）　総務庁「住宅・土地統計調査（1998年）」より作成。

表３－２　東京都内民営借家（木造及び非木造）の設備等

１室住宅（借家全体）	１住宅当たり畳数	設備共用	浴室なし	日照３時間未満	平均家賃（専用住宅）
31.1%	13.11畳	2.7%	10.6%	25.8%	80,400円

（備考）　総務庁「住宅・土地統計調査（1998年）」より作成。

的な木造賃貸住宅密集地区について見ると，耐火及び簡易耐火を合わせた建物の耐火構造率は11.3%で，火災発生時の延焼火災の危険性は高い。

④　外部環境の低水準

第4は，住宅の外部環境についても質が低水準であることである。日照，通風やプライバシーの確保はきわめて困難である。敷地が4m未満道路にしか接道しない住宅の比率も高い。この比率は，「住宅・土地統計調査」(総務庁統計局，1998年) によれば，東京都全体の民営借家について見ても戸数比率で37.0%に達するが，例えば，ある木造賃貸住宅密集地区（目黒区上目黒・祐天寺地区）では1996年で棟数比率で56.4%に達する[(2)]など，接道状況はさらに悪いものとなっている。

また，地区内に公園，緑地，広場などもほとんど存在しない。しかも，公共によるインフラの整備は，第1及び第2に述べたように，敷地が狭小で，権利者が多く，かつ，複雑な関係が存在しているため遅々として進まない。

⑤　土地の非有効利用

第5は，土地が有効に利用されていないことである。木造賃貸住宅密集地区をはじめ，低層住宅密集市街地は，たとえば，東京では，東池袋，世田谷区の太子堂，文京区の大塚5・6丁目，新宿区の西新宿・北新宿・大久保・百人町，板橋区の仲宿・上板橋など，大阪では，豊中市の庄内，門真市の北部などに存在している。いずれも都心又はその周辺であり，中心的なターミナル駅の至近地，商業・業務用途との混在地など，交通の利便性が高く，土地利用のポテンシャルも大きい地域ばかりである。にもかかわらず，木造賃貸住宅密集地区等低層住宅密集市街地の現状容積率は，100%前後程度であり，立地条件を活かした土地の有効利用が行われているとは言い難い（表3－3)。

以上5つの特徴により，低層住宅密集市街地において良好な土地利用転換を図っていくことはきわめて難しくなっている。そして，およそ一般既成市街地について発生している諸問題のほとんどが，低層住宅密集市街地においては，いずれも，より極端な形で現れているのである。

(2)　低層住宅密集市街地の土地利用のあり方

土地利用のあり方を一般的に述べれば，住居系用途を前提とする場合，少な

表３－３　大阪府内の木造賃貸住宅密集地区における容積率の充足状況

地　区　名	指定容積率	現状容積率	指定容積率との差
豊中市大島庄内市場地区	200	87	113
千成町地区	200	72	128
栄町４丁目地区	200	86	114
幸町地区	210	101	109
寝屋川市松屋町地区	208	65	143
香里南之町地区	261	119	142
萱島南町地区	200	58	142
門真市門真市駅周辺地区	372	127	245
石原・大倉地区	216	102	114
大和田駅北地区	238	115	123

（備考）１．指定容積率は，用途地域による容積率と区域面積より算出したもの。
２．数字の単位は％。
（資料）まちづくり推進機構検討会『まちづくり推進機構検討会調査委員会報告書』1989年

くとも防災上の支障のない広幅員の道路に敷地が接道し，公園，緑地などのオープンスペースが十分に確保され，医療・教育・文化などの公益施設も地域内または周辺に立地していることに加え，建築物の質が高く，かつ日照，採光，通風などの建築物が相互に及ぼす外部的影響も最小限に抑えられていることが望ましい。ところが，低層住宅密集市街地は，このような意味での住宅地域の一般的な望ましさの尺度からは最劣位に位置づけられることが多い。

郊外における大規模戸建住宅地のように整然，かつ，ゆったりと土地を利用することによっても，上記の「望ましさ」は達成され得る。このような属性の地域にすべての人々が適正な負担で居住し得るならば，それは最も望ましいことであろう。しかし，現実の大都市地域では既に述べたように，すべての人に対してそのような居住を可能にすることは物理的容量の問題として不可能である。そうであれば，一定の人口を通勤などに支障のない地域内に居住可能とするためには，大都市地域では一定程度の高密度の居住が必要になる。その程度を示す尺度は地域ごとの土地利用のポテンシャルであり，それはバブルを捨象した地価によって示されると考えられる。

すなわち，低層住宅密集市街地は，いずれも住宅地としての上記の「望ましさ」が達成されるように利用がなされれば，相当程度の良好性を備え得る地域であり，そのことが期待されて現在の地価もかなりの高水準となっている。

したがって，低密居住であれば一定の居住面積当たりの負担は，売買にせよ賃貸にせよ，通常の市民の負担能力をはるかに超えることになる。結局のところ，大都市地域全体で居住面積当たりの負担を軽減していくためには，低層住宅密集市街地のような「超一等地」(3)では，土地利用の規範そのものを見直すことも含めて，相当の高密度の居住が要求されるのである。

このように考えると，低層住宅密集市街地での望ましい土地利用とは，第1から第5までの問題点のすべてを解決し，すなわち上記の「望ましさ」をすべて満たした住環境，防災性，利便性などを備えたうえで，その地域のポテンシャルに見合って中高層共同住宅化が図られていくことであると考えられる。このような望ましさと，現実の低層住宅密集市街地の姿との間には大きい距離があるとの問題提起がなされるゆえんである。

⑶　土地の有効利用に対する反対論

このように問題設定をするときにしばしば見られる一般的な反応のパターンのいくつかについて，コメントしておきたい。低層住宅密集市街地対策に中高層共同住宅化を持ちこむこと自体に対する拒否反応については後にコメントする。

①　インフラの整備水準

第1は，「道路条件が悪いから土地の高度利用は不可能である」ないし「大都市地域ではインフラの許容水準がすでに飽和状態であるから，これ以上の土地の有効利用はインフラに過剰な負荷を与える」といった反応である。大都市地域では鉄道の混雑，広域ネットワークも含めた道路の渋滞，駐車場不足，公園・緑地の少なさなど，インフラの整備水準がその必要量と比べて著しく低い。このようなインフラの整備水準を前提にしての人口や事務所，店舗の量的拡大のみをもたらすように，土地利用転換に対する反対であれば，それはその限りでは妥当な指摘であろう。

しかし，インフラは土地の有効利用によって新たに生み出すことが可能である。ここに，土地の有効利用は，単なる実効上の床面積の増大をいうのではなく，広域的な土地利用のフレームを踏まえた適切な床面積の配分，それに見合って適切な環境水準が達成されるような道路・公園・下水道などのインフラの新たな整備，さらに個々の土地利用が他に及ぼす外部不経済が極力小さくなっていること，これらすべてが達成された状態をいうこのとき，社会経済的厚生評価規準が満たされることとなる。とするならば，「インフラを整備しつつ，より高度に利用することが，環境改善も含めた土地の有効利用につながるし，都心部ほど高度利用しなければインフラ整備のための用地も確保できない」との命題が成立するのではないかと考えられる。

しばしばみられる反応の1つに，「土地の有効利用ないし高度利用は高層化・高容積化等によって市街地環境が悪化する」との趣旨の議論がある。しかし，土地の有効利用の概念，うえで定義した意味で用いることに関して，人々の間に共通認識があれば，こういったそもそも論の批判は回避できるのである。この意味で，使用する概念は，その内容をあらかじめ明確にしておくことが重要である。

うえに定義した意味で，土地の有効利用を図ることを目標とするのであれば，現に存在するインフラが貧弱であるとき，その貧弱さに合わせて土地利用を決定するという考え方は，後ろ向きとも考えられる。土地の有効利用によって道路の新設・拡幅や，公園，下水道の設置などインフラの充実を図り，その結果向上したインフラのキャパシティに合わせて床面積の全体量をできるだけ増大させていくことこそ，土地・住宅問題の本質的解決に寄与する方向ではないかと考えられる。これについては，第4章において，具体的に検証する。

②　歴史的意義

第2は，「木造賃貸住宅を多く抱える低層住宅密集市街地は，日本の高度経済成長の時期に大量に大都市に集中した人口の受け皿として重要な役割を果たしてきたのみならず，現代では希少な濃密なコミュニティが存続している地域であり，最近の視点からのみ否定的に評価すべきでない」といった反応である。歴史的位置づけの認識としてはその通りであり，土地利用の転換の歴史そのものをよく理解しておくことは，今後の土地利用のあり方を検討するうえでも重要な意義を有するであろう。しかし，望まれる土地利用の規範は，その時代の政治的，経済的，社会的文脈によって規定される性格をもつものであることは避けられない。特に，諸外国に例を見ないほどの急激なスピードで経済が成長し，かつ大都市への人口・諸機能の集中が発生した戦後の日本のような社会では，土地利用の秩序を長期的，安定的に維持してゆくことは困難であったといえよう。

変わりゆくものを惜しみ，懐しむ心情は，人間に共通に存在する。また，修復困難な建築物の姿やまちの風景に関してその意義をさまざまな形で保存しようとする試みがなされることにも意義がある。しかし，大都市の現実の生活者に対して，彼らの居住する場所を確保し，それを少しでも快適で安価なものとしていく必要性を認める以上，土地利用の規範は，そのような事情に応じてある程度高密度・高インフラ型を指向せざるを得ないと考えられる。東京や大阪の木造賃貸住宅密集地区は，過去の歴史的役割にもかかわらず，現在の経済社会の下ではやはりその意義をすでに全うし，土地利用の転換が課題となっている地区と考えられる。またコミュニティの維持・存続については別途の形で可能である。事柄は，過去のある時点での評価や現在のノスタルジックな心情と，現在を実際に生きているすべての人々の生活を思いやる感受性との間の平衡感覚をもって再検討することが課題である。

以上述べたように，既成市街地におけるさまざまな土地利用上の問題のほとんどは，木造賃貸住宅密集地区などの低層住宅密集市街地の中で発見することができ，かつ，最も極端な形で現れている。既成市街地一般について問題点を分析し，これに対処する処方箋を書こうとするとき，低層住宅密集市街地に関して得られた知見は有益である。より症状の重いこれらの地域において有効な分析や処方箋は，他の一般的な地域において，より効果的，普遍的に応用できるものになるであろう。

このような意味で，既成市街地における土地の有効利用を低層住宅密集市街地の問題から考えていくことには重要な意義があると考えられる。

第2節　低層住宅密集市街地の再開発・整備手法の現状

低層住宅密集市街地において，インフラを整備し，住環境を向上させ，住宅の供給を図っていこうとする場合，そのような取り組みを支援するための公的手法が必要である。細分化され，複雑な権利関係が残るこれらの地域で，実際の権利者の意思のみによって公共的に必要とされる方向へと土地利用を転換していくことには限界がある。彼ら自身にとっての合理的な選択の方向が，社会公共的にも望ましい方向に向かうようにするためには，何らかの制度的枠組みの設定によって対応したり，何らかのインセンティブを与えていく必要がある。

日本の諸制度の中では，たとえば，都市計画・建築規制，土地・住宅税制，政策融資制度，補助制度，公的主体によるインフラ整備事業，土地利用の整序とインフラの創出を図る法定再開発・土地区画整理などによる事業制度などが，低層住宅密集市街地の再開発の支援手法として存在している。そこで，これらの手法を類型化し，低層住宅密集市街地において実際に果たしてきた役割を簡単に整理する。

(1)　都市計画・建築規制による土地利用規制

都市計画・建築規制の中には，木造賃貸住宅密集地区など低層住宅の密集市街地だけを対象とした土地利用規制は存在しない。しかし，一般的な用途地域，地区の指定，容積率や建ぺい率の制限，高さ制限，日影規制などは，特に低層住宅密集市街地のような特殊な土地利用が形成されているところでは，重大かつ複雑な影響を及ぼす。これらの規制が低層住宅密集市街地固有の事情とは必ずしも対応していないために，一般市街地であれば形成されるであろう良好な土地利用秩序，たとえば，日当たり，ゆったりとしたオープン・スペース，地域の属性に見合った床面積の密度などが形成されないまま，住環境上も防災上も多くの問題を抱えるにいたる。したがって，これらの現行土地利用規制の一般則のみによっては，良好な土地利用転換，再開発を促進していくことは難しい。

しかし，都市計画・建築規制の中にも，一定のまとまりのある地区に限定して，その中で必要なインフラを確保したり，一定の良好性を維持ないし促進するための規制を設定したり，場合により，これらとセットで容積率のボーナスを付与したりするという制度が設けられている。特定街区（都市計画法8条2項），総合設計（建築基準法59条の2），地区計画（都市計画法12条の5），再開発地区計画（都市再開発法7条の8の2），住宅地高度利用地区計画（都市計画法12条の6），用途別容積型地区計画（同12条の5，建築基準法68条の3）などがこれに当たる。後二者については，1990年法改正により創設された制度である。

これらのうち地区計画は，容積率のボーナスがなく，規制による一定の土地利用秩序の維持・存続に力点がある。木造賃貸住宅密集地区などでは，当事者へのインセンティブに欠けるためこれを活用することは困難である。また，特定街区，再開発地区計画についても，どちらかといえば少数の権利者しか存在しない大規模種地型の地区に適用しやすい制度であるためか，従来の事例にも低層住宅密集市街地におけるものはほとんど存在しない。権利調整の困難さもさることながら，指定容積が仮に上昇しても，接道条件が改善されない限り，斜線制限もあり，フルに容積が使えない。しかし，接道条件は，当該地区のみならず，より広がりをもった範囲で統一的に判断されるものであって，その範囲まで取り込んで全体計画をまとめあげることは，実際上困難であった。この意味で，容積率のボーナスも，このような地域ではインセンティブとして働きにくかった面がある。

なおその後，1995年に街並み誘導型地区計画（都市計画法12条の5第7項，建築基準法68条の3第4項）が，1997年には防災街区整備地区計画（都市計画法12条の4，密集市街地における防災街区の整備の促進に関する法律32条）が創設された。

街並み誘導型地区計画は，道路に面する壁面の位置の制限，建築物の高さ制限，壁面の位置の制限線と敷地境界線との間の区域における工作物の設置の制限等が，条例によって課されていること等を条件として，特定行政庁の認定により，前面道路幅員による容積率制限を適用除外するものである。接道条件が建替えの制約となっている木造賃貸住宅密集地区における適用をも意図した制度ではあったが，制度本来の趣旨としては主として大都市都心部における市街地環境の整備改善，住宅供給促進を狙いとして創設された制度である。実際，1999年3月末時点で，全国7地区で計画決定されているが，うち6地区は東京都千代田区及び中央区の都心区域である。

また防災街区整備地区計画は，一般の地区計画と同様に，建築条例による一般的建築規制の強化を行うもので，それ自体で容積率等建築制限を緩和するものではない。

⑵　土地・住宅税制

政策的な土地・住宅税制として，低層住宅密集市街地の再開発を主として念頭においたものはほとんどない。唯一，事業用資産の買換特例に，木造賃貸住宅密集地区を要件としたものがある。具体的には，三大都市圏の木造賃貸住宅密集地区(原則として地域面積おおむね20ha以上，木造賃貸住宅戸数比率30％以上，耐用年数3分の2以上経過の老朽住宅比率1ha当たりおおむね20戸以上のすべての要件を満たす地区)内の木造賃貸住宅経営者が，その木造賃貸住宅を道路，公園などの生活環境施設の整備事業のために地方公共団体などに譲渡し，地区の内外を問わず，一定の良質な賃貸住宅に買い換えて事業を継続する場合，譲渡所得税の課税が繰り延べられるというものである。

一定の良質な賃貸住宅とは，① 耐火構造等で3階以上，② 床面積の5分の3以上が住宅で敷地面積200m²以上(1990年度までは330m²以上)，③ 床面積が従前建物の床面積より広く，その2分の1以上が賃貸住宅，④ 各住戸の床面積が45m²(90年度までは35m²)から200m²まで，⑤ 建築費坪単価が耐火建築物100万円／坪以下，準耐火建築物95万円／坪以下という条件のすべてを満たす住宅のことをいう。

1990年度までは，大都市地域内での事業継続を前提とすると買換住宅の敷地面積要件が厳しかったこともあり，適用実績がなかった。しかし，この特例が有効に活用されれば，地区内のインフラ整備に必要な公共用地の取得が容易となる。そこで，従来から，実情に適合するように制度を改善するという要望が強かった。このような要望を受けて，1991年度税制改正では，買換住宅の敷地面積要件が大幅に緩和されたものであるが，2000年12月時点でも，適用実績はない(4)。

この他にも，既成市街地等内における中高層耐火共同住宅建設のための譲渡所得課税の特例，特定民間再開発事業に係る譲渡所得課税の特例等再開発一般を促進するための政策的な優遇税制があるが，低層住宅密集市街地の再開発に当たってはほとんど活用されていない。

実際に活用されるという点では，やや本来の目的とは異なる適用領域として，木造賃貸住宅密集地区などの再開発の際にときおり活用されている交換特例制度が実用的であり，相当の効果を上げている。

これらのように何らかの政策目的のために税制の一般原則を緩和して当事者にインセンティブを与える手法も一定の場合有効ではあるが，むしろ現行の税制の一般原則である固定資産税などのシステム自体が，敷地の共同化との関係で問題を抱えていることの方がより重要である。

(3)　市街地再開発事業・土地区画整理事業等による権利変換手法による再開発

市街地再開発事業は，地方公共団体，都市基盤整備公団，市街地再開発組合等が主体となって，土地の高度利用などを図るため，環境，防災性の劣った地区などにおいて，土地所有権，借地権，借家権を権利変換手法により整序するとともに，必要なインフラを整備していく事業である。都市再開発法により，一定の場合，地権者の同意がなくても強制的に事業を施行する権限が与えられており，権利変換手続も行政行為として構成されている。そのため，民事による契約を積み重ねていくのと比較して，手続も簡潔であり，かつ法的安定性も強い。さらに，市街地再開発事業に関しては，補助金の税制上の優遇措置，政策金融など，その促進を図るための付随的な諸施策も同時に用意されている。

同事業が施行されれば，地区内では従前の老朽家屋などは除却され，従後は，公共施設，オープン・スペースなどを伴った中高層の建築物による土地利用形態への転換が整然と図られるため，その高度利用促進，環境改善，防災性向上などの効果はきわめて大きい。また，権利変換については，法的に公正で厳密な手続が義務付けられているため，たとえば，社会的弱者に対して過酷な結果とならないよう補償措置などにおいても，十分な手当がなされる。

しかし，同事業は従来，駅前の商業系の再開発など収益性が十分に見込めて，地権者も極端には多くないような地区において主として実績が上がっており，木造賃貸住宅密集地区のような低層住宅密集市街地において，主たる手法として活用された例は少ない(5)。

その原因としては次の2つが考えられる。第1は，市街地再開発事業に際しては，地権者の同意を必要としない場合であっても（地方公共団体，公団などによる施行の場合。組合施行にあっては，原則的に土地所有者などの3分の2以上の同意で施行可能），実態上，地区内の相当程度の比率の地権者の合意が形成された段階で，事業の要件の1つとなる都市計画法上の高度利用地区（土地の高度利用促進のため，容積率の最低限度の設定など建築規制が強化される）や，事業に関する都市計画を定めて，事業を施行していくことが多い。

すでに述べたように，地権者が多く，零細な敷地や高齢者の借家人なども多い低層住宅密集市街地では，事業の同意に関する調整を完全に行うことはきわめて困難である。

第2は，低層住宅密集市街地における再開発では，保留床の処分益が商業系と比べて小さくならざるをえないため，事業採算性が厳しいことである。

次に，土地区画整理事業は，減歩を伴う換地を中心とした権利変換手法により，土地の区画形質の変更と道路などの公共施設を整備する事業であり，新市街地における有力な宅地供給手法として現在まで多くの実績を挙げてきている。しかし，既成市街地での適用事例は少なく，木造賃貸住宅密集地区などにおいてはこれまでに実例は存在しない。これは，土地区画整理の中心的な手法である平面換地による場合は，木造賃貸住宅密集地区は既に好立地であること等から事業施行後の土地の価値の増進があまり見込めないため，必要な減歩を行うこと自体が困難であることに加え，仮に減歩が十分にできたとしても，一般的に敷地の単位が小さいことから，減歩後の土地が宅地としての最小利用単位以下の面積になってしまうことが多いためである。土地区画整理には，立体換地等の手法もあるが，従前借家人の手当てを法令上欠く等の理由により，木造賃貸住宅密集地区への適用は困難である。

(4)　住宅金融公庫，地方公共団体による政策融資制度

住宅金融公庫融資は，その多くが持ち家取得者によって利用されているが，一般民間賃貸住宅貸付制度，農地転用賃貸住宅貸付制度及び小規模敷地活用型賃貸住宅貸付制度（レントハウスローン）があり，賃貸住宅建設に対しても長期低

利の資金を供給することでその促進を図ることとなっている。

一般民間賃貸住宅及び農地転用賃貸住宅の貸付条件は，耐火構造などの共同住宅かつ戸当たり床面積50m²以上125m²以下（ただし，高齢者等同居住宅は280m²以下）の賃貸住宅で，原則として敷地面積500m²以上，建物床面積500m²以上のものに対して，低利かつ，35年までの償還期間で，原則として標準建設費の99.45%まで貸し付けることができるというものである。この条件に加えて，1991年度からは，主として木造賃貸住宅密集地区などの細分化した敷地の共同化を促進することにより，土地の有効利用を図ることにインセンティブを付与するとの観点から，敷地共同化プロジェクトに関しては，賃貸住宅1戸につき50万円の割増貸付を実施する制度が創設された(6)。

従来は，木造賃貸住宅密集地区などでは，この融資制度を利用する者はPR不足もあり少なかったが，制度拡充により今後の活用が期待される。

次にレントハウスローンは，木造賃貸住宅敷地など比較的小規模な低・未利用地を有効活用して，世帯向け賃貸住宅の供給を促進しようとするものである。貸付条件は，三大都市圏（1990年度までは東京圏及び大阪圏のみ）のマンション地域内かつ指定容積率200%以下の地区で，敷地規模165m²から500m²まで，建物は耐火構造などで床面積が200m²以上，戸数が自己使用住宅を含めて3戸以上（1990年度までは賃貸住宅4戸以上）であり，空地が確保されているものに対して，低利かつ，30年までの償還期間で，原則として標準建設費の99.45%まで貸し付けることができる(7)。この制度についても，従来，木造賃貸住宅密集地区などで利用する者は少なかった。

住宅金融公庫の融資といえば，すでに触れたように住宅の取得者に対するものが主流であり，従来は賃貸住宅に対する融資は十分には活用されてこなかった。しかし他の諸施策と一体的に活用すれば，木造賃貸住宅密集地区などの再生手法として，今後は一定の役割を果たしていくことが期待される。

一方，地方公共団体，特に，市・区のレベルにおいては，独自の建替えなどに係る低利融資制度，利子補給制度を設けている例が多い。しかしこれについても，一般的には良好な土地利用転換に対する有効なインセンティブとはなりえなかった面があり，今後の検討が必要と考えられる。

なお2000年度からは，住宅市街地における居住環境の改善を促進するため，土地の合理的かつ健全な利用に寄与する住宅および生活関連施設（小店舗，デイサービスセンター等）の計画的な共同･協調建替えを支援する都市居住再生融資が創設された。

同制度は，

① 密集住宅市街地整備促進事業の整備計画区域，防災再開発促進地区（密集法3条1項），都心共同住宅供給事業実施区域（大都市法2条5項），市街地再開発促進区域（都市計画法10条の2第1項1号），市街地再開発事業施行区域（都市計画法12条1項4号），人口集中の特に著しい大都市を含む都市計画区域（都市再開発法2条の3第1項）などの区域内における，

② 共同建替え事業（統合後の敷地面積が100m²以上），総合的設計協調建替え事業（一団地の総合的設計・連担設計などにより，2以上の建築物を建設するもので，一団の土地の区域面積が200m²以上），地区計画等適合建替え事業（地区計画等で定められた壁面の位置の制限などに適用するもの），有効空地確保事業（敷地面積が500m²以上で敷地内に総合設計許可等を受けた空地が確保されていること），マンション建替え事業などによる，

③ 耐火構造または準耐火構造で，住宅部分の延床面積の割合が1／2を超え，容積率が法定容積率の1／2以上を利用している等の条件の建築物を建築する場合に，建設費，補償費等調査設計計画費の80％を限度として融資する

制度である。

木造賃貸住宅密集地区においても，今後，同制度を積極的に活用した建替え事業推進が期待される

⑸ 住宅地区改良事業

住宅地区改良法（1960年）により，不良住宅が密集して保安，衛生などに関して危険又は有害である地区については，市町村が住宅地区改良事業として，土地収用権を背景として不良住宅を除去し，土地を整備して地区住民のために改良住宅を建設することができる。

事業施行地区の要件は，0.15ha以上，不良住宅戸数50戸以上，不良住宅比率80％以上，住宅戸数密度ha当たり80戸以上のすべてを満たすことである。したがって，低層住宅密集市街地の中でも最も改善の必要性が高い地区に適用され

うる。このような地区では，強制力を伴う全面買収方式によるクリアランスと公的住宅の建設がセットとなった事業手法が用意されており，公的な関与の度合いが最も強力となっている。

しかし，この事業の要件を満たす地区は，既成市街地，なかんずく低層住宅密集市街地の中では必ずしも一般的ではなく，事業の実績も，たとえば木造賃貸住宅密集地区の中では従来ほとんど例がない。

仮に法定要件を満たしていたとしても，地権者数，事業の施行能力などの理由により，施行区域を街区を複数含んだ数十haもの規模にまで広げることは困難である。低層住宅密集市街地では，同質の問題を抱えた市街地が広範囲に広がっており，大きいものでは400数十haにわたって老朽木造賃貸住宅などが連坦して密集している。このような地区属性を持つ低層住宅密集市街地の全体について住宅地区改良事業を施行することは困難であり，また，一部の地区についてだけ施行することは，全体計画における当該地区の位置付けが明確であり，施行者に相当強力な意思と能力が備わっていない限り困難であるとともに，道路等のインフラが部分的な整備にとどまってしまい，十分な効果を発揮できない可能性がある。

なお，法令に基づくものではないが，1974年に特定住宅地区整備促進事業（1976年より過密住宅地区更新事業。通称「ころがし事業」と呼ばれていた。）が予算上の補助制度として創設され，1988年まで存続した。この事業は，1970年代以降の三大都市圏での公共住宅（公営，公団，公社）の建設難に対処するためのものであり，不良住宅が相当数存在していることなどにより居住環境の劣る地区について利用された(8)。

まず，地方公共団体が整備計画を策定し，計画地区の不良住宅の居住者に対して公的住宅への入居をあっせんする。地方公共団体は，これによって地区内の住宅や敷地を取得し，その土地を，公園などの生活環境施設用地や，公的住宅の建設用地として活用する。これについては，国から補助を受けることができる。当該地区にできた公的住宅については，次の不良住宅など地区の従前居住者用住宅として活用し，次々に居住者をいわば「ころがす」ことにより再開発を進めていくことを本来の目的としていた。

住宅地区改良事業と比べて，玉つき的な居住地の移動を前提としていたこと，土地収用権や建築などに係る法的な制限がないことなどの点で異なっていたが，実態としては，強制権がないことなどを背景として土地の取得が円滑には進まず，所期の目的を十分に果たせないまま1989年に廃止されてしまった。

⑹　助成による民間建替え誘導制度

1982年度から，木造賃貸住宅密集地区の再開発のために，家主による良好な建替えなどに対して助成する地方公共団体などに対して国が補助する木造賃貸住宅地区総合整備事業が発足した。この事業は1989年度からは，木造賃貸住宅のみならず，老朽住宅の密度についても事業の要件に加えて併せて建替えの促進を図っていくこととし，内容を若干変更したのうえ，発展的に市街地住宅密集地区再生事業（以下「再生事業」という。）に改変された。国土交通省からの聞き取りによれば，その概要は次のとおりである。

再生事業は，三大圏の密集市街地で，木造賃貸住宅率おおむね30％以上，住宅戸数密度おおむね55戸/ha以上，老朽住宅密度おおむね20戸/ha以上のすべてを満たした原則20ha以上の地区で実施することができる。ただし，1990年改正により設けられた，「大都市地域における住宅及び住宅地の供給の促進に関する特別措置法」（以下「大都市法」という。）の重点供給地域内で，老朽住宅密度がおおむね30戸/ha以上の地区は，地区面積要件がおおむね５haに緩和される。

このような要件を満たしたうえで，地方公共団体などが作成した地区の整備計画が大臣に承認されると，整備計画に基づく建替えに係る除却費，共同施設整備費などについて，家主などに対して，国，地方公共団体が補助することができる。また，地方公共団体などに対しては，整備計画作成費，低質建築物敷地などの取得費，高齢者などの従前居住者のための賃貸住宅建設費などについて，国が補助することができる。

特に，1991年度には，後述する市街地住宅小委員会第２次報告等を踏まえた予算要求により，国の住宅政策史上初めて建替え促進のための民間住宅入居者に係る家賃対策補助制度が発足した。再生事業等の実施地区内で，①家主が，木造賃貸住宅を一定の構造・規模・設備等を有する優良な住宅に建替え，②建替えに伴い住宅に困窮する従前居住者で公営住宅階層の者を，③再度建替え後の住宅に入居させる場合，従前の標準的家賃と従後のそれとの差額を，国・市区町村(各6分の1)，家主，従前居住者が3分の1ずつ負担することを前提として，7年間にわたって公的に補助することができるというものである。これは，木造賃貸住宅密集地区の再開発促進そのものを，従前居住者対策の側面から強力に支援するものであると同時に，従前コミュニティの存続や，社会的弱者の居住の継続を保護するものでもあって，画期的な意義を持つ施策であるといえよう。

しかし，後に分析するように，この事業の実績としては，個別建替えに係る，従前建築物の除却費に対する補助が中心となっている。敷地の共同化を伴う建替えについては，設計費や空地，エレベータの共同施設整備費などに対する補助もあり，助成の程度が手厚いにもかかわらず，きわめて限られたケースにとどまっている。

さらに再生事業は，1994年には，密集住宅市街地整備促進事業へと改変された。市町村は3大都市圏の密集市街地で，住宅戸数密度が原則として30戸／ha以上で，原則20ha以上の地区(ただし，1990年改正により設けられた大都市法の重点供給地域内または三大都市圏以外の地域では5ha以上)で，密集事業の整備計画を策定することができる。

市町村が作成した整備計画が大臣承認されると，市町村は地区面積1ha以上及び換算老朽住宅戸数50戸以上（重点供給地域内の場合，要件はそれぞれ0.5ha及び25戸）に緩和される）で，かつ，住宅戸数密度と換算老朽住宅戸数の割合が一定の要件を満たす地区において，密集事業の事業計画を策定することができる。

整備計画および事業計画に基づく老朽建築物等の除却費，建替えを促進すべき建築物の共同施設整備費などについて，家主などに対して，国および地方公共団体が補助することができる。

また地方公共団体に対しては，整備計画作成費，老朽建築物除却のための土地取得費，道路，公園，集会所等の整備費，賃貸コミュニティ住宅の建設費等については，国が補助することができる。

加えて1997年には，密集市街地における防災街区の整備の促進に関する法律が策定された。この制度は，防災上危険な密集市街地について，防災機能の確保と土地の合理的かつ健全な利用を図るため，都市計画の整備・開発・保全の方針において，防災再開発促進地区が定められることにより，延焼危険建築物に対する除却勧告（13条）が行われる。またその所有者が，居住安定化計画を定めて市町村が認定すれば，賃貸借契約終了に係る借地借家法規定の適用除外が行われる。

さらに防災再開発促進区域内において，防災街区整備地区整備計画が定められた区域においては，市町村は防災街区整備権利移転計画の策定を通じて，防災機能の確保と土地の合理的かつ健全な利用を行うことを目的とした土地に関する権利移転を行うことができる。

(7) ま と め

以上のように，低層住宅密集市街地対策として，いままで多くの政策が提案され，試みられてきているが，これらを総合的に勘案しても，現状では，整備の進展に対して十分に寄与したとは必ずしも評価できない。

従来型の低層住宅密集市街地対策については，政策担当者の意識や，理論的根拠を与える学識経験者の見解では，主として住環境の改善と防災性の向上とに力点が置かれてきた。しかし，現在の大都市住宅問題の状況を勘案すれば，既に述べたように，対策の目標，すなわち公的関与の意義としては，これら2つに加えて，住宅供給の促進を位置づけ，3つの意義が同時に達成されるような対策を講じていくことが重要であると考える。また仮に，前二者の環境，防災の観点だけに限っても，従来型対策が十分な効果をあげてきたかというと，事柄はそれ程単純明快ではない。むしろ，住環境改善，防災性向上のみを目的としていたからこそ，地家主にとっては十分な建替えのインセンティブが生じず，借家人の負担も軽減しなかったのであり，さらに十分な公的関与の正当化根拠を持つこともできなかった。この結果，地区の整備が進捗しないため，結局のところ，住環境の改善や防災性の向上のみを取り上げても，十分には達成できてこなかったのである。総じていえば，「全体要整備地区の一部においては他地域に効果があまり波及することなく，当該地区住環境と防災性が向上した」といえるにとどまるであろう。

まして，住宅供給については，地域の需給構造にインパクトを与える程度の供給が低層住宅密集市街地からなされたことは従来ほとんどなかったといえよう。もっともこの点は，従来，政策目標として力点が置かれていなかったので，それ自体としては自然な帰結であったというべきかもしれない。

そこで，次章では，住宅供給の視点を加えて，低層住宅密集市街地における土地の有効利用を促進する手法について考えてみたい。

(1)　東京都「東京の土地1998」（1999年）参照。
(2)　国土交通省調べ。
(3)　地理的な意味であって環境のことを意味するものではない。
(4)　国土交通省調べ。
(5)　国土交通省より聞き取り。
(6)　国土交通省調べ。
(7)　国土交通省調べ。
(8)　国土交通省調べ。

第4章　住宅市街地整備における住宅供給的視点の付加

本章では，第3章を踏まえつつ，住宅市街地整備の意義と方向性について，住宅供給の視点を付加した新たな可能性を探ることとする。

第1節　住宅対策における住宅供給的視点の付加

(1) 住宅対策における住宅供給的視点の付加

大都市地域における土地・住宅問題の発生とその状況についてはすでに第2章において詳述したところであるが，政府をあげてさまざまな論議がなされた。その一環として，建設省の住宅宅地審議会市街地住宅小委員会(委員長：巽和夫京都大学教授（当時)）は，1989年6月に新しい大都市住宅対策の展開に関する中間報告[(1)]を取りまとめた。この中で，いわゆる木造賃貸住宅密集地域は，大規模空閑地，市街化区域内農地などと並んで有力な住宅供給適地として位置づけられ，その立地の良さに着目して，住宅の大量供給の種地として活用すべきことが提言されている。

その後，1990年6月には，同中間報告等を踏まえて関連の法改正が行われ，大都市地域における住宅などの新しい供給計画体系が設けられるにいたった。これにより，都府県は，住宅供給計画，その一環としての住宅の重点供給地域などを定め，総合的な供給促進対策を講じていくこととなったが，重点供給地域の類型の一つとしていわゆる木造賃貸住宅密集地域も位置づけられることとなった。また，同時期に都市計画法，建築基準法も改正され，前章で述べたように，大都市地域の住宅供給促進のための新しい地区計画制度なども併せて設けられるにいたった(住宅地高度利用地区計画，用途別容積型地区計画，遊休土地利用転換促進地区)。

一方，このような作業と並行して依然として決め手のなかった木造賃貸住宅密集地区などの整備に関して，具体的な将来ビジョンのあり方，整備手法のあり方等にテーマを絞り込んで，市街地住宅小委員会では，審議・検討を継続した。同委員会では，木賃・住環境対策を中心テーマとする日本で初めての法定審議会報告として，1990年3月第二次報告(2)を取りまとめた。同報告では，先に述べたように住宅供給の促進が公的関与の意義として明確に位置づけられたほか，敷地の共同化，地区の将来ビジョンなどに関して包括的，体系的な提言が示されている。建設省の低層住宅密集市街地対策は，その後同報告に示された考え方を基調として展開され，現在にいたっている。

(2)　新しい課題設定

住宅供給適地としての住宅市街地の可能性を踏まえて，従来の対策全般に共通する問題点を整理し，今後の課題を改めて関係者全員が認識しておくことが重要である。考えられる問題点と課題について，以下の通り設定することが，社会経済的厚生評価規準に照らして適切と判断した。

1）住宅供給の観点の付与

従来の対策は，住環境改善と防災性向上に大きな力点が置かれ，ともすれば，住宅供給，なかんずく中高層共同住宅化は，地域の環境を悪化させ，コミュニティを崩壊に追いやるものとして，関係者からは必ずしもプラスシンボルとしては考えられてこなかった。

しかしながら，木造賃貸住宅密集地区等の低層住宅密集市街地において，そのポテンシャルを活かして住宅供給が促進されることにより，当該地区の住民の居住水準の向上が達成されるのみならず，およそ大都市地域全体における住宅需要層に対してもそれぞれの世帯のニーズに適合した質の高い住宅が提供されるとともに，さらに，通勤等における交通混雑を緩和していくことにも寄与する。また，これにより，市場機構を通じて適正な住宅価格を形成していくことが期待される。このように，住宅市街地における住宅供給の促進によってもたらされる利益は，当該地区及びその周辺地域の者にとどまらず，きわめて広範囲の者に対して及ぶ。この意味で，低層住宅密集市街地において中高層共同住宅化を促進することには公共性があると考えられる。

なお，住宅供給適地としての地区属性を考えると，たとえば大規模空閑地において住宅供給を促進する方が，単位面積当たりの土地利用転換コストで比較して，木造賃貸住宅密集地区等よりも低廉であることは明らかである。しかし，木造賃貸住宅密集地区における良好な住宅供給の促進は，土地利用転換そのものに伴い，同時に，先に述べた環境改善や防災性の向上も達成していくことになる。このように，複数の公共公益的な政策諸命題の同時達成を可能とするという点で木造賃貸住宅密集地区等整備は，多面的な効果を持っている。

木造賃貸住宅密集地区等において，住宅供給を促進していくことは，現在の土地利用形態，権利形態などに照らしてコストが大きいとして，こうした観点に重きを置かない見方もありうる。しかし，その効果を十分に検討すれば，むしろ木造賃貸住宅密集地区における良好な環境と防災性を伴った中高層共同住宅の供給は，他の属性の地区に先んじて政策的に支援していく必要性が高いと考える余地があるといえよう。

住宅供給の観点に対する従来の否定的評価は，既成市街地で一般的にみられた，不良な中高層住宅ストックの形成の歴史に対する一定のイメージと強く結びついていると思われる。すなわち，この否定的な評価は，狭い敷地にオープンスペースもなく，ペンシルビルが乱立し，周辺の住環境に対しては日照の阻害，プライバシーの侵害などの悪影響をもたらすものという，既成市街地，なかんずく低層住宅地における一種の侵入者，侵略者としての中高層住宅に対するイメージの延長線上に下されたものであることは否定できない。そのような意味で，確かに中高層共同住宅化には一定の副作用が発生しうるものであることは間違いない。

しかし，すでに述べたように，ある手段に副作用があるからといってその手段の全体を忌避したり，その手段の採択の程度の強弱のみによって結果の望ましさのバランスをとろうとする考え方から解放される必要がある。複数の目的があるときに，ある一つの手段のみをもってしては，複数の目的の同時達成が困難なときには，複数の手段を用意すればよいのである。この場合についていえば，住宅供給そのものに対して否定的な評価を与えるのでない限り，中高層化した場合の副作用を別の手段によって阻止する余地があるかどうか，あるのであれば，そのためにはどのような手段を全体として採らなければいけないのかということを検討の俎上にのせることが生産的である。

すなわち，広い道路や，緑豊かな公園や，オープンスペースを生み出すこととセットで建築計画上も十分に魅力のある中高層共同住宅化を図り，そこで生じた余剰床を分譲したり，賃貸することによって，土地所有者は開発利益を獲得できる。この開発利益の一部を固定資産税などの土地税制で吸収して，それを財源として，家賃補助政策を採用すれば，高齢者，低所得者などの従前居住者の中高層化後の住宅への入居を確保することができる。

このようにしてなされた再開発では，外部に対しても良好な住環境が確保でき，従前居住者の居住水準も上昇するのみならず，従前のコミュニティをより高いレベルで存続させることも可能となる。従前の平面的な土地の非有効利用を，立体的高密度土地利用へと，インフラを生みだすことにより，インフラ整備水準とのバランスを確保したうえで転換することとすれば，副作用をほとんど発生させないまま，住宅供給の促進を図ることも可能である。

この場合に，従来の平面的土地利用であればこそ，人々のふれあい，豊かなコミュニティが維持できたのであり，共同住宅への再入居によっては厳密な意味でのコミュニティの存続は図られないとして，住宅供給の促進に否定的な評価が下されることがある。確かにそのような要素が存在することは完全には否定できないことかもしれない。

しかし，その評価は，その評価を現実の施策で貫徹することに伴って不特定多数の潜在的住宅需要者の利益が阻害されることを思いやる感受性と従前のコミュニティへの思いとをどうバランスさせるかという点で，やはり平衡感覚を欠いているように思われる。中高層共同住宅化に伴い，社会経済的厚生は増大するのであるから，およそ世の中に存在するすべての利害当事者を俎上にのせて検討すべきであり，また，その増えた厚生についての公平な分配を考えるべきであろう。

当事者の私的な厚生についても全体が大きく増大するにもかかわらず，一部要素についての僅かばかりの減少を一切許さないとの態度を土地利用に関して認めることは，社会経済的厚生評価規準，分配の公平評価規準に反するといわざるをえない。いいかえれば，不特定多数の者の犠牲の下に，一部の者の既得権益を追認してしまうことに他ならないということである。

２）明確かつ現状追随的でない将来ビジョンの設定

再開発のパターンについては，既存の老朽建築物などをいったん全面的に除却して，公的主体が土地を買収したり，権利変換に関与することにより，従前の土地利用を全面的に変化させて新たな土地利用形態を生み出す「クリアランス型」(法定再開発，住宅地区改良事業などが典型とされる)と，既存の建築物等についての自力による土地利用転換を活かしながら，公的主体は，補助や融資により緩やかに関与して漸次的に再開発を進めることにより，従前の土地利用を大きく変化させない「修復型」(密集事業などが典型とされる。)の２つのパターンが存在する。前者は，住環境や防災性が著しく劣る場合の手法，後者は，前者よりも程度が良いが，やはり要整備地区である場合の手法であるといわれてきた。

このような分類学が成立するには，確かに根拠があり，再開発の歴史や現状を認識する際の１つの有用な概念であることは間違いない。ところが，このような概念が「認識概念」としての機能を離れて「道具概念性」を発揮し出すと，さまざまな問題が発生する。残念ながら，認識レベルにとどまるべきであった「クリアランス型」,「修復型」の概念が相当程度道具性をもち，「密集住宅市街地整備促進事業は『修復型』の手法なのであるから，現在の土地利用秩序に大きな変更をもたらすような事業の進め方は適切でない」などという使われ方が現実になされるようになっているのである。ある再開発のパターンを定性的に認識して「〜型」と呼ばれていたのが，レッテルのもつイメージにより，「〜型」はかくあるべしとの使われ方をするようになるのは論理の倒錯である。

要は再開発に当たっては，ある一定の土地利用秩序，具体的にはインフラ整備を伴い，住環境，防災性の備わった床供給に資する都市空間が形成されればよいのであるから，そのためにふさわしい手法を，地区の属性などに応じて選びとり，あるいは組み合わせていけばよいのであって，副作用の少ない，最短の時間と最小のコストで所期の目標を達成していくための実際的な手法を決定することこそ，必要にして十分なのである。手段のパターンによって，本質的な目標は何ら左右されるべきではない。この点に関して，特に「修復型」の用語は，使用者の意図と関わりなく，現状の土地利用を固定化したり，既得権益を擁護する方向で機能する場面が多いことが現実に見聞される。手段によって将来のビジョンが規定される危険におちいるのではなく，その逆となるように注意が必要である。

住宅密集市街地整備の将来ビジョンというとき，一般的に「修復型」パターンの手法により行われた整備事例が多いためか，地方公共団体などの作成する従来の整備計画に示された将来ビジョンについても，漸次的に，緩やかに土地利用を転換することを前提とした，現実の土地利用形態を大きく変更するものではないものが多い。ともすれば，現状追随的な将来ビジョンが描かれることも多かった。

土地利用規制，公用収用といった強力な担保措置をとらないことを前提とした低層住宅密集市街地の将来ビジョンについては，思い切った内容を盛り込むことが，一般的には困難であったかもしれない。

しかし，将来ビジョンに現実の姿との間の緊張関係がなければ，どれだけそのビジョンが完全に達成されたとしても，そのようなビジョンの実現可能性が高いのは当然であり，発揮される効果は小さくなってしまう。極端に現状にあわせた将来ビジョンよりも，短期的な実現可能性のみに拘泥せず，ある程度その地区の長期展望をも勘案した理想的な土地利用を提示しているものであることが望ましい。ただし，そのように定められたとしても，あくまでもそれは，将来の一定の方向性を示すものであって，完全に達成される保証のあるものでないと意味がないというわけではない。その方向性に向けてのプロセスの実践そのものにも重要な意義がある。

「４ｍ道路の確保を図る」，「不燃化構造への建替えを誘導する」，「道路，公園等の地区施設の整備の取得に努める」などの目標はそれ自体きわめて重要であるが，それに留まるのであれば，将来ビジョンないし計画としては具体性に欠ける。また，ビジョンの達成の程度がある程度定量的に検証できないのでは，計画論の基礎的な前提を欠く。示されるべき将来のビジョンないし計画は，できるだけ定量的，具体的かつ明確で，規範的なものであることが必要である。具体的に例示すれば，表４－１のようなものである。

整備計画の将来ビジョン部分に，ここに例示したような具体性のある内容を盛り込んでいくことが今後の課題である。

また，明確な将来ビジョンが存在していれば，将来の土地利用が予測できることから，これを前提として私人は土地利用に関する合理的な行動計画を立て

表4－1　将来ビジョンの例

⑴　住宅地計画
（延床面積）　100 m²未満の細分化された敷地を中心として共同化を図り，地権者30人により，約5,000 m²の敷地において延床面積約10,000 m²の共同住宅を建設する。
（公共施設水準）　敷地周囲の道路を幅員12 mとし，敷地内に約1,000 m²のオープンスペースを確保する。
（従前居住者対策）　この場合，再入居を希望する従前借家人12名はすべて再開発後の住宅に入居し，必要に応じて家賃対策補助措置を講じる。
（外部不経済対策）　建築物による日照，通風などの北側のブロックに対する影響が最小となるよう建築物の高さ，配置計画については別添図面のとおりとする。中高層化に伴う電波障害対策としては共同受信CATVシステムを設置・運営する。
⑵　住戸規模
平均の住戸規模については，おおむね3人世帯の誘導居住水準である75m²/戸に誘導する。
⑶　道路
地区内を横断する幅員25 mの都市計画道路の開通を図るとともに，地区内の細街路の集約化により，全道路幅員平均を歩道も含めて8 mとする。
⑷　公園
地区内に3ヶ所の公園を確保することにより人口1人当たり公園面積を2 m²とする。
⑸　その他の目標
⑹　手　法

ることができるのである。

今後は，現状と将来像との間に大きい距離があるのは当然のこととして，その距離をできるだけ短期間に，小さい公的負担で，社会的合意を円滑に得ながら，極力縮めていくというプロセスの追求を重視していくべきである。

3）公共公益的見地からの対策の費用対効果の検証

①　対策の効果

従来の都市住宅市街地対策では，当該地区内の住環境水準の向上，不燃化建替え，消防車用道路の整備などによる防災性の向上に力点が置かれてきたことはすでに述べたとおりである。住宅供給の視点が欠落していたことそのものの問題点は既に述べたとおりであるが、それでは，住環境及び防災性の2つの観点からの従来のさまざまな取組みは，その社会経済的な費用と，２つの観点に限っての社会経済的な厚生の増大への寄与との間で，適切なバランスを保持してきていたのだろうか。

現実の木造賃貸住宅密集地区の建替えを例にとってみると，ほとんどの密集事業による補助事例は，従前の老朽化した木賃アパートを除去して単独で同一敷地に建替えるものについて，除去費及び設計費を補助しているものである。この場合，家主は除去費等の３分の１を負担し，国及び地方公団体が各３分の１ずつ補助することになっている。これにより，耐火又は簡易耐火構造とすることを助長し，望ましくない住宅そのものの消滅を図ろうとするものであるが，建築物全体の規模はあまり増大しないことが多く，また，零細な敷地での単純な建替えであるため，インフラや，オープンスペースを生み出すほどの土地の余剰は生まれにくい。

これによって利益を受けるのは，防災面では一般的に火事の際の延焼の危険が減じることになる当該建築物の所有者・入居者や，延焼の可能性がある周辺建築物の所有者・入居者であり，さらに，住環境面の受益者は，このような建替えについては外部性が小さいことから，当該建築物の入居者に限られる可能性が強い。そして，最も確実に受益しているのは，除却費等に係る公的助成により，不良な建築ストックを，価値の高いそれに割安に転換することのできた家主ということになる。

結局のところ，単独建替えの場合，社会経済的な厚生の増大がさほど大きくないという実態に見合って，補助対象が除却費等に限られ，絶対額も必ずしも大きくないレベルにとどまっていることになる。

しかし，このような場合でも，自己居住用や自己営業用の床以外の，一般向け住宅供給も併せて供給されるのであれば，補助制度の趣旨にも合致し，全体としてかなりの外部性があると判断しうるケースも多い。ところが，家主の中には，従前自己居住用住宅のみであったのを，従後は従前床面積を大きく上回る自己居住用住宅と，わずかな床面積の賃貸住宅とからなる建築物に建替えようとするようなものについて，補助申請しようとする者もみられる。

要するに，従後建築物に賃貸住宅を名目的に設置することにより，補助金の取得を試みようとする類の事例である。このような事例では，住宅供給効果はほとんどない（強いていえば，狭い老朽住宅が広い新築住宅に置き変わったこと）のであるから，万が一補助金が獲得されてしまえば，結果的には，限りなく，特定個人の資産価値の増大を，納税者である不特定多数の一般市民が支援してしまうことに近づいてしまう（当然ながら，このような事例については補助金は交付されない）。

また，密集事業による補助メニューの中には，地方公共団体が低質建築物やその敷地を私人から取得して，道路や公園に充てる場合の公共団体に対する補助もある。これらについても，直接私人に対する助成ではないものの，取得される土地が零細であったり，その総量が多くないことがある。このため，これらが，細街路の中の特定敷地部分だけのセットバックや，小さいポケットパークなどに転じてしまえば，発揮される効果には，周辺住民等にとってはともかく，地区外も含めた広域的な外部性という見地からは一定の限界が存在することになる。

②　個別建替えの限界

このように，住環境や防災性の側面に限ってみた場合であっても社会経済的厚生を増大させるための再分配が成功する条件を満たすことは，実際上困難なことが多い。住宅供給の側面をひとまず捨象するとしても，十分広域的で大きな住環境・防災性の改善効果が存在するためには，再開発の規模そのものがある程度の大きさを確保していることが必要である。したがって，従前敷地規模に変動のない個別建替えでは，よほど大きい敷地を活用しない限り，効果の発現には限界がある。ほとんどの敷地が零細である低層住宅密集市街地の再開発に当たって十分な効果を得るためには，結局のところ敷地の共同化が不可欠である。

ところが，敷地の共同化については，従来の密集事業の補助でも，例が少ない。すでに述べたように，敷地の共同化を伴う建替えについては，個別建替えよりも手厚い補助がなされる。除却費等に加えて，共同施設整備費についても，国及び地方公共団体が各３分の１ずつ補助し，これらについての家主の負担は３分の１にとどまる。全体事業費に占める補助金の割合も，一般的には10～15％程度にのぼることが多い(3)。それにもかかわらず，従来共同建替えが進んでこなかった要因には，後に詳述するようにさまざまなものがあり，その要因を解消していくための対策についても，複数の手段を効果的に組み合わせて進めていく必要性が強い。

③「修復型」事業と「敷地共同化型」事業

いずれにしても，従来強調されてやまなかった住環境改善，防災性向上という公的関与の意義についてだけみても，「修復型」事業の手法をアプリオリに適用したうえで，どちらかといえば現状追随的な将来ビジョンを設定し，公的な金員・人員を長期間にわたって大量に投入したとしても，このようなアプローチそのものが，およそ公共公益的な施策一般に厳しく要求されている効果の外部性，しかも不特定多数の一般市民の厚生の増大という基礎的な条件の達成とは矛盾せざるをえないというべきである。

個別建替え中心のいわゆる「修復型」再開発は，小さいながらも一定の公共公益的効果が得られる場合があるとしても，少なくとも，住宅供給の側面における余剰空間のポテンシャルの活用を放棄してしまうという高額の社会的な機会費用（あることに費やすことによって失われる，他のことに費せば得られたであろう利益）を払っている点に留意する必要がある。

逆にいえば，「敷地共同化型」再開発（あえて「クリアランス型」と呼ばないことが議論の整理に役立つと思われる）を促進することは，その手段の公共的なコストをある程度多く負担することとなったとしても，その達成が確実でさえあれば，評価規準に照らして，厚生の増大の面でも，分配の公平の面でも好ましい結果をもたらすことになる。社会経済的厚生の増大については，住環境，防災性の改善効果，住宅供給促進による住宅・土地問題の解決への寄与という，3つの側面での公共性の同時達成が可能となる余地がある。そして，後に述べるような関係当事者の経済的インセンティブを勘案するならば，住宅供給の観点を考慮して大規模な建替え計画を目指すことにより，関係当事者への開発利益の帰属をインセンティブとする土地利用転換意欲の増大が図られ，これにより，かえって，住環境や防災性も良くなるという好循環が生まれると考えられる。このような好循環のシステムが機能するようになれば，政策論としての公的費用対効果の検証もクリアなものとなるはずである。

これまでこのようなシステムが十分に機能してこなかったことが，政治的・社会的回路において，都市住宅市街地対策の意義を自分自身に関連するものと

図4－1　カルチェ・ダムール完成図

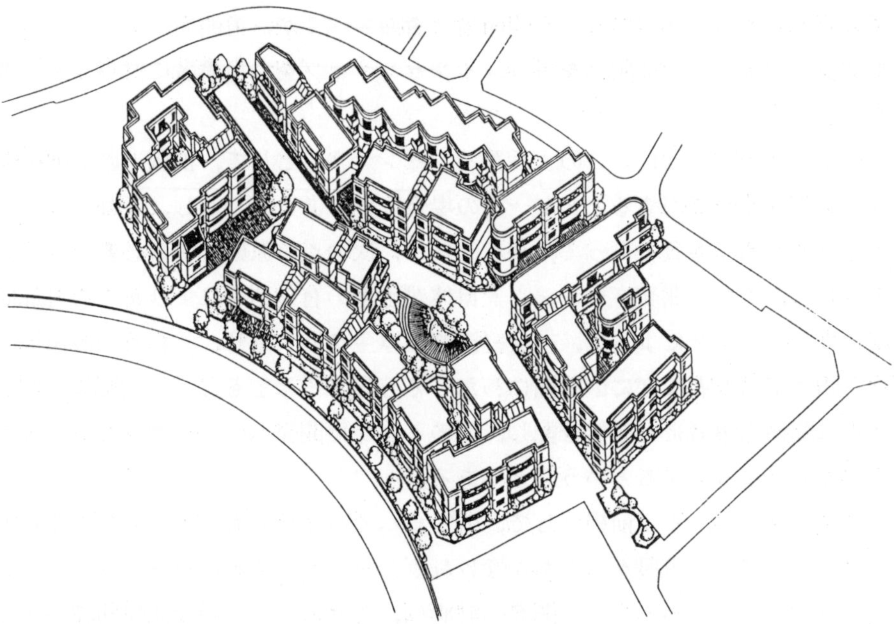

（資料）　市街地住宅研究会（1992）335頁

して認識できない地区外の一般市民・世論全般の無関心や，自治体施策体系の中で優先順位が必ずしも高くないことの原因となってきた。十分な効果をもつことが明らかとなれば，地方公共団体の関連部局の人員と組織を強化(4)したり，関連予算措置を充実することに対して，より大きい広がりと深まりをもって支持が与えられる環境を整備することが課題と思われる。

なお，敷地共同化型事業としては，門真市朝日町における再開発事業（カルチェ・ダムール）では，従前住宅状況として，文化住宅13棟159戸，長屋建住宅9棟37戸，木造アパート2棟56戸，一戸建住宅1棟1戸の計25棟253戸がある7,416 m²の地区において敷地を共同化し，4棟の3階建共同住宅から成る136戸，延床面積10,162・26 m²の住宅供給を図った（1990年完成，図4－1）。

4）関係当事者に対するインセンティブの付与

低層住宅密集市街地の再開発を円滑に進めるためには，地主，家主，借家，周辺住民，地方公共団体などの関係当事者のすべてが，再開発によるメリットを享受できるような仕組みを設け，インセンティブを各当事者に付与する必要がある。

すでに述べたように，このようなインセンティブとして，税制上の優遇措置や，公的補助を活用することが一定の場合有効である。しかし，これらはあくまでも補完的な措置であって，基本的には，次の点を原則とする必要がある。すなわち，その再開発プロジェクト自体が土地の有効利用により新たな付加価値を生み出すことによって，社会経済的な厚生を増大させ，それを一般市民や，潜在的住宅需要者などに広範囲にわたって分配するとともに，付加価値の創出者たる関係当事者にも直接分配し，このことが再開発へのインセンティブとして機能するようにするということである。

このためには，まず前提として，皆で食べるパイそのものを予めできるだけ大きく焼いておく算段をしておかなければならない。これが将来ビジョンの設定に当たる。したがって，再開発の計画は，できるだけ大きな開発利益が生まれるように策定しておく必要がある。外部空間との調和を図ることを前提として，インフラを創出するとともに，従前居住者の住居を確保し，しかもその水準をできるだけ高めることと併せて，第三者に対して分譲したり賃貸ができるような，いわゆる保留床的な住居をできるだけ広く確保しておけば，これによる収益によって事業費の相当部分をまかなう余地が生まれる。

なお，密集事業などの実務では，再開発の保留床的住宅は，賃貸形式になることがほとんどであるが，住宅供給の促進効果の点では基本的に分譲と賃貸の違いはない。分譲により，早期に資金回収を図る必要性が強い場合など，分譲形式による方が再開発が容易に進むような場合には，分譲によることに何ら問題はないと考えるべきである。

また，十分な開発利益が生じるのであれば，再開発そのものを促進するために，従前居住者のうちの低所得者などに対して，再入居に際して，家賃を減額することも容易になる。これは、再分配の一種でもある。建替え促進に係る公的な家賃補助制度も 1991 年度に発足したことは，既に述べたとおりである。

また，地主，家主にとって敷地の共同化は，管理，処分の煩わしさなどの点で，単独建替えよりも不利となる要素も存在することはまちがいない。しかし，再開発の規模を十分大きくとれば，敷地の共同化によってしか達成されないような巨大な利益が生じるような計画を策定することも可能になるはずである。ところが，従来，特に地主，家主に対して提示される将来ビジョンは，現状追随的であり，当事者が敷地共同化には十分なメリットがあると納得できるような具体的で客観性のある事業採算計画は提示されることが少なかった。

木造賃貸住宅の経営者は高齢化が進んでおり，起業家的マインドにも乏しいため，相当の安心感がなければ新しい事業には踏み切れない。借家人たる従前居住者にとっても，建替えはすなわち家賃の上昇を意味し(5)，仮に，広く新しい住居に入居できるとしても，新たな出費には耐えられないという者が少なからず存在する。これらが低層住宅市街地の再開発を困難にしている大きい要因でもあるが，彼らに対しても，現実の事業に伴う負担額と助成額，家賃の減額分などを明らかにすれば，建替えに同意する決心を促すであろう。さらに，これらの激変緩和措置などによってもなお自力で居住の対価を支払っていくことが困難な従前居住者に対しては，公的主体による借上げ方式などにより，社会福祉的観点から，分配の公平を図ることが適当である。

従来の低層住宅市街地再開発では，経済的なメリット，デメリットを明確に関係者に示して計画への理解を求めるという姿勢が希薄であった。これからは，関係当事者ごとにさまざまな案について利害得失のバランスシートを作成し，参加へのインセンティブを与えていくことが重要であろう。

5）権利調整の手法の体系化と継承可能性の付与

地方公共団体の担当者は，権利調整のプロセスにおいて長年にわたって中核となることが多い。また，都市住宅市街地の再開発に当たっては，地方公共団体の担当職員をサポートするため，計画策定，権利調整などの場面で民間のコンサルタント，コーディネーターが参画することも多い。このような地権者との間で案を作成したり，異なる意見をまとめたりするパイプ役の存在は，再開発の成否を決定するうえできわめて重要な役割を持っている。

しかし、利害得失のバランスシートとも関係するが，権利調整の手法は，従来必ずしも明確に体系化されず，ひとえにその担当者の職人芸的な属人的資質に負うところが大であった。したがって，地方公共団体にしても，コンサルタントにしても，担当者が交代するとかなりの程度振り出しに戻って作業が再開されるということも多々存在した。ましてや，ある地区の権利調整の成功事例について，他の地区で活かせるものは活かしたうえで先人の業績の手法を継承しようとしても，そのための諸条件が整備されていなかった。

むろん，地区の属性や権利関係は千差万別であり，個別性がきわめて強いことはいうまでもない。しかし，一定の法則化，体系化できるノウハウは全国にかなり蓄積されているはずである。このような成果を万人で共有するために，情報を統合してマニュアルを作成しようとする動きが近年生じているが，さらにその方向を強力に推進していく必要がある。

一方，質の高いコンサルティングが行われ，それが体系化されて万人に共有されていくためには，特に民間のコンサルタントについて，再開発の実績に応じた，その能力と努力にふさわしい報酬と処遇を確保することも重要である。従来低層住宅市街地関連の再開発は，採算性の悪さもあって，大手のディベロッパーなどは，決して魅力的な事業機会であるとはみなしてこなかった。これは，2）で述べたような関係当事者のインセンティブが存在しなかったことと裏腹の問題である。これからは，官民含めて，システマティックな事業代行や土地信託などを地権者の事業施行能力を補完する手法として活用することによって，再開発へのインセンティブを高めていくことも重要な課題である。

しかし，従来の成功事例をみると，いわば採算を度外視して，長期間にわたって権利調整に深く関わってきた使命感の強い民間コンサルタントの努力によって支えられているというケースが多い(6)。開発利益を増大させることとセットではあるが，地味でややもすれば陽の当たりにくいこのような再開発コンサルティングが，社会的にも高い評価を受け，報酬の点でも魅力的なものになれば，政策課題の達成も一層容易になっていくであろう。

6）良好な土地利用転換を助長するような制度的枠組みへの転換

現行の都市計画・建築規制には，敷地が大きいほど建築活動が有利になるという要素が明確には存在していない。総合設計などが空地などの創出と併せて容積率ボーナスを付与しているのは，機能的には敷地の共同化を促すことになるが，直接の連動はない。

税制についても，たとえば小規模住宅地についての固定資産税の軽減措置は，低層住宅密集市街地においては，敷地の共同化に対するディスインセンティブ（負の誘引）として作用する側面を有している。また，全般に固定資産税等が低く，1991年度に新たに創設された地価税も，免税点が高いなど，低層住宅密集市街地にはあまり影響しないため，このような地域において，土地保有税が土地の有効利用を促進する機能はあまり果たされていない。さらに，低層住宅密集市街地では，過去に大きい地価上昇があったにもかかわらず，譲渡税率が必ずしも高率でなかったことが，敷地の共同化を伴う土地の有効利用による付加価値で稼ぐというよりも，管理処分の自由な零細敷地を単独利用のまま保全するという行動にかりたてやすかったという側面を持っていた。

他方，土地の交換によって敷地共同化の意思を有する者が土地を集約化して再開発を行おうとする場合，原則として土地の譲渡課税がなされ，それ自体が投機的行動でないにもかかわらず土地が目減りしてしまうため，土地の交換による土地の有効利用が阻害されるというような問題もある。しかし，この問題は，土地譲渡税の緩和ではなく，土地キャピタルゲイン税における買換え・交換分合措置を適用すれば解決できる。

先にも触れたように，建替えに伴う従前居住者の再入居に係る公的家賃対策補助は，土地の有効利用促進のための再分配施策としての合理性を持っているが，制度化がなされたのは1991年度であり，まだ十分には定着していない(7)。

住宅地区改良事業の要件を満たすほどではないものの，整備の必要性が強い木造賃貸住宅密集地区においては，助成による誘導制度はあっても，一定の法的強制力を伴うような事業制度は，現行制度の中では適用が難しいことが多い。

以上のように，公的関与の世界における制度的枠組みについても，従前の制度やその運用を適切に改善することにより，良好な土地利用転換を図っていく余地は残されている。

第2節　敷地の共同化と道路整備

(1)　敷地の共同化の隘路とその対策促進

第1節で述べた新しい課題を達成していくためには，どの側面をとっても，敷地の共同化を強力に図っていくことが根幹的事項となる。敷地の共同化については，低層住宅市街地ではきわめて困難といわれてきており，また成功事例もこれまでは少ない。すでに述べたことを含めて，敷地の共同化が進展しない要因を改めて整理してみると，次のとおりである(8)。

①　管理・処分の自由が制限されることが煩わしい。

②　地主の高齢化などにより，収益をあげることに対してインセンティブが働きにくい。

③　固定資産税などの負担感が小さいため，高度利用による収益増大を図る必然性が小さい。

④　敷地の共同化による収益の増大などのメリットが，具体的によくわからない。

⑤　借家人がいる場合は，その反対があると建替えが困難となる。

⑥　都市計画・建築規制上の容積率制限，高さ制限，前面道路幅員による制限等により高度利用がそもそも困難である。

⑦　周辺住民による環境悪化などを理由とした反対により，高度利用が困難である。

⑧　当事者に事業化企画・資金調達などに関するノウハウがない。

以上の要因については，それぞれの事情に応じて適切に対処すれば，現行制度の下でもかなり解決が可能である。①，④及び⑦については，大規模に敷地を共同化する将来ビジョンを作成し，これに伴う事業採算などを具体的に試算・検証することによって経済的インセンティブを高めるとともに，外部不経済を抑える計画を実現することによって解決することが可能である。

②及び⑧については，コンサルティングの充実や，都市基盤整備公団，民間ディベロッパー，信託銀行などの公民の事業代行方式の活用によって解決できるはずである。公団については，すでに木造賃貸住宅密集地区における再開発

に関して事業代行による実績もあり，能力，経験ともに豊かなディベロッパーとして今後一層の取組みが望まれる。これら関係機関が同一のプロジェクトに対して共同参加することによって，再開発の強力なテコ入れを行い，これに伴う開発利益を関係コンサルタントやディベロッパーの間で適切に分配していく方向もありうる。このようなことが円滑に進められるためには，地権者などの間に信頼感が確保されることが重要であり，そのためには地方公共団体を中心として公正な手続を経ながら，適切な役割分担関係を樹立していく必要がある。このようなサポートシステムについて，今後一層強力に支援していくことが重要である。

③については，低層住宅密集市街地のみに固有の問題とはなりにくいが，このような属性の地区にあっては，その副作用も相対的に大きいものとなることに留意する必要がある。

⑤については，新しい公的家賃補助制度などの活用によってある程度解決可能であるが，特に低所得者などについては，再開発に伴って強制的に追い出すことにつながらないよう細心の配慮が必要である。低層住宅密集市街地の再開発の場合，住宅設置に関して従前と従後で連続性があるのであるから，社会的弱者に苛酷な仕打ちとならないような工夫の余地は，公共用地の全面買収などと比べて大きい。ただし，この問題を考える場合にも，土地の有効利用と社会福祉的再分配には，それぞれにふさわしい別々の手段をもって対応することが，政策的思考の初歩的前提となることは繰り返し述べたとおりである。

⑥については，一定の規模の再開発単位にまとまれば，都市計画の内容を変更する余地はあるし，再開発の地区内において道路，オープンスペースなどを適切に生み出せば，それによって実効容積率などが上昇する。制度に関する理解が進み，当該地区を選択した合理的根拠が明らかとなれば，法定再開発事業を実施することにも十分蓋然性がある。ただし，すでに述べたように，日常の一般的建築活動を律する規制のレベルにおいては，敷地の細分化を抑制し，敷地の共同化を促すような内在的な自動安定化機構（たとえば，敷地規模が大きいほど高くなる指定容積率の制度）は，現在の都市計画・建築規制システムの中には備えられていないのが実情であり，今後の検討を待つ必要がある。

うえのすべてに関連するが，敷地を共同化していくうえで公的主体による全面買収方式による再開発が，もっと見直されてもよいと思われる。ここでいう全面買収とは，住宅地区改良事業のように環境改善などに特化した目的で行うのではなく，一定の公的住宅供給促進効果そのものに着目して行うものである。たとえば，都市計画法による都市施設としての1ha，50戸以上の一団地の住宅施設（11条1項8号），土地収用法による50戸以上の一団地の住宅経営（3条30号）では，公的主体による50戸以上の一団地の住宅であること，それ自体に着目して収用権の発動も許されている。直ちに収用権の発動ということにはならないであろうが，収用適格事業であれば少なくとも，譲渡所得課税についての5,000万円控除が適用できることから，土地所有者の売却に対するインセンティブが働きやすくなるという効果もある。

ともあれ，公団などの公的主体が，街区単位などでうまく敷地を買収して，その再開発単位の中で自由にデザインして良好な街並みを形成すれば，開発利益も相当程度開発主体自身の中で内部化できる。これは寄与分に応じた分配の公平にも合致する。従前居住者の再入居について，従後住宅の中で確保するようにすれば，社会的弱者の救済やコミュニティの存続も可能となる。

⑵　道路整備の課題

敷地の共同化をはじめ，低層住宅密集市街地において良好な土地利用転換を促していくうえで，道路整備という切り口もきわめて重要である。すなわち，都市計画による指定容積率が高くても，それが常に全部利用可能なわけではなく，特に接道条件によって大きく左右されることになる。具体的には，建築基準法52条1項により，前面道路幅員が12m未満の場合は，幅員のm数に0.4ないし0.6を乗じた数値が容積率の上限となる。したがって，低層住宅密集市街地のように前面道路幅員が4mぎりぎりしかない，あるいは4m未満のため後退して建築しなければならないというケースが一般的であるような街区では，接道条件の改善は土地の有効利用のための切実な課題である。たとえば都内の木造賃貸住宅密集地域は，第一種住居地域ないし第二種住居地域で指定容積率が200％又は300％前後という地域が多い(9)が，街区の中に入れば，このような容積率は現状のままの道路ではほとんど意味をもたない。

従来の密集住宅市街地対策では，建築基準法上の最低幅員である4m道路の整備に相当の重点が置かれてきた。最低限のインフラ整備という考え方である。しかし，住宅供給促進の要請などに鑑みれば，今後の道路整備の目標は，最低でも６m，必要に応じて12m，20mといった広幅員道路をネットワークとして整備していくことに置かれるべきである。

このように，道路は，特に土地の有効利用の可能性に対して大きい影響を与えるものである。地区の土地利用のポテンシャルにふさわしい道路ネットワークをつくる方法としては，負担の面からは，① 公共による買収，② 減歩方式，③ 接道敷地の負担によるセットバックの３通りがある。低層住宅密集市街地については，買収又はセットバックによるものが一般的となっている。

また，道路の法的な位置づけについてもさまざまなレベルがあり，① 道路法による道路，② 建築基準法による二項道路等，③ 地区計画による地区施設たる道路などに分類される。

これらのさまざまなパターンの組合わせに応じて道路整備のあり方が異なってくるが，密集住宅市街地における道路整備の課題としては，大きく３つの側面がある。

第１は，土地の有効利用の促進要素としての道路の整備という側面である。すでに述べたとおり，容積率が十分に利用できる前提として十分な幅員の道路が連担して整備されている必要がある。しかし，土地所有者が自らの敷地についてだけセットバックしても，その分を道路幅員とはみなしていないので容積上のメリットはない。一斉にセットバックすることとするか，または一番最後にセットバックするのでないと直ちにはメリットを享受できず，このため，収用権などにより完成が担保されていない位置づけの道路を生み出すことは非常に難しくなっている。

総合設計，特定街区，再開発地区計画などにおいては，道路整備があわせてなされることも容積率ボーナスの根拠となるのである。このような高度利用可能性増大という付加価値をインセンティブとして，いかに道路の確保やセットバックを円滑に進めていくかが今後の重要な課題である。

第２は，道路整備に関する税務上のインセンティブの適用に係る側面である。１つには，道路法上の道路であれば，収用適格事業ということで租税特別措置法上，土地譲渡税の5,000万円控除が適用されるが，二項道路や，地区施設たる道路は，それだけでは仮に買収により整備する場合であっても控除は受けられない。土地キャピタルゲイン税が存在しない現状では，結果的に税控除がないような道路は，土地所有者の売却行動に結びつきにくいため整備が進まないという状況にある。

また，すでに述べたが，敷地の共同化のための土地の交換であっても原則として課税されることから，共同化へのインセンティブが働きにくくなっているという問題もある。ただし，この問題は，すでに述べたように，土地譲渡税の一般的な緩和ではなく，土地キャピタルゲイン税制によって解決することが必要と考えられ，今後のさらなる研究が課題である。

第3は，道路整備，なかんずく用地取得に係る財政上の負担の側面である。道路整備のために公共が買収に入ると，買収が進めば進むほど開発利益が生じて，後から買収される者ほど買収価格の上昇を通じてより大きな分配を受けることになる。逆にいえば，早く売るほど不利になるのであるから，早期に買収に応じることのインセンティブは相対的に小さいものとなってしまう。

しかし，低層住宅密集市街地のような地域では，道路整備による土地の有効利用促進効果が，一般市街地などと比べても特に大きいのであるから，このような矛盾を税制等により解決するとともに，住宅関連公共施設として整備主体に対して，かなり大幅な助成をすることにも合理性があると考える余地がある。

一方，接道敷地の所有者以外の者も含めて平等に道路用地を提供することとなる減歩方式も，都市住宅市街地において改めて検討する余地がある。法定再開発などの行政的手続によらなくても，背景となる計画や税制，補助などが土地の有効利用に資する再開発を支援するように仕組まれているならば民事の契約の積み重ねによって道路用地の創出と敷地の共同化を図っていくこともそう困難ではないかもしれない。

さらに，すでに述べたように，全面買収による敷地共同化と合わせた道路整備の手法がもっと見直されてよい。一見，買収費の財政負担が膨大のようだが，将来の開発利益の内部化を考えれば，実際はコスト的にもきわめて効率的な手法である。

なお，財政上の負担の問題については，原則的には次の方向で解決することを検討すべきであろう。すなわち，道路のもつ外部経済効果から考えて，整備方式を問わず，道路は公共がその負担において整備するという方向である。この点については，従来の幅員4mまでの道路については，それにより利益を受けるのはそれに接道する土地であるから，土地の所有者がその費用を負担すべきであると考えられてきた。しかし，そうした道路が連続して整備されることによってはじめて，他の土地を有効に利用することが可能になる。したがって，4m以下の道路にも公的負担の根拠となる外部経済効果が存在すると考えるべきである。4m以下の道路に接道する土地の所有者が受ける利益は，土地の固定資産税などの土地税制によって吸収して，道路の費用を負担させればよいのである。

いずれにせよ敷地共同化にとって，道路整備は要の役割を果たすものであり，整備手法の体系化が必要である。ただし，留意すべきは，道路それ自体は手段であって，ただ広幅員の道路貫通だけに目を奪われ過ぎると，立派な道路の両脇にペンシルビルの商業業務施設が建ち並ぶことにもなりかねない。計画論上の担保が重要である所以である。道路を十分に活かすような市街地像が計画の中に組み込まれているとともに，それが確実に実現されていかなければならない。

第3節　まとめ

住宅市街地整備に当たって，社会経済的厚生評価規準を踏まえ，住宅供給の視点を付加することは，市街地更新の円滑性，推進体制の整備，道路等のインフラの整備等の諸側面において有意義であり，現実妥当性も高いことが明らかとなった。

このような方向での整備は敷地共同化とインフラの創出を基軸とした土地利用更新手法の有効性を示唆するものであり，この点についての具体的な可能性を次章において検討する。

(1)　市街地住宅研究会編（1989）に所収。
(2)　市街地住宅研究会編（1989）に所収。
(3)　国土交通省からの聞き取り。

(4) 東京都からの聞き取りによれば，低層住宅密集市街地対策に関わる地方公共団体の職員には，個別の地区の実情に通じるとともに，人的信頼関係を確立し，長期にわたって維持することが求められる。用地交渉とも似て，夜間，休日の権利調整会議への出席も多い。都市計画，建築，住宅基準，税制，民事法など多くのの分野の専門的知識を身につけ，日々実践することが求められる，このように，きわめて高度かつ重要な業務分野であるが，残念ながら，全体業務量からすれば 1 人当りの負担は重く，組織体制も十分には確立していないのが実情である。

(5) このようなギャップが建替えに伴って顕在化することについては，第 6 章で指摘したような借家法上の原因によるところが大きい。

(6) 国土交通省，東京都及び大阪府からの聞き取り。

(7) 国土交通省からの聞き取り。

(8) 本項での分析は，既に岩田・小林・福井（1992）第12章で明らかにした。

(9) 国土交通省調べ。

〈参考文献〉

市街地住宅研究会編（1989）『都市住宅ルネッサンス』ぎょうせい
市街地住宅研究会編（1992）『都市復活の構図』ぎょうせい
岩田規久男・小林重敬・福井秀夫（1992）『都市と土地の理論』ぎょうせい

第5章　権利調整費用の低減による共同建替え促進効果

序　節

第2章から第4章にかけては，住宅市街地の現状を現在の社会経済的な状況の中で一定の評価規準からみた場合，住環境，防災性，土地用密度等様々な問題を抱えていること及びその要因が現行の土地税制，借地借家制度，都市計画・建築規制制度等の住宅・土地市場を取り巻く制度的な枠組みに広く及ぶことを指摘した。

このような市街地の更新，特に住宅ストックの更新を，自然の趨勢に委ねる場合には，土地利用の細分化や，環境の悪化が一層進行する可能性が強い。このため，住宅市街地の整備更新が緊急の政策課題となっている。

本章では，こうした都市住宅市街地の中で典型的な地区を2地区取り上げ，第2章で提示した社会経済的厚生評価規準を具体的に適用したケーススタディを行う。具体的には，1）ケーススタディ地区において第4章で提示した新たな方向性すなわち敷地共同化及び道路整備を前提とした大規模共同建替えを実施することによる社会経済的厚生の増大を計測し，2）共同建替えを進める上での隘路の大きさを権利調整費用として計測したうえで，3）2）の権利調整費用を低減する政策的措置を実施することにより，大都市の既成市街地における良好な土地利用転換の誘導，良質な都市住宅ストックの形成についての実現可能性を検証するとともに，第2章で提示した社会経済的厚生評価規準を大都市既成市街地の整備という問題に適用することの有効性を検証するものである。

(1)　将来市街地像の検討

第4章では，社会経済的厚生評価規準から見た場合，既成市街地の密集住宅市街地では，敷地共同化と道路整備による土地利用転換が必要であることを指

図5－1　本分析の対象エリア，利用データ及び分析項目

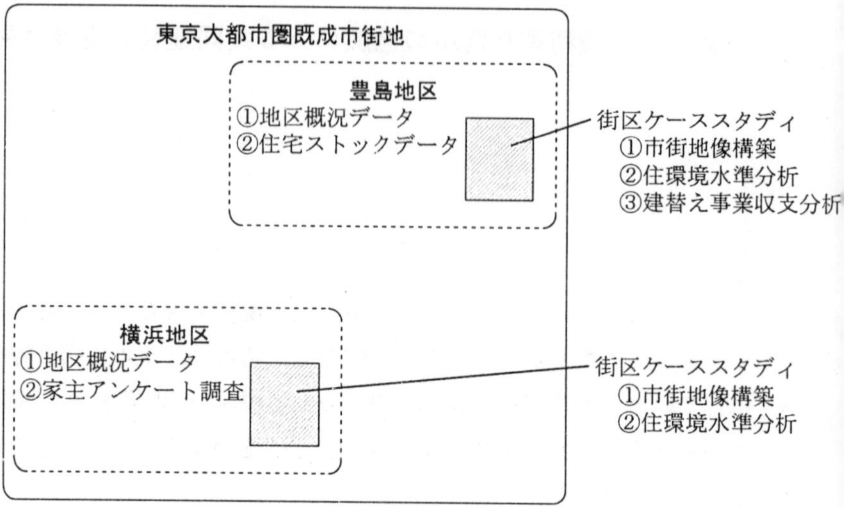

摘した。第1節では，これを踏まえ，東京大都市圏既成市街地の典型的な地区として，豊島区東池袋4・5丁目地区（以下「豊島地区」という。）及び横浜市鶴見本町・潮田地区（以下「横浜地区」という。）を取り上げ，市街地像の比較検討に係るモデルスタディを行う。

具体的には，1）各々の地区の現状と趨勢を分析したうえで，2）両地区から面積2,000 m²～3,000 m²程度の街区を各1街区抽出し，現状の市街地像（ケースA），自然更新が進んだ状態における個別建替えによる市街地像（ケースB）及び大規模共同建替えによる市街地像（ケースC）を構築し，3）ケースAに対して社会経済的厚生評価規準を適用することにより，現状の市街地像が，居住水準，住環境，防災性，土地利用等の観点から見て問題が多いことを明らかにするとともに，4）建替えに伴う権利調整費用の問題をとりあえず捨象し，ケースAからケースBへの建替え及びケースCへの建替えに対して社会経済的厚生評価規準を適用し，建替えによる土地の有効利用に伴う開発利益増大及び日照，通風，採光等の住環境の改善を計測することにより，敷地共同化と道路整備による大規模共同建替えが実現した場合に社会経済的厚生が増大することを示す。

図５－２　本分析のフロー（対象エリア及び分析項目）

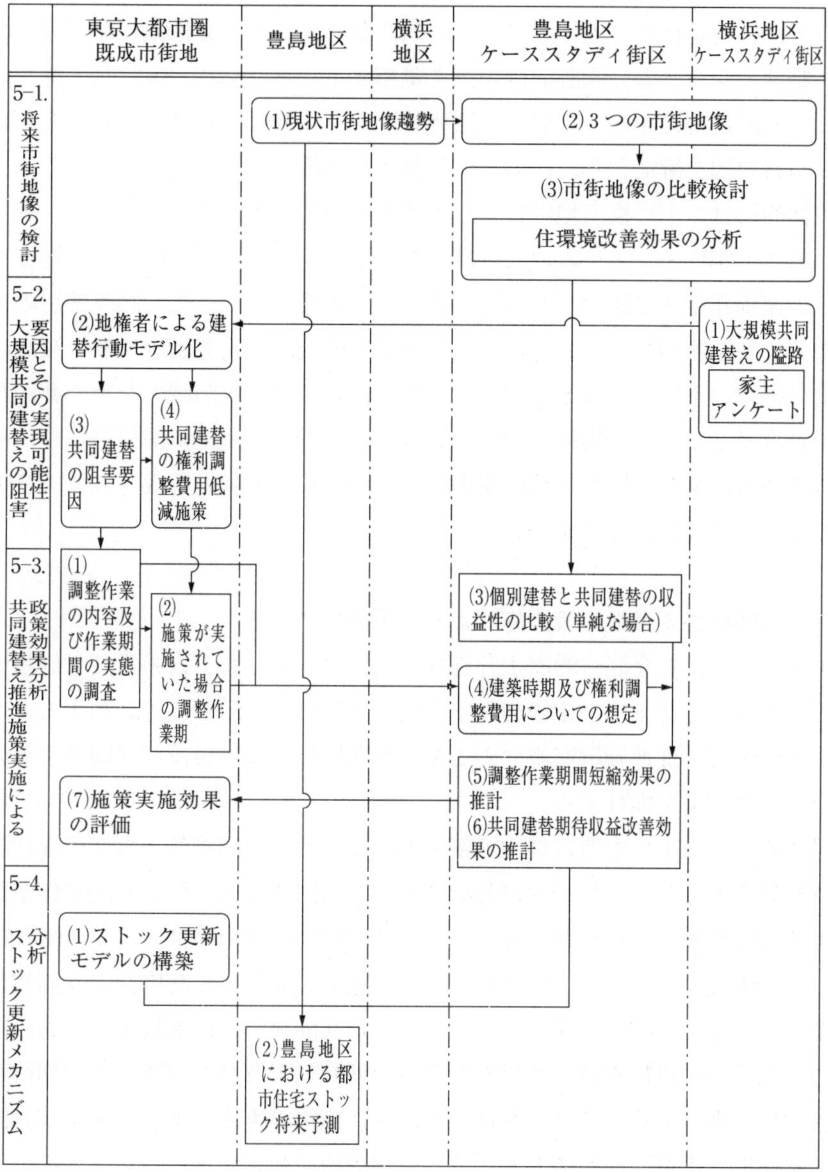

（備考）［枠］は、ケーススタディによる実証分析項目

⑵　大規模共同建替えの阻害要因と実現可能性

第4章では，共同建替えによる開発利益の増大，住環境改善の可能性にも拘わらず，共同建替えが進捗しにくい要因が存在することを指摘した。第2節では，制度・システムの設計評価規準を適用することにより，現行制度等を前提として共同建替えを進める場合の阻害要因を具体的に明らかにするとともに，その阻害要因を解消するための共同建替え推進施策を提示する。

具体的には，1）横浜地区における地主の建替え意向に関するアンケート結果に対して制度・システムの設計評価規準を適用し，現行制度等を前提とした場合の個別建替えに比較した共同建替えの阻害要因とは，権利調整費用の存在であることを解明したうえで，2）場面適合的公的介入評価規準及び複数の目的には複数の手段評価規準の適用により，権利調整費用削減のための共同建替え推進施策として，収用権を背景とした用地取得及び道路整備促進並びに土地所有者多数の合意を得て土地の交換分合に伴う権利変動を行政行為により実現する交換分合制度を提示する。

⑶　共同建替え推進施策実施による政策効果の分析

第3節では，社会経済的厚生評価基準及び制度・システムの設計評価規準を適用し，共同建替えによる権利調整費用を調整作業費用として計測するとともに，共同建替え推進施策実施による調整作業費用削減効果及び共同建替えの期待収益改善効果を推計する。

具体的には，1）木造賃貸住宅密集地区における共同建替え事業の権利調整主体を対象としたアンケートの分析により，共同建替えに要する調整作業費用の実態を把握し，これを豊島地区ケーススタディ街区の建替え事業（個別建替え及び共同建替え）に適用することにより，現行施策を前提とした場合の共同建替えの阻害要因を実証的に解明したうえで，2）共同建替え推進施策を実施した場合の大規模共同建替え時の調整作業費用の低減効果及び共同建替えの期待収益改善効果を推計する。これらを通じて，3）施策の実施により，地主が共同建替えを選択する可能性が増大することを実証的に検証する。

(4) ストック更新メカニズム分析

第4節では，都市住宅ストック更新モデルを構築し，モデル地区を対象として趨勢による5，10，15年後の都市住宅ストックを予測する。併せて施策推進ケースについてのストック更新の将来像を予測し，施策がストック更新の良好性の維持に大きく寄与することを示し，社会経済的厚生評価規準の観点から見た総合的効果を検証する。

具体的には，1）戸建て住宅及び共同住宅が一定の期間毎に一定の比率で建て替えられる都市住宅ストックの変遷を逐次型シミュレーションにより予測するストック更新モデルを構築し，2）これを面積約20haを有する豊島地区の都市住宅ストックに適用することにより，現状の施策を前提とした場合の都市住宅ストックの将来像を予測するとともに，共同建替え推進施策を実施した場合の都市住宅ストック将来像を，第3節で検証した地主による共同建替え選択可能性の増大を踏まえて予測することにより，施策の実施が良質な都市住宅ストックの更新に有効であることを検証する。

(5) 都市住宅市街地整備システム設計へのアプローチ

第5節では，第3節で提示した施策を，具体的な制度スキームとして構築するとともに，その運用上の留意事項を提示する。具体的には，全面買収方式の活用方策及び敷地共同化意向を有する地主所有地を一団地に集約するための交換分合の制度スキームを設計する。

第1節　将来住宅市街地像の検討

本節では，まず(1)において，東京大都市圏既成市街地の典型的な地区として，豊島地区及び横浜地区を取り上げ，各々の地区の現状と趨勢を分析する。(2)では，両地区から面積2,000m²〜3,000m²程度の街区を各1街区抽出し，現状の市街地像（ケースA），自然更新が進んだ状態における個別建替えによる市街地像（ケースB）及び大規模共同建替えによる市街地像（ケースC）を構築する。(3)では，現状の市街地像が，居住水準，住環境，防災性，土地利用等の観点から見て問題が多いことを明らかにするとともに，建替え伴う権利調整費用の問題をとりあえず捨象し，ケースAからケースBへの建替え及びケースCへの建替えについて開発利益増大及び日照，通風，採光等の住環境の改善を算出，比較することにより，敷地共同化と道路整備による大規模共同建替えが実現した場合の社会経済的厚生の増大を提示する。

(1)　現状市街地像と趨勢

東京大都市圏における既成市街地のひとつの典型的な姿は，基盤未整備なまま小規模な敷地に，戸建て住宅と共同住宅（木造を含む）が混在，密集した市街地像である。これら地区では，一部幹線道路沿いでの再開発を除き，基盤整備も進まず，狭小，不整形な敷地そのままに個別建替えが行われ，建て詰まりが進行するのが一般的な市街地更新のパターンである。

ここでは，東京大都市圏内・既成市街地の典型的地区として，豊島地区及び横浜地区を取り上げ，地区の概況と市街地像を示す。

1）豊島地区の概況

豊島地区は，丸の内線新大塚駅，有楽町線東池袋駅，JR山手線大塚駅，池袋駅に近接するなど，交通至便な地にある面積19.2haの住宅地区である。同地区は，木造戸建て住宅と木造賃貸住宅が高密度で混在しており，住宅戸数密度は204戸/ha，人口密度は348人/haに達し，これら住宅の過半数は老朽化している。国道245号線，都道435号線等，幹線道路沿いでは，狭小敷地の集約化によるマンション建設等も見られるが，それ以外の内部市街地では接道不良住宅も多く，良好な市街地更新が困難な状況にあると見られる。

表5－1　豊島地区の概況

1）人口・面積

地区面積	19.2ha
人口	6,672人
世帯数	3,211世帯

2）建物属性

木造賃貸住宅率	40%
住宅戸数密度	204戸/ha
老朽住宅戸数密度	119戸/ha
接道不良住宅率	64%

図5－3　豊島地区の位置

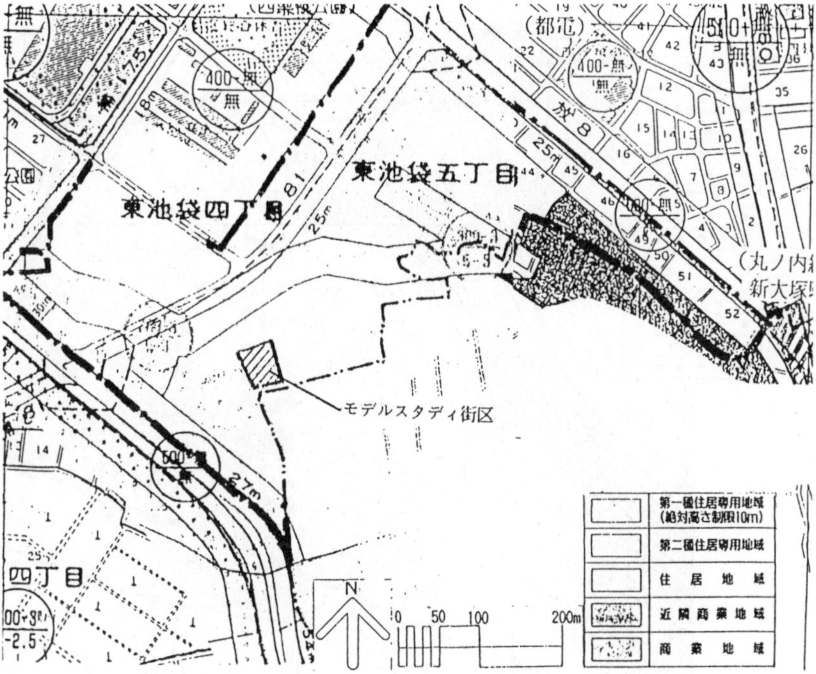

（備考）都市計画図より作成

2）鶴見地区の概況

鶴見地区は，JR鶴見駅から徒歩圏内にある。同地区は，京浜工業地帯の発展とともに木造賃貸住宅等の住宅が集積立地し，工場就業者の居住地としての役割を担ってきたが，建物老朽化が進行し，市街地更新が課題となっている。

表5－2　鶴見地区の概況

1）人口・面積

地区面積	137.1ha
人口	34,741人
世帯数	13,282世帯

2）建物属性

木造賃貸住宅率	35.7%
住宅戸数密度	96.9戸/ha
老朽住宅戸数密度	41.9戸/ha
接道不良住宅率	27.5%

図5－4　鶴見地区の概況

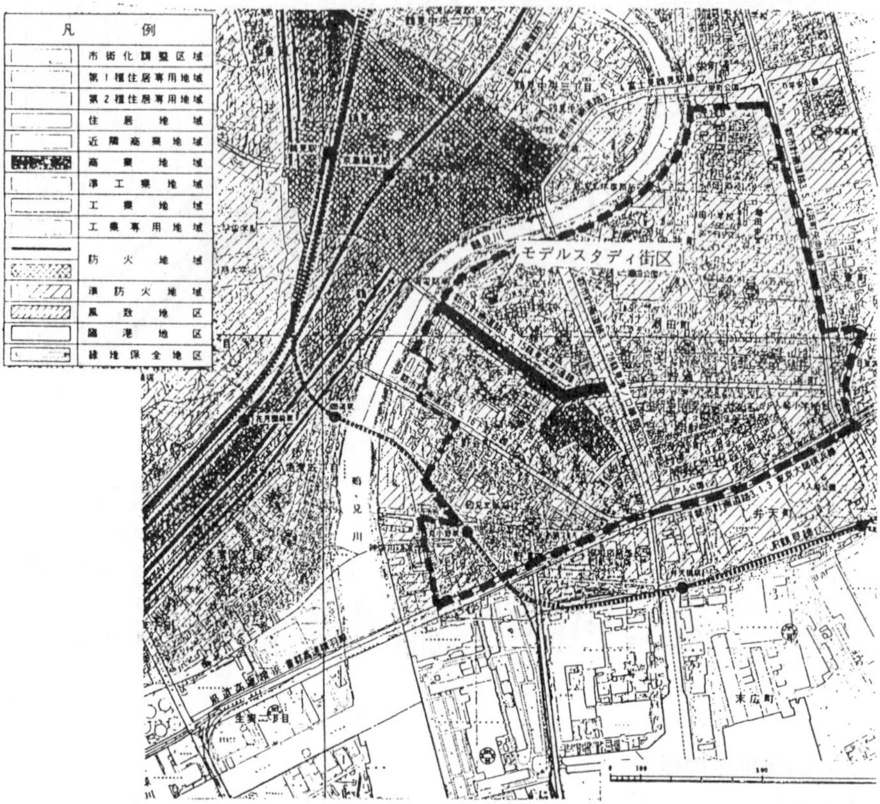

（備考）　都市計画図より作成

⑵　3つの市街地像

ここでは，豊島地区及び横浜地区の中でも，最も平均的属性を有する1街区をケーススタディ街区として取り上げ，現状の市街地像(ケースA)，個別建替えによる市街地像（ケースB）及び大規模共同建替えによる市街地像（ケースC）を提示する[(1)]。なお，豊島地区では，ケースCとして，ケースC－1及びケースC－2の2種類を構築する。

ここで，大規模共同建替えによる市街地像(ケースC)としては，地区面積2,000 m²前後の街区全体で一体的建替えプランが策定され，数敷地に集約化されたうえで共同建替えにより実現される市街地像を想定する。また，良好な市街地環

表5－3　3つの市街地像

ケースA	現状の市街地像〈実態〉	基盤未整備の街区の小規模敷地に，戸建住宅及び共同建住宅が混在した現状での市街地像。
ケースB	自然更新が進んだ状態における個別建替えによる市街地像〈想定〉	敷地の集約化や共同建替えが行われず，個々の敷地毎に個別建替えが進むことを想定した場合の将来市街地像。
ケースC	大規模共同建替えによる市街地像〈想定〉	街区単位での敷地の集約化，基盤整備とともに面的な共同建替えが進むことを想定した場合の将来市街地像。

境創生のためには，街区の一辺は幅員7～8mの道路に接することが求められる。横浜地区のケーススタディ街区では現状で西側道路が幅員7mの道路として整備されているが，豊島地区のケーススタディ街区では4辺が幅員4m又はそれ未満の道路に囲まれているため，大規模共同建替えに際して8mに拡幅されることを想定する。

また，豊島地区では指定容積率の300%をすべて利用する共同建替えも，建築規制上可能であるが，このような建替え事業は，周辺住民の反対等により実現不可能な場合もありうる。このため，豊島地区ケーススタディ街区では大規模共同建替えによる市街地像として，実効容積率200%を実現する市街地像（ケースC－1）及び実効容積率300%を実現する市街地像（ケースC－2）の2種類を構築する。

なお，豊島地区及び横浜地区は，どちらも低層住宅密集地区であるが，横浜地区（戸数密度96.9戸/ha）は，豊島地区（同204戸/ha）に比較し，密集度が低い。このような大規模共同建替えによって日照等住環境が改善される蓋然性がより低いと考えられる地区でも住環境改善が可能なことを検証するため，両地区でケーススタディを実施する。

1）豊島地区ケーススタディ街区の市街地像

①　現状の市街地像（ケースA）

ケーススタディ街区は，住居地域（建ぺい率60%，容積率300%）に指定されており，平均敷地規模が100m²未満という狭小な敷地に，戸建て住宅・木造賃貸住宅が密集した面積2,715m²（うち道路面積315m²）の地区である。

図5－5　現状市街地像（ケースA）

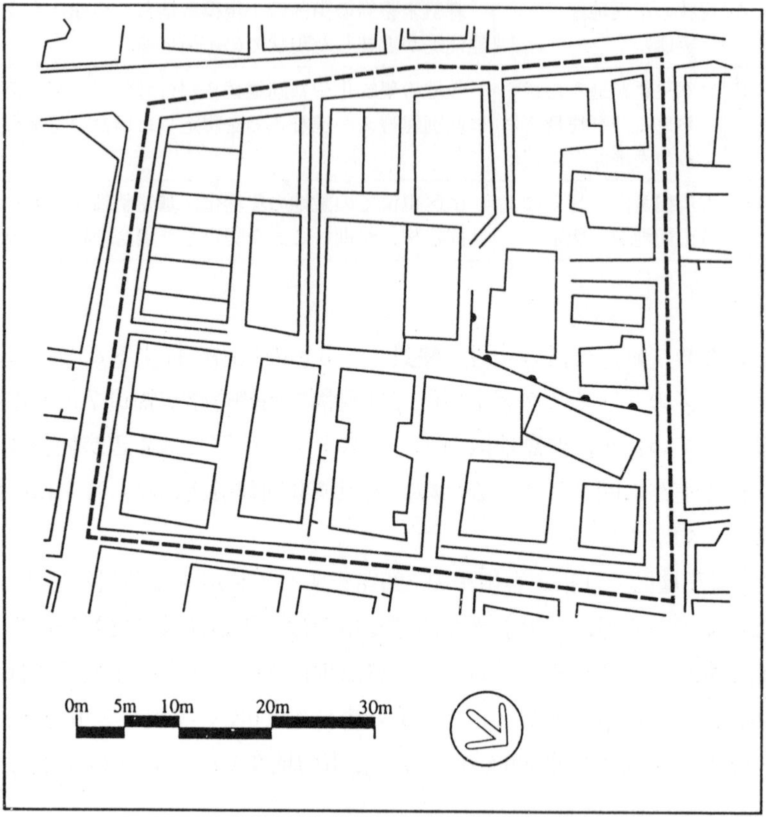

a）道路状況……外周4方向は，ほとんどの箇所で幅員4mに満たない狭隘な道路となっている。

b）建物及び敷地状況……計28棟の住宅のうち木造賃貸住宅が5棟を占める。この他，非住宅建物としては専用工場が2棟，専用店舗が1棟立地し，地権者総数25名という細分化された敷地に31棟の建物が現存している。

c）床利用状況……住宅41戸（うち木造賃貸住宅14戸で，木造賃貸住宅率35%），住宅との併用建物を含め，事務所1戸，店舗2戸，工場3戸で，延べ床面積が2,766m²（実効容積率115.3%），戸当たり平均面積は61.5m²/戸である。

② 個別建替えによる市街地像（ケースB）

自然更新により個別建替えが進んだ場合，次に示すような市街地が形成されるものと予想される。

a）道路状況……西側道路は，防災道路としての道路拡幅が計画されているため，道路中心線から４mのセットバックにより幅員８mの道路が整備される。しかしながら，他の３方向の道路は，２mのセットバックにより４mの道路として整備されるにとどまる。

b）建物及び敷地状況……街区内側の５棟及び特に敷地が狭小な街区外側の

図５－６　個別建替えによる市街地像（ケースB）～敷地条件

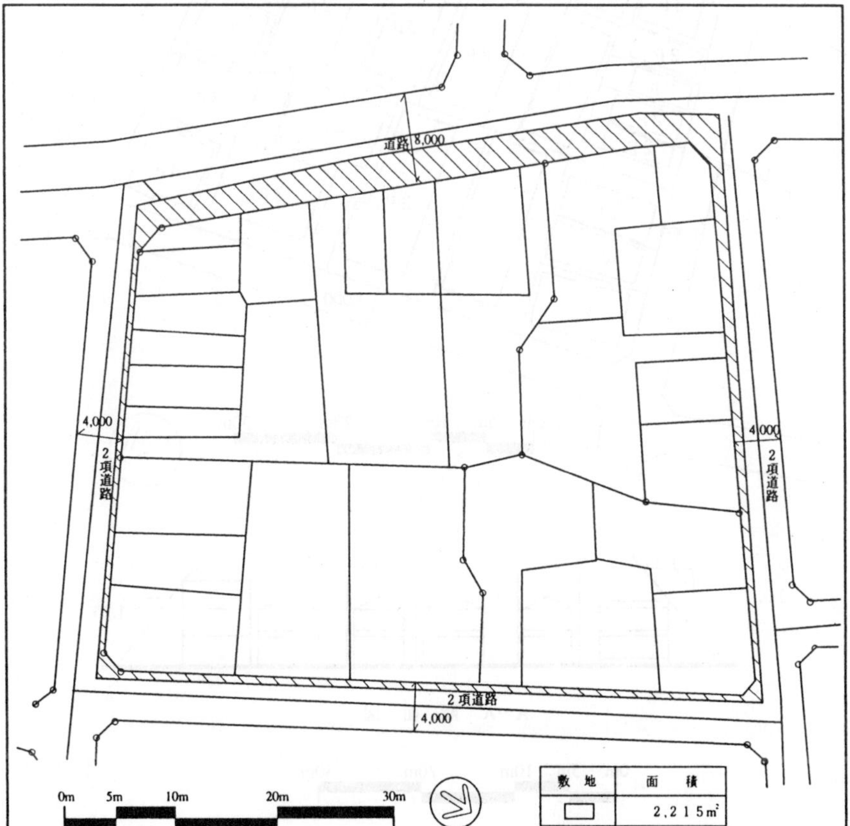

敷地	面積
□	2,215㎡
▨	185㎡
合計	2,400㎡

図５−７　個別建替えによる市街地像（ケースＢ）〜平面図及び立面図

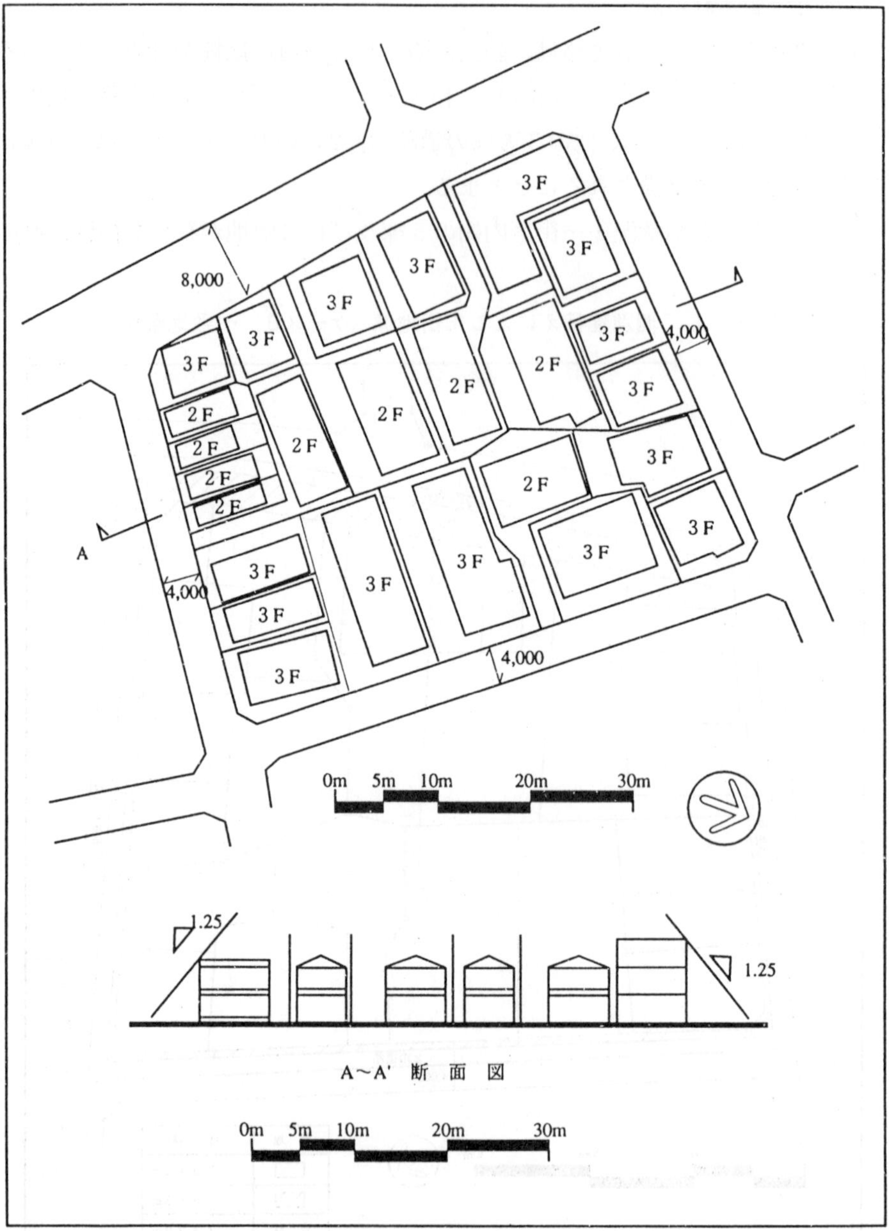

４棟の建物は２階建ての，他の街区外側の建物は３階建ての建物へと建替えられるものと見られる。

c）床利用状況……総床面積は 3,278 m²（ケースＡの 1.19 倍，実効容積率159%となる。ただし，戸当たり平均床面積を 88.2m²/戸と想定すると，住宅戸数は，41 戸から 38 戸へと減少する。

③　大規模共同建替えによる市街地像⑴～４敷地への集約化（ケースC－1）

2,715m²の対象街区全体で，公共施設整備とともに４敷地への敷地集約化がなされ，共同建替えが実現したと仮定すると，次のような市街地像が想定でき

図５－８　大規模共同建替えによる市街地像（ケースC－1）～敷地条件

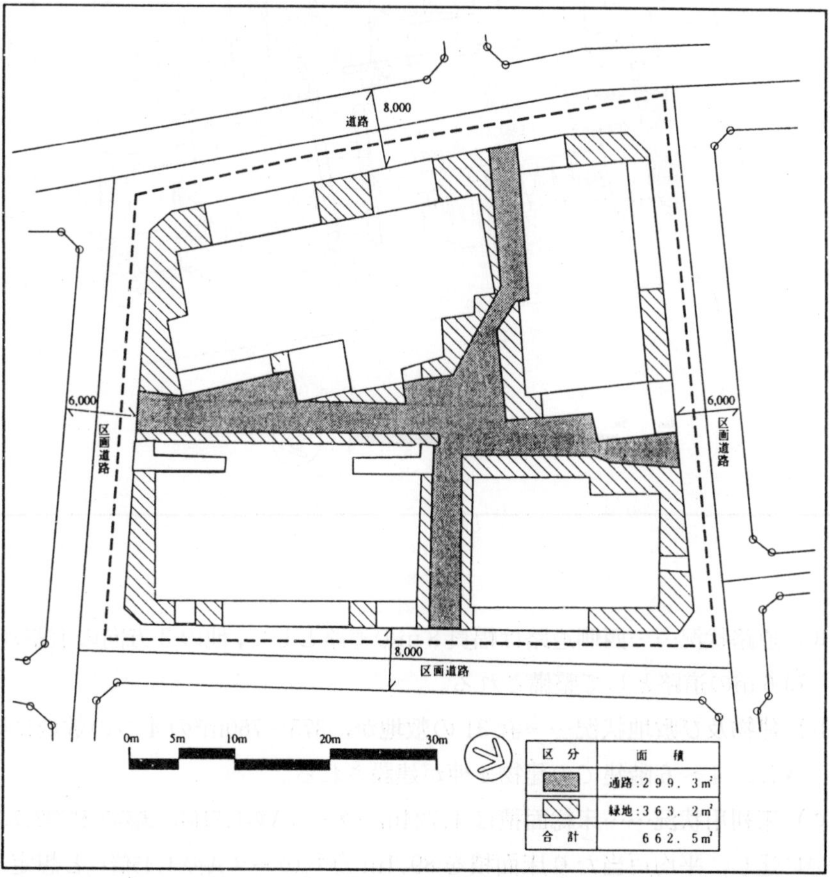

図5－9　大規模共同建替えによる市街地像（ケースC－1）～基準平面図

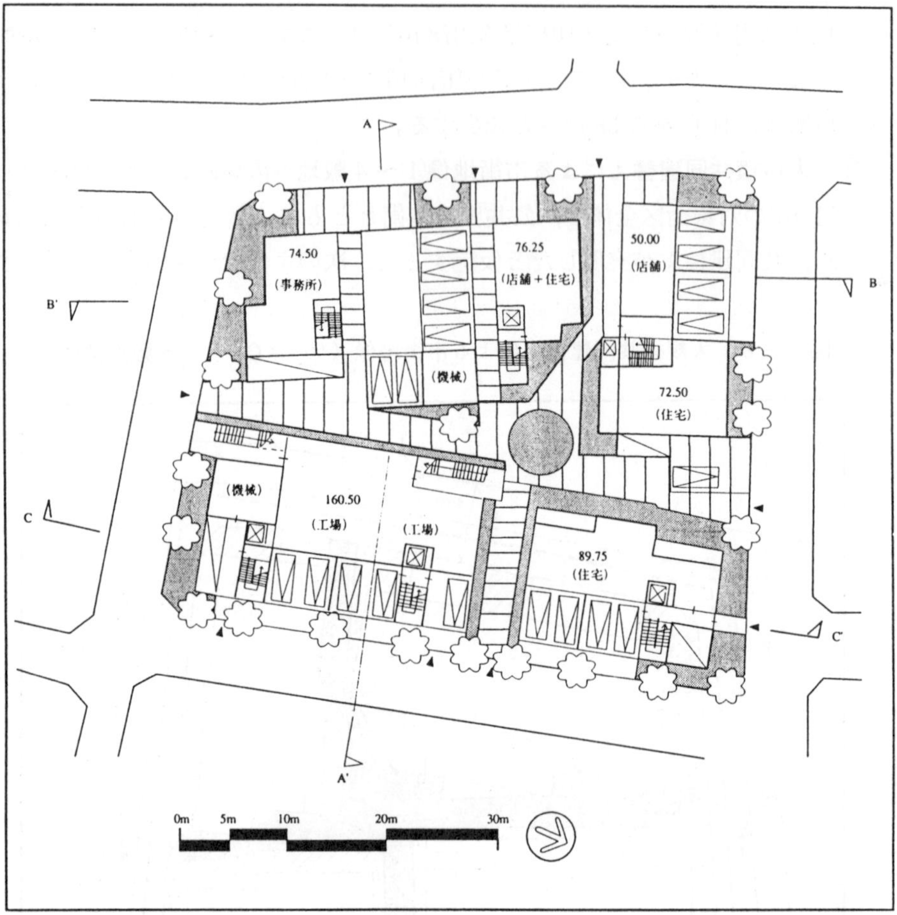

る。

a）道路状況……西側道路は幅員 8 mの道路として，他の 3 方向の道路は，幅員 6 mの道路として整備される。

b）建物及び敷地状況……計 31 の敷地が，375～760m²の 4 つの敷地に統合され，4～6 階建ての建物 4 棟が建設される。

c）床利用状況……床総面積は 4,724m²（ケースAの1.71倍，実効容積率227.7%）に達し，平均戸当たり床面積を 89.1m²/戸（ケースAの 1.45倍）と想定して

図５―10　大規模共同建替えによる市街地像（ケースＣ―１）～断面図

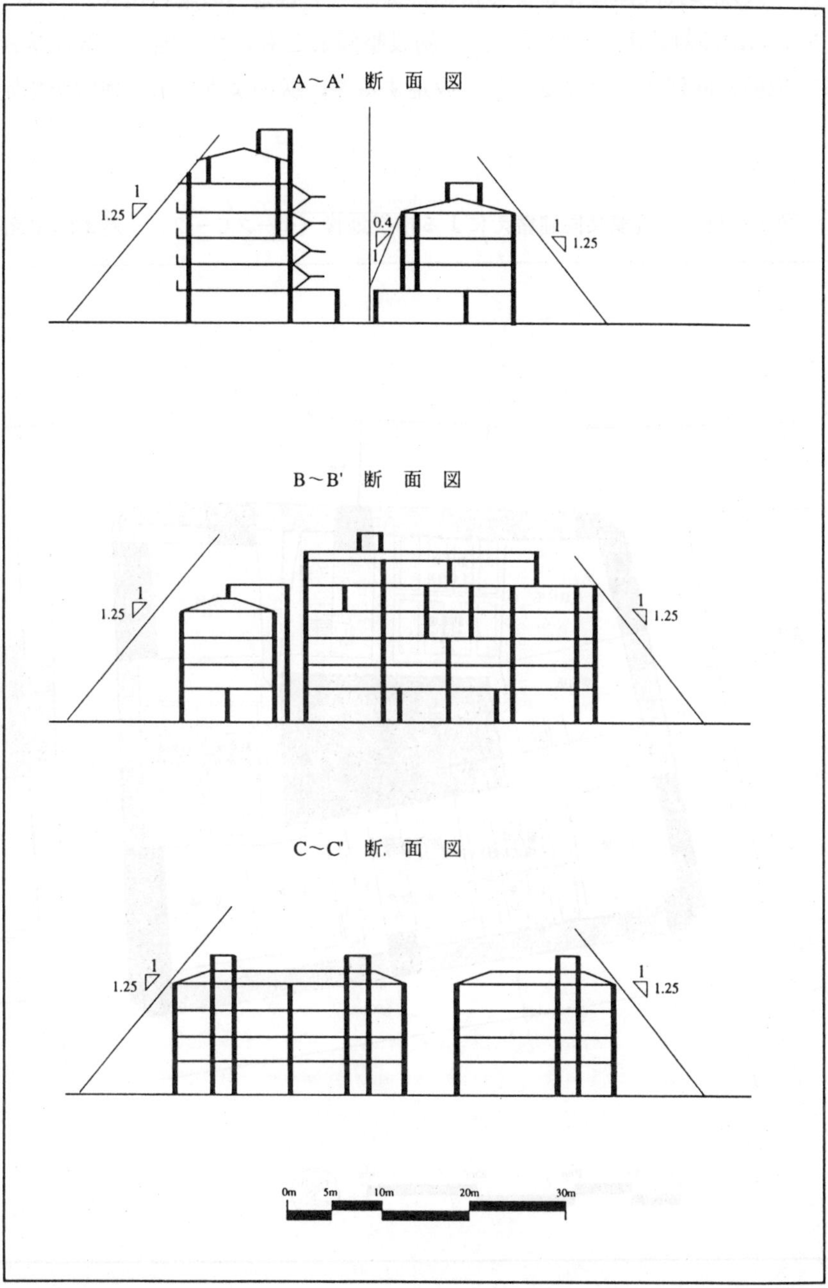

も，住宅戸数は40戸から48戸へ増大する。

④　大規模共同建替えによる市街地像(2)～2敷地への集約化（ケースC－2）

2,715m²の対象街区全体で，公共施設整備とともに2敷地へと敷地統合される大規模共同建替えがなされたと仮定すると，次のような市街地像が想定される。

図5－11　大規模共同建替えによる市街地像（ケースC－2）～基準階平面図

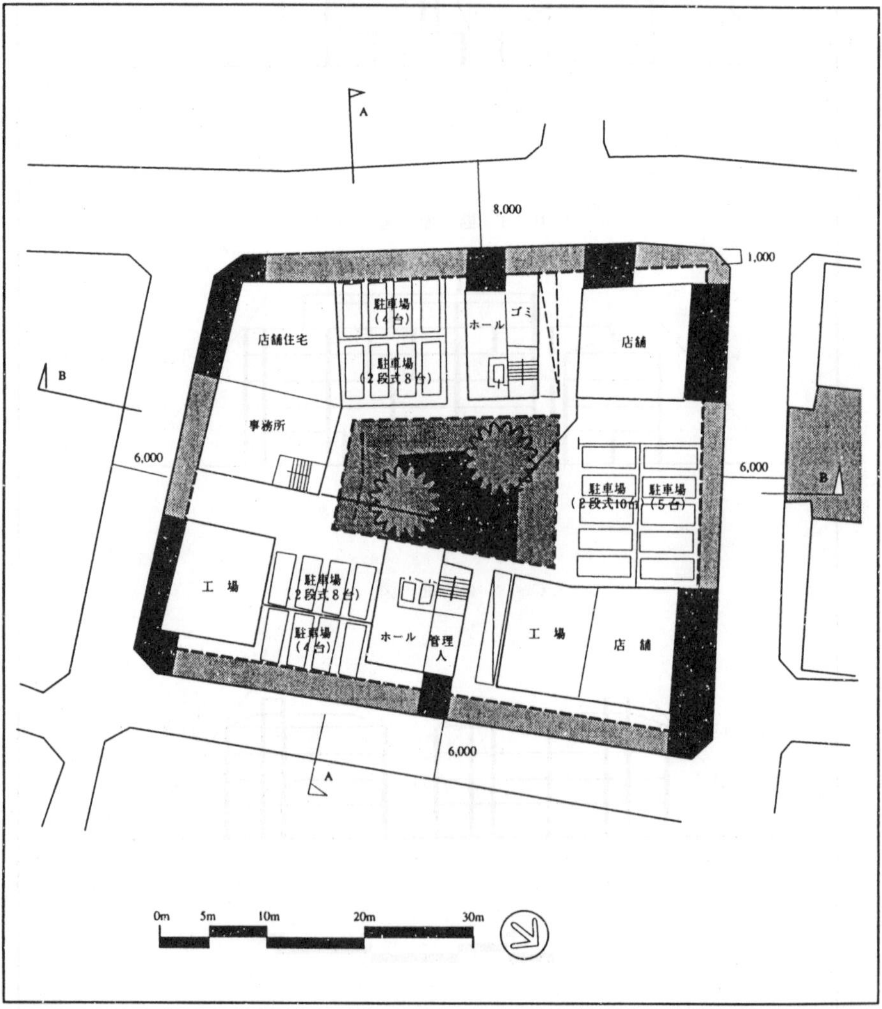

表５－４　豊島地区ケーススタディ街区における市街地像の比較

			現状市街地像（ケースＡ）	個別建替えによる市街地像（ケースＢ）	大規模共同建替えによる市街地像(1)（ケースＣ－１）	大規模共同建替えによる市街地像(2)（ケースＣ－２）
地区状況	地区面積		2,715m²	2,715m²	2,715m²	2,715m²
	公共施設面積	４m以上道路面積	0m²	510m²	640m²	640m²
		４m未満道路面積	315m²	0m²	0m²	0m²
		道路面積	315m²	510m²	640m²	640m²
		公園等面積	0m²	0m²	0m²	0m²
	合　　計		315m²	510m²	640m²	640m²
	宅地面積		2,400m²	2,205m²	2,075m²	2,075m²
	平均敷地面積		85.7m²/棟	86.3m²/棟	518.8m²/棟	1,037.5m²/棟
	建ぺい等		54.9%	61.6%	58.1%	62.7%
	延べ床面積[1]		2,766m²	3,278m²	4,724m²	6,840m²
	戸当たり平均床面積[3]		61.5m²	88.2m²	89.1m²	91.2m²
	実効容積率		115.3%	159.5%	227.7% (199.7%)[2]	329.6% (297.8%)[2]
	駐車台数		2台	23台	46台	39台
	駐車場設置状況		4.9%	60.5%	88.5%	55.7%
建物状況	住宅棟数		27棟	25棟	4棟	2棟
	住宅戸数		40戸	38戸	48戸	70戸
	その他		工場２，店舗２ 事務所１	工場２，店舗２	工場２，店舗２ 事務所１	工場２，店舗３ 事務所１
居住環境	２時間未満日照住戸率		28.9%	38.1%	11.3%	12.2%
	設備共用住宅率		3.6%	0%	0%	0%
	老朽住宅戸数率		60.0%	0%	0%	0%
	接道不良住宅戸数率		100.0%	0%	0%	0%
	空地率		51.5%	50.0%	55.6%	52.1%

（備考）１）延べ床面積には階段室，外廊下，屋外駐車場を含む。
２）（　）内は建築基準法上の容積率算入対象床面積による容積率。
３）事務所，店舗，工場，店舗併用住宅も１戸と見て戸当たり平均面積を算出。

a）道路状況……ケースC－1同様，西側道路は幅員8mの道路として，他の3方向の道路は，幅員6mの道路として整備される。

b）建物及び敷地状況……計31の敷地が，2敷地に統合され，ロの字型の7階建て建物2棟が建設される。

c）床利用状況……総床面積は6,840m²（ケースAの2.47倍，実効容積率329.6%）に達し，平均戸当たり床面積を91.2m²/戸（ケースAの1.48倍）と想定しても，住宅戸数は41戸から70戸へと大きく増大する。

図5－12　現状市街地像（ケースA）

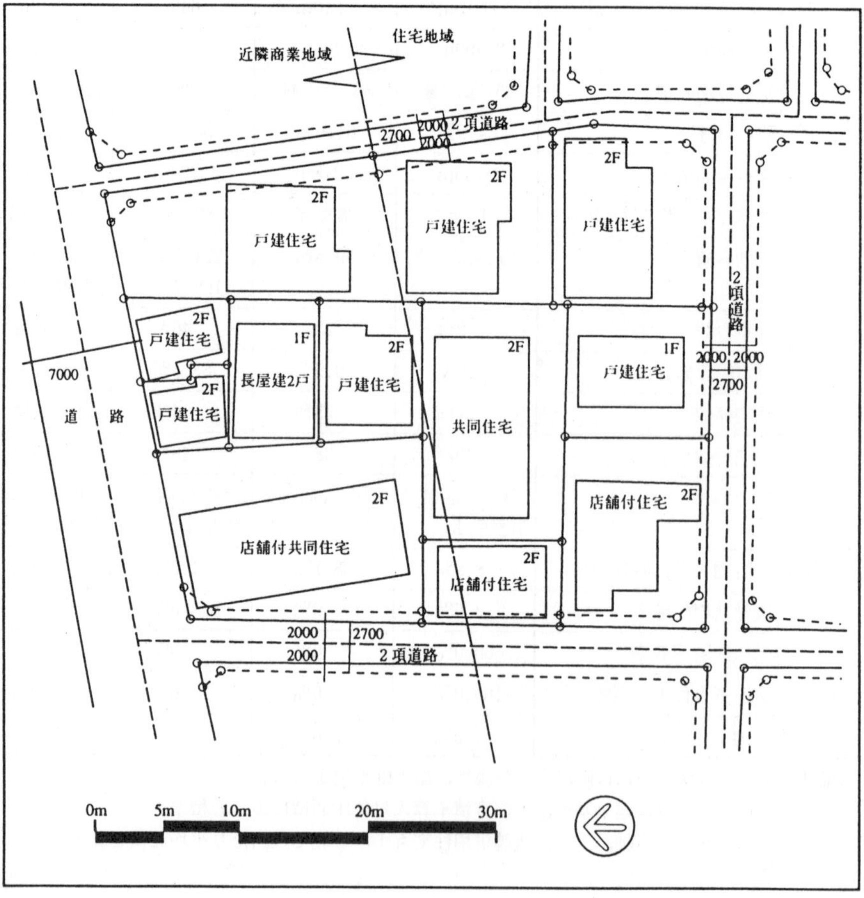

2）横浜地区ケーススタディ街区の市街地像

①　現状の市街地像（ケースA）

ケーススタディ街区は，近隣商店街を形成する幅員７ｍの道路に面した1,806 m²（うち道路面積320m²）の地区で，近隣商業地域（建ぺい率80%，容積率300%）及び住居地域（建ぺい率60%，容積率200%）に指定され，指定容積率の平均は245%である。

ａ）道路状況……外周３方向は，幅員４ｍ未満の２項道路である。

図５―13　個別建替えによる市街地像（ケースB）

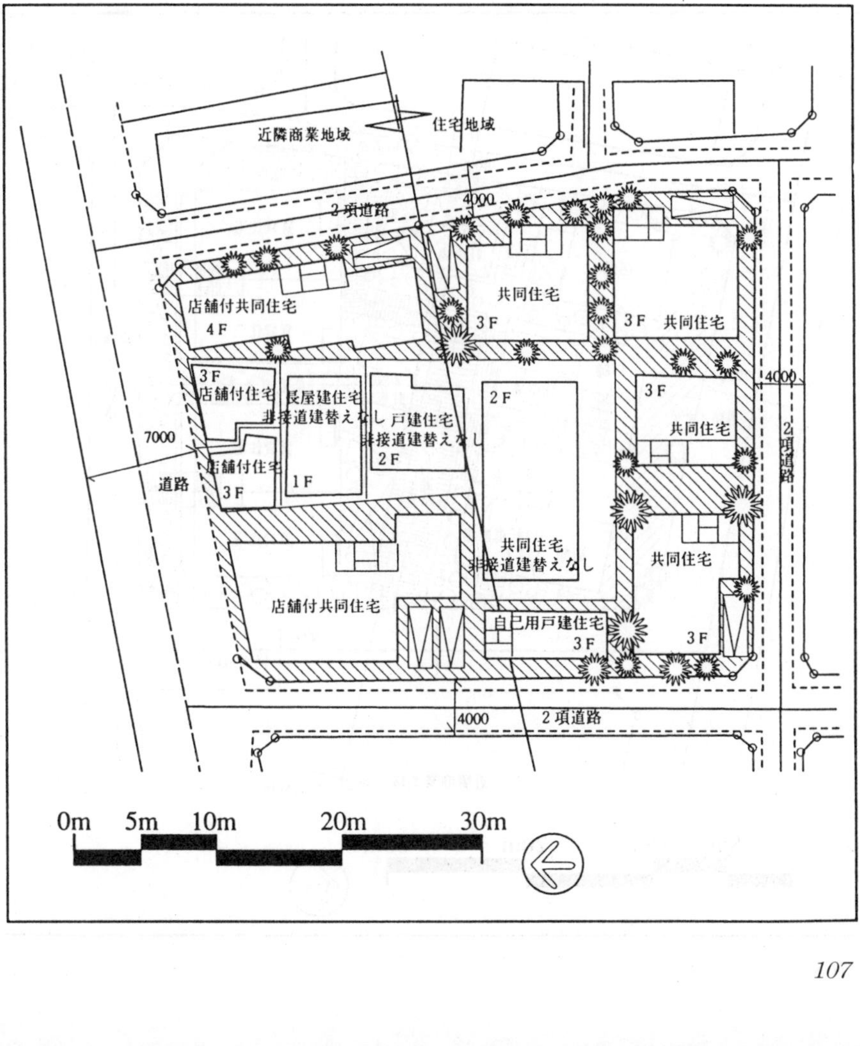

b）建物及び敷地状況……計12棟の建物のうち，未接道建物が3棟あり，また4棟が老朽住宅である。

c）床利用状況……住宅22戸及び店舗4戸で，総床面積は1,328m²（実効容積率98.8%）で，戸当たり平均床面積は51.1m²/戸である。

②　個別建替えによる市街地像（ケースB）

未接道敷地の建物3棟は建替えがなされず，残りの9棟については，各敷地単位で個別に建替えが進むものと想定すると，その時の市街地像は，次のよう

図5―14　大規模共同建替えによる市街地像（ケースC）～基準階平面図

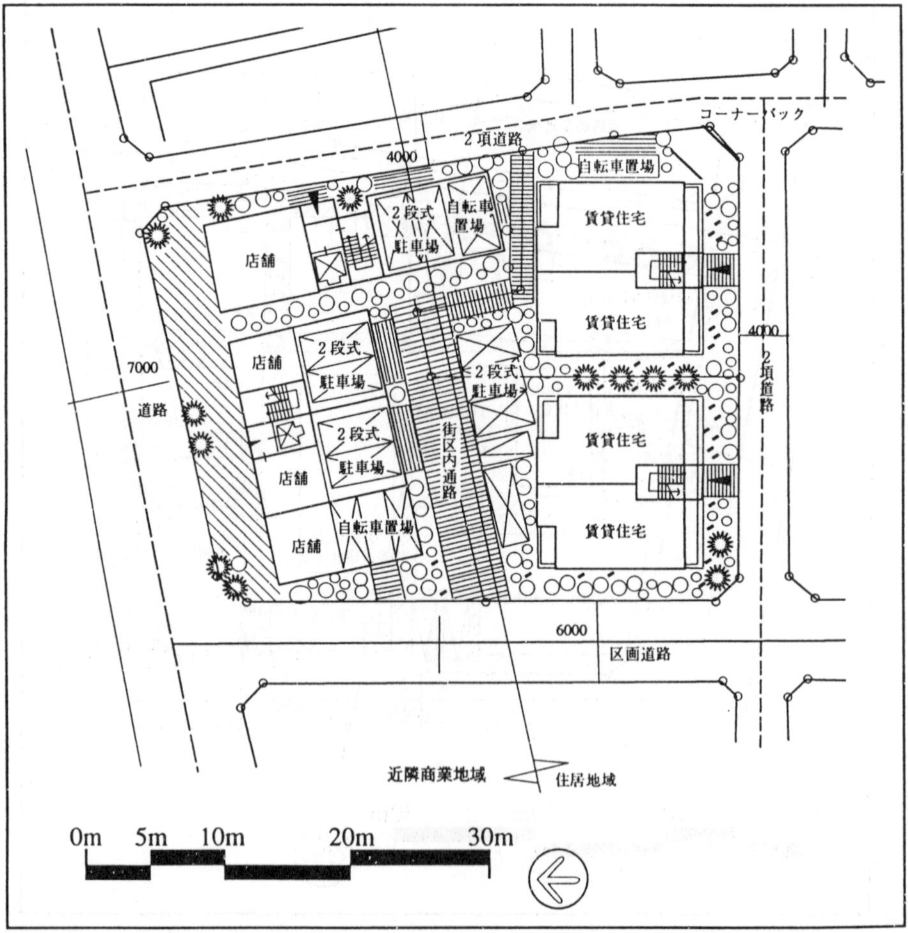

になると予想される。

ａ）道路状況……外周３方向の道路は，建物が建替え時に道路中心線より２ｍセットバックするため，将来的には幅員４ｍの道路として整備される。

ｂ）建物及び敷地状況……建物は３～４階の耐火建築物，簡易耐火建築物に建て替えられると見られる。

ｃ）床利用状況……このため，総床面積は2,409m²（ケースＡの1.81倍，実効容積率174.0％）になり，住宅戸数は35戸となる。

なお，このような個別建替えは，建築規制上可能ではあるが，敷地条件等がそのままに３～４階に建て替えられると，周囲の日照等環境条件を著しく悪化させるため，周辺住民の合意を得ることが困難な場合も考えられる。

③　大規模共同建替えによる市街地像（ケースＣ）

1,806m²の対象街区全体で，公共施設整備とともに，大規模共同建替えがなされたとすると，次のような市街地像が実現する。

ａ）道路状況……外周３方向の道路の内１本は道路中心線より３ｍのセットバックにより，６ｍ道路として整備される。

ｂ）建物及び敷地状況……計12の敷地が，300m²程度の４敷地に集約され，４～６階建て建物４棟が建設される。

ｃ）床利用状況……総床面積は3,050 m²（ケースＡの2.30倍，実効容積率225.4％）に達し，戸当たり平均床面積を80.3 m²/戸と想定しても，住宅戸数は34戸に増大する。

⑶　市街地像の比較検討

ここでは，⑵で提示した豊島地区及び横浜地区ケーススタディ街区における市街地像を対象として，建替えに伴う権利調整費用の問題をとりあえず捨象し，建替え等市街地更新によって実現が期待される開発利益及び住環境を計量的に評価，比較検討することにより，敷地共同化と道路整備による大規模共同建替えが実現した場合の社会経済的厚生水準の増大を計測する。

表5―5　横浜地区ケーススタディ街区における市街地像の比較

			現状市街地像 （ケースA）	個別建替えによる市街地像 （ケースB）	大規模共同建替えによる市街地像 （ケースC）
地区状況	地区面積		1,802m²	1,802m²	1,802m²
	公共施設面積	4m以上道路面積	119m²	421m²	459m²
		4m未満道路面積	201m²	0m²	0m²
		道路面積	320m²	421m²	459m²
		公園等面積	0m²	0m²	0m²
		合　　計	320m²	421m²	459m²
	宅地面積		1,486m²	1,385m²	1,347m²
	平均敷地面積		123.8m²/棟	115.4m²/棟	336.7m²/棟
	建ぺい等		52.8%	59.7%	54.6%
	延べ床面積[1)]		1,328m²	2,409m²	3,050m²
	戸当たり平均床面積[2)]		51.1m²	61.8m²	80.3m²
	実効容積率		98.8%	174.0%	225.4%
	駐車台数		6台	6台	19台
	駐車場設置状況		27.2%	15.4%	50.0%
建物状況	住宅棟数		12棟	12棟	4棟
	住宅戸数		22戸	35戸	34戸
	その他		店舗4	店舗4	店舗4
居住環境	2時間未満日照住戸率		31.2%	46.2%	31.6%
	設備共用住宅率		16.7%	0%	0%
	老朽住宅戸数率		59.0%	17.9%	0%
	接道不良住宅戸数率		54.5%	17.9%	0%
	空地率		56.5%	54.2%	59.7%

（備考）1）延べ床面積には階段室，外廊下，屋外駐車場を含む。
2）事務所，店舗，工場，店舗併用住宅も1戸と見て戸当たり平均面積を算出。

1）市街地像の計量的評価

①　開発利益（豊島地区ケーススタディ街区）

豊島地区ケーススタディ街区におけるケースA，ケースB，ケースC－1及びケースC－2を対象に，市街地像実現による事業による利用可能床面積増大効果について分析し，大規模な共同建替えほど，大きな開発利益をもたらすことを明らかにする。

なお，ここで豊島地区ケーススタディ街区のみを開発利益計測の対象とするのは，より高密度利用が実現されている同街区でうえの仮説が検証されれば，この命題は一般の密集住宅市街地において普遍的に成立すると考えられるためである。

豊島地区モデル街区の建替えケーススタディによると，現況2,766m²の延床面積（実効容積率115.3%）（ケースA）に対し，個別建替えが進行した場合（ケースB）では3,278m²（同159.9%）への増大にとどまる。一方，大規模建替えの場合，それぞれ4,724m²(同200%)（ケースC－1），6,840m²(同300%)（ケースC－2）へと増大する。

表5－5　開発利益の増大

	敷地面積	延床面積(GROSS)	延床面積(NET)
現　状（ケースA）	2,400m²	2,766m²	2,489m²
個別建替え（ケースB）	2,205m²	3,278m²	2,786m²
大規模共同建替え（ケースC－1）	2,075m²	4,724m²	3,779m²
大規模共同建替え（ケースC－2）	2,075m²	6,840m²	5,472m²

②　住 環 境

次いで，豊島地区及び横浜地区の両ケーススタディ街区の市街地像別の住環境について比較検討し，大規模共同建替えにより住環境も大きく改善されることを示す。

なお，ここでは，1）開発利益の増大を検証した豊島地区ケーススタディ街区で大規模共同建替えが住環境を損なわないこと，2）密集度が比較的低いため大規模共同建替えによって日照等住環境が改善される蓋然性がより低いと考えられる横浜地区ケーススタディ街区でも住環境改善が可能なことの２点を検証するため，両街区でケーススタディする。

ａ）豊島地区ケーススタディ街区

道路及び敷地内オープンスペースを含めた空地面積は現況では1,397m²（面積率51.5%）であり，個別建替えが進行したケースでは，一定の道路拡幅があっても1,357m²（面積率50.0%）（ケースＢ）と建て詰まりが進行するが，大規模建替えの場合，それぞれ1,509m²（面積率55.6%）（ケースＣ－１），1,414m²（面積率52.1%）（ケースＣ－２）と，建て詰まり感が解消される。

２時間未満日照住戸割合も現況では28.9%（ケースＡ）存在し，個別建替えが進行するとこれが38.1%（ケースＢ）に達するが，大規模建替えの場合，それぞれ11.3%（ケースＣ－１），12.2%（ケースＣ－２）と日照不良住宅を大幅に解消することができる。

図５－15　豊島地区ケーススタディ街区の住環境水準

(1)　空地面積率

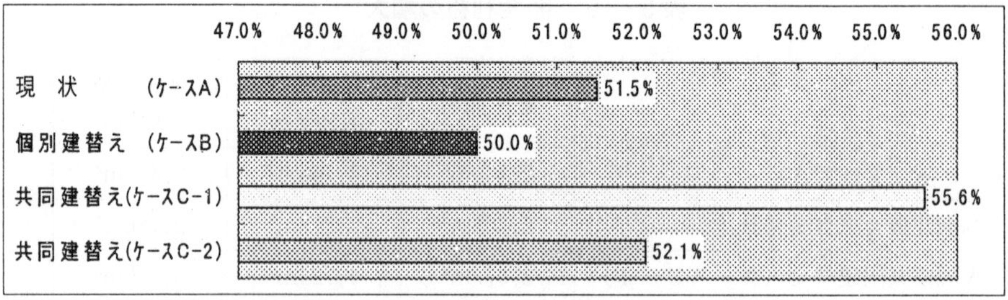

(2)　日照２時間未満住戸割合

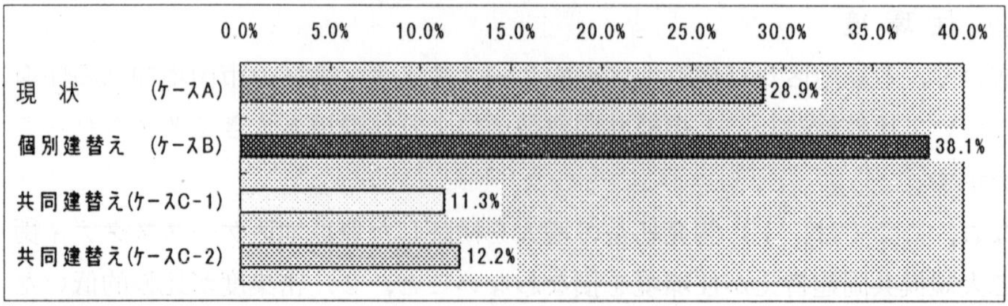

ｂ）横浜地区ケーススタディ街区

道路及び敷地内オープンスペースを含めた空地面積は，現況では 1,021m²（面積率 56.5%）であり，個別建替えが進行した場合一定の道路拡幅があったとしても，979m²（面積率 54.2%）（ケースＢ）とあまり改善は見込まれないが，大規模建替えの場合 1,079m²（面積率 59.7%）（ケースＣ）と一定の改善が見込まれる。

２時間未満日照住戸割合も，現況では 31.8%（ケースＡ）存在し，個別建替えが進行するとこれが 46.2%（ケースＢ）へと増大し，日照条件は大きく悪化するが，大規模建替えケースでは，31.6%（ケースＣ）と改善が見られる。

２）高容積開発に対する疑問

ここでは，大規模共同建替えによる市街地像が実現されたとしたら，より高い開発利益と住環境水準を達成することを示した。

しかしながら，このような特に住宅市街地における高容積型の開発に対しては，いくつかの疑問等が想定される。これについて，以下に検討する。

図５—16　横浜地区ケーススタディ街区の住環境水準

(1) 空地面積率

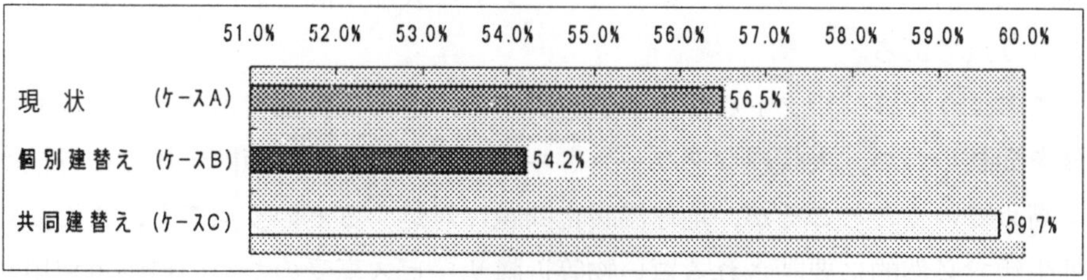

(2) 日照２時間未満住戸割合

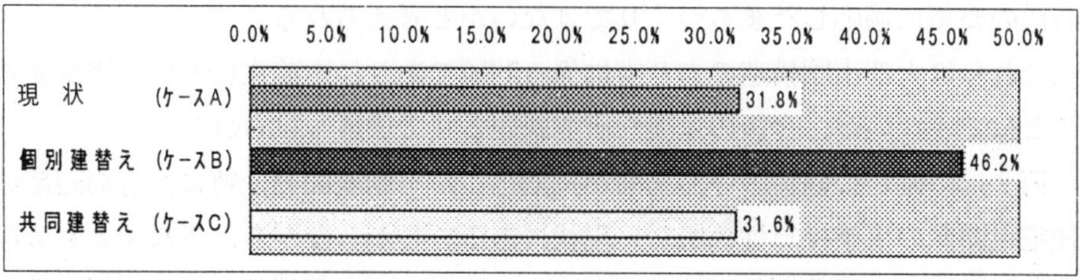

①　実効容積率300％の開発への疑問

ひとつは，実効容積率300％という高容積住宅開発は，高容積の点から疑問とするものである。

これに対しては，次の反論が考えられる。

第1は，豊島地区のケースC－2で示された実効容積率300％は，あくまでネットの容積率であり，道路等公共施設の一体的整備によりグロスでは220～230％の容積率となる点である。

第2は，このため，通風，採光のみならず，日照に関しても，従前の現状市街地（ケースA），個別建替えによる市街地（ケースB）と比較しても，良好な環境条件を達成していることに留意する必要がある点である。

②　「高度成長型都市像」への疑問

2番目の疑問として，このような高容積開発は，いわば高度経済成長時代の名残であり，日本経済が成熟し，環境，エネルギー等制約条件が高まりつつある時代，ふさわしくないのではないかとの指摘が考えられる。

このような指摘に関しては，次の点を考慮する必要がある。

第1に，東京大都市圏における住宅問題の大きな要素は，長距離通勤問題であり，これを解決するためには，都心周辺部において，より高容積の住宅市街地形成を誘導し，全体としてよりコンパクトな大都市圏を形成する必要があるという点である。

このようなコンパクトな都市構造を実現し，逆に郊外部でのスプロール的開発を抑制しつつ，大規模なグリーンベルトを整備し，大都市圏全体での緑被率を高めていくことこそが，地球温暖化問題に対処するという点でも，また，郊外生活で必然的に要請される買い物等近隣サービス享受のための自動車利用や，長距離通勤のための鉄道利用を抑制し，エネルギー問題に資する点でも今後の時代の要請に適応したまちづくりではないかと考えられる。

これらは大都市圏構造のあり方に係る問題であり，本論文において実証することはできないが，今後の重要な研究課題として位置づけられる。

第2は，確かに経済の停滞局面が長期化し，不動産開発，特に都心周辺部の住宅再開発の事業採算性は厳しい現状にある。しかしながら，少なくともこの豊島地区は一大業務副都心池袋サンシャインシティに隣接した交通至便な地に位置する。その開発ポテンシャルは依然として高い。ただし，事業採算が成立しにくいのは，権利調整費用に係る問題に加え，なお地価水準が適性レベルより高止まりしており，土地税制の不備がこのような状況を現出させている点に留意する必要がある。

第３に，以上のような大都市の既成市街地整備をより効果的に推進していくためには，郊外地域におけるスプロール抑制のための措置を併せて講じていくことが適切である。すでに述べたように，さらなる郊外開発は，通勤難問題を一層深刻化させ，新たな公共公益施設整備負担をもたらすとともに，地球環境・エネルギー問題をも深刻化させるものである。日本の大都市の郊外地域では，むしろ大規模なグリーンベルトを整備していくことが今後の課題と考えられる。

③　コミュニティの維持・存続の問題

このような大規模共同建替えは，既存の街並み景観にもそぐわないし，新規住民が大量に転入すると，従来より守られてきたコミュニティが崩壊することになるのではないかとの反論がある。

従来から低層の戸建住宅に居住してきた持ち家世帯は，そのままでの居住形態を継続したいと希望するかもしれない。居住継続を希望する本人の自由意思は尊重されなければならない。ただし，それには相応するだけの費用負担が前提条件となる。大都市の土地課税は負担が低すぎるため，将来のキャピタルゲイン取得を留保した土地の低未利用という広義の土地投機が普遍的に存在する。この土地課税が適正化され，相応の税金を支払っても，なお現状の低・未利用を継続したいのであれば，それは地主の自由といえるかもしれない。また現行借地借家法の下では，継続家賃は市場家賃に比較し，低水準にある。市場水準の家賃を支払っても，なおその借家に継続的に居住したいのであれば，その借家人の意思を家主は尊重するかもしれない。しかしながら，そのような当然に負担すべき費用を負担することなく現状を維持したいのであれば，それは，既得権者の甘えとの批判を免れることはできない。新規転入需要世帯の利益との比較衡量が要請されるところである。

いずれにしても，本来あるコミュニティの姿とは，新規転入世帯を暖かく迎え入れつつ常に若返りを果たし，将来に向けて発展していくことにあると考えられる。そのような営みの努力さえあれば，コミュニティの維持という命題と大規模再開発という命題が相反することになるとはいえない。

第2節　大規模共同建替えの阻害要因と実現可能性

第1節では，大規模共同建替えによる開発利益の増大，住環境改善の可能性について検証した。しかしながら，第4章でも示したように，大規模共同建替えは現実には実現されにくい。

本節では，制度・システムの設計評価規準を適用することにより，現行制度等を前提として共同建替えを進める場合の阻害要因を具体的に明らかにするとともに，共同建替え推進のための施策について検討する。

(1)においては，横浜地区における地主の建替え意向に関するアンケート結果に対して制度・システムの設計評価規準を適用し，現行制度等を前提として共同建替えを進めるに際しての阻害要因は権利調整費用の問題に帰着することを明らかにする。

(2)においては，従前も従後もすべて経営借家を想定した建替え事業の期待収益計測手法を定式化したうえで，共同建替えの権利調整費用の分析手法を提示する。

(3)においては，共同建替えの権利調整費用を肥大化させる現行制度上の要因を抽出する。

(4)においては，共同建替えの権利調整費用を低減する施策として，収用権を背景とする道路網整備及び交換分合制度導入を提示する。

(1)　共同建替えに対する地権者の意向

大都市圏既成市街地の中で，道路等基盤整備が不十分なまま細分化された敷地に木賃住宅など老朽化した低層木造住宅が密集した地区（以下「密集地区」という。）で，敷地条件をそのままに個別建替えを行おうとすれば，道路幅員の狭小さや敷地形状不整形のため，建築上の制約が大きい。一方では，都心近接性など利便性が高いため，道路拡幅とともに街区等一定のまとまりを有する地域で敷地集約化による共同建替え（以下，道路拡幅を伴う敷地集約化型の共同建替えを単に「共同建替え」という。）を実施すれば，個別建替えに比較し，土地経営の収益性は大きく改善される場合が多いと考えられる。

それにも拘わらず，高見沢（1985），津田他（1987）が示したように，一般的にはこれらの地区の建物更新は個別建替えに委ねられ，共同建替えが実施されることは少ない。

実際，横浜地区における地主の建て替え意向に関するアンケート調査によると，建て替え意欲を有する家主のうち，共同建て替えをしても良いと考えているものは8.7%で，共同建て替え意向は低い(2)。

図５―17　共同建替え意向の実態

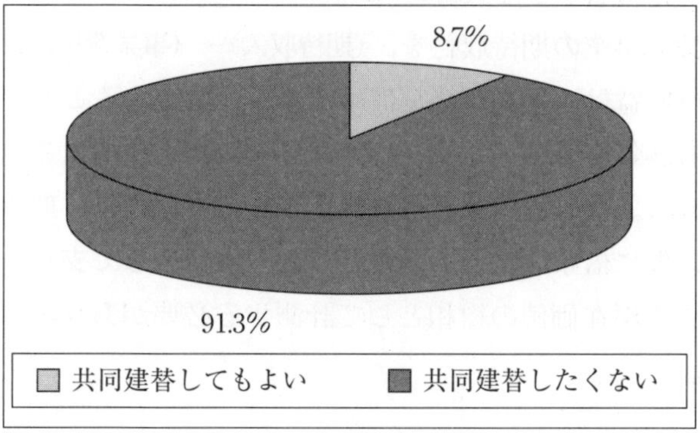

これは，後述する戸建居住ニーズへの適応性など，建築上の制約を考慮してもなお個別建替えが有利な場合も少なくないことに加えて，複数の主体による事業である共同建替えには，個別建替えでは低額な権利調整費用という取引費用が高額化することも一因と考えられる。すなわち，従来密集地区での建替えの隘路としては，① 道路・敷地条件の悪さによる建築制約，② 地権者の経営意欲・ノウハウ，資金力の問題，③ 借家人対策が指摘されてきた（市街地住宅研究会（1992）67―69頁参照）が，ここでは道路拡幅を伴う敷地集約型の共同建替えを想定しているため①自体は該当せず，②の多くや③については，個別建替え・共同建替えで共通の問題である。結局，個別建替えに比較した共同建替え固有の隘路は，適切なプランや建替え後の管理計画の提示等を含めた合意形成に至るまでの権利調整の問題に帰着する。

このような取引費用は，共同建替えに関する制度やその運用の改善によって低減できる可能性がある。

(2)　地権者による建替え行動のモデル化

地権者は，事業方式別（個別建替えか共同建替えか），実施時期別建替え事業の期待収益を比較検討し，方式及び実施時期を決定する。現時点での事業の期待収益よりも将来時点での期待収益のほうが高ければ，当面現状の建物利用を継続する。現時点で共同建替えに着手する期待収益が，現時点での個別建替え並びに将来の全時点での個別建替え及び共同建替えの期待収益を上回る場合のみ，直ちに共同建替えに着手する（図5－18）。

ここで，建替え事業の期待収益を，（期待収入）－（事業費用）と定義する。建替え事業の期待収益は，建物が経営借家であると仮定することにより，将来に亘って得られる各年度毎の利益（＝家賃収入－経年支出）に関する現在価値の総和として計測される。なお，持家居住が想定される場合には，期待利益は，市場家賃に換えて，仮に借家居住しているとしたら家賃として支払っても良いと考える金額に関する現在価値の総和として計測する必要があり，この点を配慮する必要がある。

図5－18　地権者による建替え期待収益の比較検討

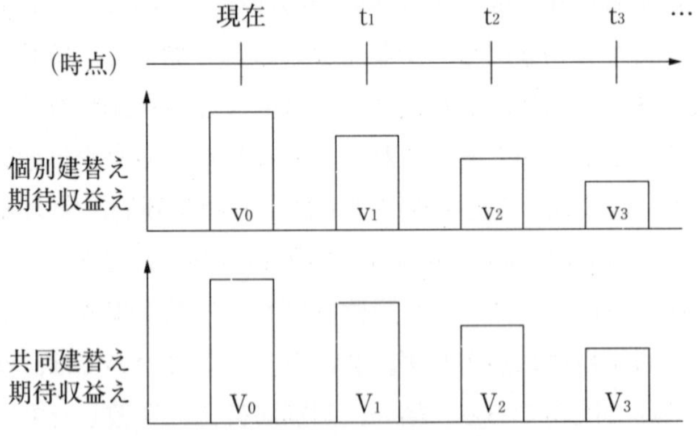

$V_0 > v_i$（$i = 0,1,2,\cdots$）かつ$V_0 > V_j$（$j = 1,2,\cdots$）の時にのみ，
他権者は現時点で共同建替え事業への着手を選択する。

一方，建替えの事業費用としては，設計・建築費用，整地・建物除却費用及び補償費用等建替えの物理的費用に加えて，権利調整費用が発生する（**表5－6**）。

共同建替えの場合，権利調整費用として調整作業費用及び合意形成費用が発生する。調整作業費用とは，権利調整主体が地権者や借家人の疑問点に回答するために必要となる作業・交渉等に関する費用で，コンサルタントへの調査委託費用及び事業実現が将来に先送りされて期待収益が低下する時間費用として測定することができる。合意形成費用とは，地権者が事業計画に納得し合意するまでに要する時間費用に，地権者間での交渉に関する地権者の心理費用を加えたものである。

一方の個別建替えの場合には，権利調整費用のうち，地権者自らが「権利調整主体」となって行う借家人交渉の費用のみが発生する。

調整作業費用，合意形成費用とも，(a)事業の基本指標(事業面積，地権者数，借

表5－6　建替え事業の費用と計測指標

<table>
<tr><th colspan="3" rowspan="2">項　　　　　目</th><th colspan="2">費用発生の有無</th><th rowspan="2">計 測 指 標</th></tr>
<tr><th>個別建替</th><th>共同建替</th></tr>
<tr><td rowspan="3">物理的費用</td><td colspan="2">設計・建築費用</td><td>○</td><td>○</td><td rowspan="3">実際に発生した費用</td></tr>
<tr><td colspan="2">整地・建物除却費用</td><td>○</td><td>○</td></tr>
<tr><td colspan="2">補償費用（借家人への立退料を含む）</td><td>○</td><td>○</td></tr>
<tr><td rowspan="3">権利調整費用</td><td>調整作業費用</td><td>権利調整主体が，地権者や借家人の疑問点に回答するために要する下記作業費用
①行政担当部局等との協議のための資料作成・交渉
②権利者向け資料作成・説明</td><td>△*)</td><td>○</td><td>コンサルタント委託費
＋
時間費用</td></tr>
<tr><td rowspan="2">合意形成費用</td><td>①地権者が事業計画に納得し合意するまでに要する期間
（＝合意形成期間）</td><td>×</td><td>○</td><td>時間費用</td></tr>
<tr><td>②地権者間交渉に係る心理負担</td><td>×</td><td>○</td><td>（測定困難）</td></tr>
</table>

（注）＊）調整作業費用のうち，借家人との交渉作業のみが発生する

家人数)，(b) 共同建替えの期待利益の大きさ，(c) 基盤整備状況に加えて，地権者属性，居住者属性等事業の質的属性に依存する。例えば，建物用途や混在の程度，在地家主と不在家主のシェア，借家人に回転の速い若年世帯が多いのか，居住期間の長期化した高齢世帯等が多いのかなどである。ただし調整作業費用は，権利調整主体による作業の費用であるため，事業の基本指標によって決定される部分が比較的大きいと考えられる。一方の合意形成費用は，心理費用を含み，しかも事業の質的属性に依存して決定される部分も大きく，計測は困難である。また第3節の共同建替えの事例分析結果から，合意形成のため要する期間による権利調整期間の延長分は調整作業期間の1/4程度と相対的に短い。本章では権利調整費用のうち，調整作業費用に着目して施策実施による効果を計測する。

(3)　共同建替えの阻害要因分析

①　個別建替えの優位性

個別建替えと共同建替えの期待収益を相互に比較検討すると，個別建替えには，次に示すような優位性がある。

第1は，低層戸建居住ニーズへの適応性である。例えば，持家居住者にとっては，多少老朽化していても，長年住み慣れた低層戸建住宅にそのまま継続居住していくことの主観的価値が著しく大きいことが考えられる。この場合には，将来時点での個別建替えの期待利益が，現時点での共同建替えの期待利益を上回るため，地権者が共同建替えに合意する蓋然性は低い。

第2は，建替え時期に関して自由な選択が可能な点である。近年建替えた築後年数の短い建物の所有者であれば現存建物を有効利用する将来での建替えの期待収益の方が大きくなる。

第3は，財産処分の容易性である。共同建替えの期待利益が現時点に比較して将来時点で大きく増大すると予想すれば，例えば現時点の土地の有効利用はせいぜい5階建ての共同住宅建設であるが，20年後には12階建てのオフィスビル建設になると予想すれば，20年間は現状の建物利用を継続するか，建築費の低廉な建物に建替え，20年後には取り壊すことを選択すると考えられる。

一方の共同建替えには，前面道路幅員による容積率制限や敷地狭小・不整形による建築制約などが解消されることによる利用可能床面積の増大，空地・通路の整備等設計の自由度増大などの優位性がある。

仮に土地・建物に関する制度が事業の選択に対して中立的に設計されているならば，個別建替えの優位性によって期待収益がより大きい場合に，これらを共同建替えの阻害要因というのは適切ではない。また，共同建替えには外部経済効果として地区の景観・住環境改善や防災性の向上等が存在するが，共同建替えの期待収益に外部経済効果による社会的便益を加えたものが，個別建替えによる期待収益を上回る場合でない限り，特別に共同建替えに誘導することの政策的合理性はない。

②　共同建替えの阻害要因

しかしながら，現行の土地や建物を取り巻く制度には，事業方式の選択に関して中立的ではなく，個別建替えを有利にし，共同建替えを不利にする制度的要因が存在している。このため，密集地区では共同建替えの優位性が個別建替えを仮に上回っていたとしても共同建替えが実現されない場合が存在すると考えられる。このような制度的要因が，共同建替えの阻害要因であると考えることが適切である。

第1に，共同建替えに関する手続規定の未整備や全員合意を事業施行要件とする強制権発動に係る運用の不備などは，共同建替えの取引費用を人為的に増大させている要因である。

共同建替えにおいては，事業計画が公的機関の許認可等によって担保され，かつ，その法的効果が明確にされていない限り，事業実現に向けた明確なシナリオを描くことも，関係権利者の合意形成を図ることも困難である。密集地区の共同建替えに適用しやすいこのような手続規定は存在しない。密集地区における土地区画整理事業に関しては，一つには敷地の集約化を主たる目的とした場合に，「照応」を原則とする区画整理が適用しにくい（特に共同事業賛成者だけの土地集約が困難である）し，二つには密集地区においてすでに道路が整備されている場合に，減歩による公共用地創出を前提とする区画整理の適用は，地権者による合意が得られにくい。また，法定再開発に関しても，①都市計画事業として施行される必要があるため手続が繁雑となる，②高度利用地区又は再開発地区計画の指定が要件とされ，また同時に整備される公共施設も原則として都市計画施設（例えば道路であれば幅員16m以上）であることが要請されるため密集地区の性格には適合しない等の理由により，組合再開発は密集地区の共同建替えに適用しやすい制度であるとは言い難い。

また道路整備にせよ，共同建替えにせよ，全員合意を事業施行の絶対的前提とする限り，実現は困難である。現行の道路整備は任意買収のみに頼るため，買収が進むほど開発利益が生じて買収価格が上昇すること自体が地権者の合意形成を阻害する。共同建替えでも，合意を遅らせる地権者ほど開発利益の手厚い分配を享受しうる蓋然性が高い。共同事業による収益は，共同者による事業がなされて初めて実現するものであるという意味で，他者の意思に依存する。任意の共同事業では，事業の手続自体が法的に不安定であり，実現に関する担保措置もないため，収益の実現に不確実性が存在し，期待収益が低下することとなる。これらは共同建替えの権利調整費用を高額化させ，事業実現を阻害する。

第2に，零細敷地の固定資産税優遇措置，土地に軽課し建物に重課する固定資産税制，相続の度に建替えることを有利とする相続税制，有効利用を助長させない土地キャピタルゲイン税，違法建築の放置など，狭小敷地や耐久性の低い低質建物の保有を有利とする制度の歪みがある。

一方，現行の共同建替え支援施策としては，①密集住宅市街地整備促進事業等における共同施設整備費等補助，②公庫による政策融資（敷地共同化プロジェクトへの割増融資等），③敷地集約化を前提とした容積率ボーナス等が実施されている。これら施策が現に実施されているのも，制度的な要因による歪みの相殺措置として，セカンドベストの施策として合理化されている面があるとも考えられる。しかしながら制度の歪みが存在するなら，これをまず直接解消することが適切である。現に多くの密集地区で，政策担当者が共同建替え誘導の必要性を認識しつつも，個別建替え誘導による防災性の向上，景観の改善，公共空間整備を通じた住環境の改善等に取組まざるを得ないのも，現行制度枠内での現実的対応と考えられる。

あくまで政策論としては，事業方式の選択に対して制度が中立的となるようにこれを設計するとともに，取引費用を人為的に増大させている制度的要因を様々な手続規定の整備や収用制度の改善を通じて解消することが適切と考えられる。本稿で提案する施策の実施は，このような制度的枠組みの改善課題の中で，あくまでも一部を占めるに過ぎない。しかしながら，比較的近い将来での実現が可能な課題として位置づけられるし，特に敷地細分化・基盤未整備な密集地区の対策として重要な検討課題である。

なお密集地区のみならず，都市部の既成市街地一般において，狭小敷地のまま維持し，また低質建物のまま保有することに対する優遇措置の影響は大きい。長期的には，事業方式に関する中立的制度設計も重要な課題と考えられるが，ここでは密集地区固有の施策として，２つの施策の効果分析に焦点を絞っている。

(4)　共同建替えの権利調整費用低減のための施策

①　収用権を背景とする道路網整備

密集地区では，広域幹線道路に囲まれた内部市街地の道路整備が不十分な場合が多く，多くの道路は幅員４ｍまたはそれ未満であるが，それでも概ね数十ｍ程度の間隔で現道（公道）が存在し，2,000m²前後の街区を形成しているのが平均的な姿である。これらの道路の中には，日交通量500台以上に達する比較的交通量の多い道路も存在する。

収用権を背景とする道路網整備とは，(a)地区の利便性が高いため，街区一体での共同建替えによって実効容積率200〜300％の有効利用による土地経営が実現可能な密集地区で，(b)日交通量500台以上の道路について，道路構造令第４種

図５—19　共同建替え誘導を意図した収用権を背景とする道路網整備

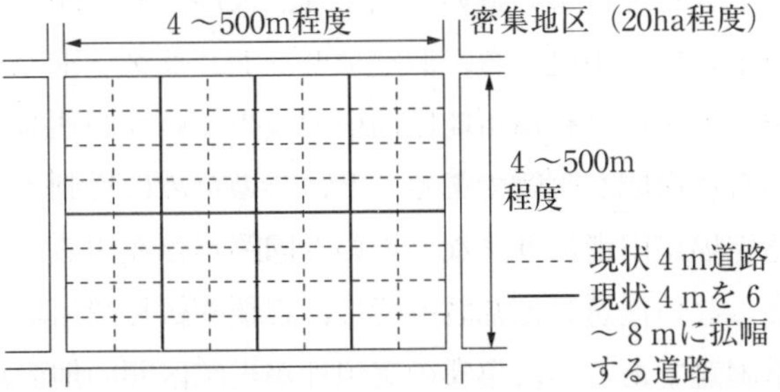

（備考）　道路延長率で25％の道路を拡幅すれば，すべての街区が拡幅道路に面することが可能

第３級道路の基準を満たすよう幅員６～８ｍへと拡幅すれば，(c)地区内の街区のいずれか一辺が幅員６～８ｍの道路に接するような場合（図５－19）において，次の手続で道路整備を進める事業である。

①　地方自治体地域整備担当部局が，道路管理を担う土木担当部局との協議を踏まえて，前述の要件を満たす道路を地区計画又は木賃事業整備計画の計画道路として計画決定する。

②　その沿道で，地域整備担当部局が街区単位での共同建替え誘導を図る。

③　②に併せて，沿道地権者の多数合意（８割程度を目途とする）が得られた段階で，土木担当部局が道路区域変更（道路法第14条）を行うとともに，用地取得・事業計画を策定する。

④　特定行政庁が建築基準法第42条１項４号道路として指定する。

⑤　共同建替え事業の開始とともに，土木担当部局が用地取得及び拡幅工事に着手し，建替え事業の竣工までに道路の供用を開始する。

その効果として，収用交換による資産譲渡に係る5,000万円の特別控除が受けられる(租税特別措置法33条の４第１項１号，第33条の４第３項)。また，道路幅員による容積率制限にも計画幅員が適用される。建築基準法第42条第１項４号の「道路法による新設または変更の事業計画のある道路で，２年以内にその事業が執行される予定のものとして特定行政庁が指定」することが可能となるためである。

従来から密集地区では，主要生活道路の拡幅・整備が取り組まれてきたが，個別にセットバックを求めて任意事業により漸次用地を取得して，一定区間の用地取得後に道路区域への変更等手続を行う手法が一般的であったため，事業が円滑に進捗してきたとは言い難い。例えば，大畑（1997）90頁は，世田谷区太子堂２・３丁目地区での事例から，個別にセットバックを求める道路拡幅は，特に狭小敷地の地権者には利用可能床面積の減少という不利益をもたらすため，地権者全員での合意形成が困難であること，このために税制インセンティブも適用されず道路拡幅が円滑に進まないという回路が存在することを示している。収用権を背景としない任意の拡幅誘導では，容積率緩和や用地売却の税制特例等の適用が通常困難であるし，事業の実現性が当該区間の他の沿道地権者の意向に依存するなど不確実性が高く，合意形成が困難となる。

この施策により，容積率や税制のメリットが地権者に確実に付与され，狭小地権者のデメリットも共同建替え誘導措置を講じることで回避される。すなわち収用権を背景とした道路整備事業に関しては，例えば広幅員の都市計画道路整備のように，用地売却により生活基盤を失い，地区外転出を余儀なくされ，開発利益も受けられない地権者からの合意が得られないという印象があるが，ここで想定している道路事業は，拡幅のための1〜2mのセットバックであり，地区外転出は想定していない。交換分合制度の適用という共同建替えへの誘導措置が併せて講じられることによって，利用可能容積率が増大するというメリットもあるため，これらについての事前説明が十分になされるという前提で，円滑な合意形成が可能と考えられる。共同建替えの権利調整費用削減に寄与すると考えられる。

地区住民にとっても，交通量の多い道路が拡幅整備されれば，騒音や大気汚染等の環境改善に資する。一方，通過交通が増大し，かえって交通事故危険性が高まる場合もあるが，これらは歩道の整備など道路の断面設計による対処が可能である。一方，地方公共団体にとっては，地権者との交渉期間が短縮され，事業進捗速度が高まるというメリットがある反面，用地取得の財政負担が高まるというデメリットもある。ただし，用地取得費は，固定資産税収増として少なくともその一部は回収される。ここで提案する施策は，それぞれの関係者にメリット・デメリットをもたらすが，デメリットに対してはこれを回避する対処策が存在する。このような道路整備に併せて沿道の共同建替えが実現されていくのであれば，建物の耐震・耐火性能の向上のみならず，消防困難箇所の解消等による防災性の向上，建て詰まりの解消による採光，通風等住環境の改善，土地の有効利用による住宅床供給の促進等個別建替えにはない公共性が存在する。一方で，生活基盤を失い，地区外転出を余儀なくされるという用地売却者の存在は想定されず，過度の私権制限を行うものではないことから，地区の利便性が高いため実効容積率200〜300%の有効利用による土地経営が実現可能な密集地区においては，収用権を背景とした事業として推進することの合理性があると考えられる。

②　交換分合制度の導入

①の道路網整備に併せて沿道街区での共同建替えを誘導していくためには，

市街地住宅研究会（1992）153―169頁が提案した交換分合制度導入が有効である。

同書が提案する交換分合制度とは，

(a)　一団の土地の地権者は，敷地を共同化して集合住宅を建設する協定を締結することができる。市町村長の認可により，第三者にも協定の効果が及ぶ。

(b)　協定の締結促進または維持のため，市町村施行または地権者の共同施行（８割の多数合意を前提とする）により土地等の交換分合を行うことができる。すなわち施行者が協定に基づき事業計画を策定して市町村長が認可すれば行政処分による「減歩なき換地」が行われる。地権者が共同で交換分合を施行する場合，５分の４以上の地権者合意に基づく組合設立を行政庁が認可し，組合が策定した交換分合計画に基づき行政庁認可を経て権利処分が行われるという組合施行型区画整理と同様の手続が想定される。

(c)　交換分合においては，所有権の移転に伴い土地の使用又は収益を目的とする権利は移転先の目的物の上に設定されて従前の権利は消滅することとする。また交換に係る税制特例措置を講じる，すなわち所得税法上，土地の譲渡がなかったものと見なす。

という制度である。

同書では，この制度により，例えば図５―20の共同建替え事業が可能になるとする。交換分合を法定再開発と比較すると，従前権利が従後の権利に行政処分によって変換されるという点では同様であるが，事業の中で建物建設が行われない点，公共施設の整備が要請されない点が異なる。密集地区の共同建替えについてこの制度が適用されれば，事業賛成者だけによる土地集約が容易になるとともに，事業実現が担保されることによって，権利調整費用削減に資すると考えられる。

また同書が提案した交換分合制度には，土地区画整理事業と同様，事業に土地の上に建物が存在する場合の建物除却が含まれるため，対象土地上に借家が存在し借家人が居住している場合も，曳家をする場合を除き，借家権は建物とともに消滅する。

任意の共同建替えでは借家人との合意解約が必要となり，最終的に立退拒絶が可能な借家人に対する立退交渉は難航する。これに対して交換分合では，任

図5―20　交換分合制度を活用した共同建替え事業

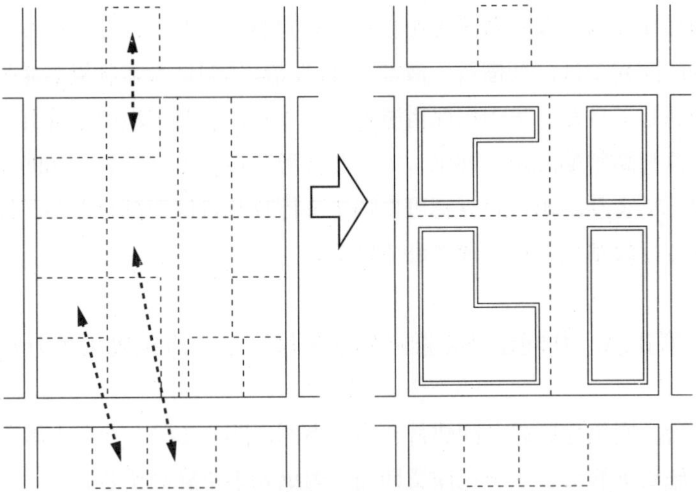

ア）街区単位での共同建替事業に関する熟度が高まった段階で，共同事業賛成者による土地集約のため，交換分合を行う。その際，共同事業非賛成者は，地区内の他街区の共同建替賛成者と土地の交換を行う。
イ）街区内地権者全員により，共同住宅建設のための協定を締結し，市町村の認可を受ける。
ウ）土地の交換分合を行う
エ）協定に基づき地権者共同で住宅を建設する。

（備考）　市街地住宅研究会（1992）より作成

意の立退交渉から開始され，仮入居先提供，低家賃での戻入居等条件が示されるのが通例で，借家人は最終的には立退要請を受けざるを得ないこともあり，増大する期待収益の一部再分配を想定すれば，借家人との交渉についても，任意合意が早期に成立しやすくなると考えられる。

なお法定再開発でも，建替え後の建物に借家権が移り，借家人は最終的には立退きを拒否できないため，任意事業に比較すれば借家人との権利調整は円滑化されるはずと考えられる。ところが，法定再開発においても借家人への交渉が円滑に進まない場合もある。また地権者の3分の2の同意で事業が進むはずの組合再開発でも，事実上全員同意が必要とされるのが実態である。その理由は，都市再開発法においては組合設立及び権利変換に関する認可について，行政庁に広範な裁量があり，認可しない自由裁量が与えられてきたために，政治的対立者を作りたくない末端行政庁ほど，少数でも反対者がいる場合には強制権を発動しない，すなわち認可をしない傾向があったためと考えられる。このため組合再開発では，地権者や借家人は，「最終的」にも強制権が発動されないことを予想してきた。実現担保措置もなくなり，収益実現の不確実性が増大したため，権利調整期間が長期化してきたと考えられる。なお，1999年の都市再開発法改正により，組合設立認可に関する行政裁量は消滅したが，権利変換認可に関する行政裁量は依然残されている。

第3節　共同建替え推進施策実施による政策効果の分析

本節では，密集地区の共同建替え実現事例に関するアンケート等調査結果を分析し，施策実施による上記作業期間の短縮効果を計測する。

(1)　調整作業の内容及び作業期間の実態調査

①　調整作業の内容に関するアンケート調査

共同建替えの実現事例について実際に発生した調整作業内容を明らかにするため，東京大都市圏の密集地区で共同建替えの権利調整を手掛けた権利調整主体を対象としてアンケート調査を実施した（表5－7）。

18団体から回答を得た共同建替え事例は計25事例（以下「25事例」という。）である。事業期間は平均86ヵ月，委託費は年平均740万円に達する（表5－8）。

表5－7　権利調整主体アンケート調査(1)・実施要領

1．調査時期……1995年5月
2．調査対象……東京圏密集地区で共同建替事業を手掛けたコンサルタント及び地方自治体18団体
3．質問項目…各団体が手掛けた共同建替事例に関する下記項目
　1）地区属性・事業属性（面積，地権者数，借家人世帯数等）
　2）権利調整，設計及び建設工事それぞれに要した期間
　3）権利調整プロセスにおいて地主から提示された共同建替事業に関する疑問点
　4）3)に対応するため必要となった作業項目

表5－8　共同建替え事例における事業期間，事業面積等（平均）

権利調整期間	詳細設計期間	建設工事期間	事業期間計
69ヵ月	8ヵ月	9ヵ月	86ヵ月
委託費	事業面積	地権者数	借家世帯数
年間740万円	3,670 m^2	16.4人	51.3世帯

表5－9　地権者から提示された疑問点（対応のため作業を要したもの）

1．共同建替えの必要性について
1）何故，共同建替えが必要なのか？
2）どのような街並みが実現されるのか？
3）住環境（日照，通風，採光等）が悪化するのではないか？

2．事業収支について
1）建替え事業の事業収支は？
2）再築後のアパートの家賃収入は確保できるのか？
3）銀行からの資金調達はできるのか？
4）土地を処分する必要があるのか？

3．道路拡幅事業について
1）何故，道路拡幅が必要なのか？
2）本当に道路拡幅できるのか？
3）用地売却への抵抗は大きいのではないか？
4）道路拡幅にあわせてセットバックしても容積率メリットはないのではないか？
5）用地売却の譲渡所得税はどうなるか？

4．交換分合や等価交換に関する税制について
1）敷地の整序のため土地の交換を行う場合の税金はどうか？
2）等価交換方式（土地を処分して建築費を賄う）の場合，税金はどうなるのか？

5．全員合意事業の実現可能性について
1）全員合意が可能か？
2）最後まで反対する人がいて事業は実現できないのでは？
3）ゴネ得の余地はないのか？

6．借家人対策について
1）借家人に立ち退いてもらうことは可能か？
2）借家人への立退料はどうなるのか？
3）戻り入居の場合の家賃はどうなるか？
4）戻り入居の場合の一時住まいはどうなるのか？だれが費用負担するのか？

表5―10　地権者対応等のため必要となった作業・交渉等内容(1)

分類		作業・交渉内容
1．共同建替の必要性	A．将来プラン	①　地区の土地・建物に関する現地調査を行う。 ②　地権者の建替え・借家経営に関する意向調査を行う。 ③　複数の共同建替えプランを作成する。 ④　自治体地域整備部局と事業に係る事前協議を行う。 ⑤　自治体建築部局と建築確認の事前協議を行う。 ⑥　③のプランを地権者に提示し，個別交渉を行い，修正作業を行う。
	B．住環境	①　建替えプランに係るパース，模型等を作成する。 ②　プランに基づき，日照・通風等住環境改善に係る説明資料を作成する。 ③　共同建替え事業の必要性を地権者に説明する。
2．事業収支について	C．収入	①　周辺家賃相場等を実態調査する。 ②　期待家賃収入について説明資料を作成する。 ③　地権者に対して期待収入について説明する。
	D．事業費用	①　建築工事費等について市場調査する。 ②　計画策定，設計，建物建築・除却・補償等に係る建設省等補助事業について調査する。 ③　補助適用について自治体地域整備部局と協議する。 ④　事業費の説明資料を作成する。 ⑤　地権者に対し事業費用について説明する。
	E．資金調達	①　自治体や公庫の融資制度，民間ローンを調査する。 ②　自己資金調達型事業計画に係る資料を作成する。 ③　住都公団等の共同事業方式，等価交換方式など様々な事業手法について調査する。 ④　共同事業方式の事業計画に係る資料を作成する。 ⑤　地権者に対して資金調達について説明する。
3．道路拡幅事業について	F．道路幅員容積率制限緩和	①権利調整主体が，任意事業の個別・片側セットバックでの道路幅員容積率制限の緩和事例を調査する。 ②　①に係る資料を作成する。 ③　用地売却につき個別地権者の意向調査を行う。 ④　自治体地域整備部局・建築部局・土木部局と協議し用地売却による道路拡幅に多数の地権者が合意し短期間での用地買収・道路整備が可能であることを説明，計画幅員による容積率制限緩和の内諾を得る。 ⑤　地権者に対して道路拡幅にともなう容積率制限の緩和について説明資料を作成する。 ⑥　地権者に対して容積率制限緩和の可能性について説明し，用地売却の合意を得る。
	G．用地売却の税制	①　権利調整主体が，任意事業での道路拡幅用地売却に際して，5,000万円控除を受けられた事例を調査する。 ②　①に係る説明資料を作成する。 ③　自治体土木部局及び税務署との協議を行い，用地売却にすべての地主が合意し，短期間での用地買収・道路整備が可能であることを説明し，譲渡所得税5,000万円控除についての内諾を得る。 ④　③について資料作成し，地権者に対して説明する。

表５―11　地権者対応等のため必要となった作業・交渉等内容(2)

分類		作業・交渉内容
４．交換分合や等価交換の税制	H．土地の交換	①　権利調整主体が，任意再開発事業における三者交換等に関して土地の交換に対する税制特例が認められた事例を調査し，資料を作成する。 ②　自治体地域整備部局とともに税務署との協議を行い三者交換等に対する税制特例適用の内諾を得る。 ③　②について資料作成し，地権者に対して説明する。
	I．土地建物の交換	①　権利調整主体が，デベロッパー参画型の任意の再開発事業等に関して，土地と建物の等価交換に係る税制特例が適用された事例を調査し，資料を作成する。 ②　自治体地域整備部局とともに税務署との協議を行い事業の公共性等に関して資料を説明し，デベロッパー参画型の任意再開発事業における土地と建物の交換に対する税制特例適用の内諾を得る。 ③　②について資料作成し，地主に対して説明する。
５．全員合意実現	J．建替	○　交換に関する税制上の特例措置や借家人対策の円滑化によって，再開発に消極的だった地権者の合意も可能であることを資料作成のうえ地権者に説明する。
	K．拡幅	○　用地売却の税控除や前面道路幅員による容積率制限の緩和により，道路拡幅に消極的だった地権者も合意可能であることを資料作成のうえ地権者に説明する。
６．借家人対策	L．借家人対策	①　借家人の居住継続等に係る意向調査を実施する。 ②　個別家主及び借家人毎に，立退料，戻り入居を前提とした場合の家賃設定，建築工事期間中の一時入居先及びその費用負担について個別交渉を行う。 ③　借家権の処分に係る事業計画を策定する。 ④　③を家主及び借家人に対して説明し，事業計画の修正を行いつつ，地主及び借家人全員の合意を得る。

権利調整プロセスにおいて作業を要する対応が必要となった地権者からの疑問点を要約すると**表５―９**が得られる。すなわち地権者からは，①共同建替えの必要性，②事業収支，③道路拡幅事業，④交換分合や等価交換に関する税制，⑤全員合意事業の実現可能性，⑥借家人対策の６項目に集約される疑問点が提示された。

この6項目に対応するため必要となった作業・交渉内容に関する回答結果すべてを集約すると**表5—10**，**表5—11**が得られる。

②　調整作業期間に関するアンケート調査

次いで，**表5—10**，**表5—11**の作業・交渉項目に要した作業期間についての実態を探るため，同じく18団体・25事例を対象としたアンケート調査を再度実施した（**表5—12**）。

回答結果から，25の共同建替え事例では調整作業期間として平均56ヵ月を要していたことが推計される（**表5—13**）。また**表5—8**で権利調整期間として69ヵ月を要していたのは，これに合意形成期間の存在による期間延長分13ヵ月が加わったためと考えられる。

⑵　施策が実施されていた場合の調整作業期間

①　聞き取り調査実施要領

さらにアンケート調査対象18団体に対して，25事例の権利調整に際し，収用権を背景とした道路網整備及び交換分合制度の導入という2つの調整作業費用低減施策が実施されていたら削減され得た作業項目及び調整作業期間を明らかにするため，聞き取り調査を実施した（**表5—14**）。具体的手順を**表5—15**に示す。

②　施策の導入・実施による調整作業期間短縮効果

聞き取り調査の結果を踏まえて，調整作業が削減される根拠をまとめたのが**表5—16**である。また，仮に施策が導入されていたら削減され得た所要期間と，短縮後の調整作業期間をまとめたのが**表5—17**である。

25事例に関しては，事業時点で2つの施策が実施されていたら，調整作業期間は56ヵ月から30ヵ月へと26ヵ月短縮され，施策の実施が合意形成期間に影響を与えないとすれば，権利調整期間は43ヵ月で，詳細設計 8ヵ月，建設工事9ヵ月を加えた事業期間は合計60ヵ月に短縮されていたと推計される。

このような施策導入・実施による作業期間短縮効果のうち，①道路の部分拡幅による容積率緩和の確定性，②道路用地売却に関する5,000万円控除の確定性，③土地建物の交換分合に関する税制特例適用の確定性による効果については，実際に実施された作業であって，かつ，施策導入によって削減可能な作業

表 5 —12　権利調整主体アンケート調査(2)・実施要領

1．調査時期……1995 年 7 月
2．調査対象……東京圏密集地区で共同建替事業を手掛けたコンサルタント及び地方自治体計 18 団体・25 事例
3．質問項目…各団体が手掛けた共同建替事例に関する下記項目
　(a)　**表 5 —10**の12分類・計44の作業・交渉項目のうち，実際に実施した作業項目
　(b)　**表 5 —10**の12分類の作業・交渉に要した期間

表 5 —13　表 5 —10，表 5 —11の作業項目に係る実作業期間（平均値）

作　業　項　目		作業期間(月)
1．共同建替について	A．将来プラン	3.4
	B．住環境等	1.6
2．事業収支について	C．事業収入	3.8
	D．事業費用	2.9
	E．資金調達	3.7
3．道路拡幅事業について	F．道路幅員容積率制限の緩和	5.8
	G．用地売却に際しての税制	7.0
4．交換分合等の税制について	H．土地の交換	7.3
	I．土地と建物の交換	3.3
5．全員合意事業実現	J．共同建替え	3.4
	K．道路拡幅	3.6
6．借家人対策	L．借家人対策	10.1
調整作業期間合計		55.8

であるため，その信頼性は比較的高い。ただし，これらについては，事業事例に関する情報の普及・蓄積によって作業期間が短縮される可能性がある。このため，後述の豊島地区におけるケーススタディでは，現状での作業期間を過大評価し，政策効果が過大評価されている可能性はある。しかしながら，建替え事例の多くについては，これら特例措置が受けられた事業に関する知識を前提としたうえでの作業期間が回答されているため，その効果の一部は重回帰式の

表5—14　権利調整主体聞き取り調査・実施要領

1．調査時期……1995年8月 2．調査対象……東京圏密集地区で共同建替事業を手掛けたコンサルタント及び地方自治体計18団体・25事例

表5—15　聞き取り調査の具体的手順

1．聞き取り対象者から，2回のアンケートによって得られた共同建替事例に関する調整作業の内容及び所要期間に関する実回答結果について，具体的作業内容に係る追加説明を受けた。 2．聞き取り対象者に対して，収用権を背景とした道路網整備道及び交換分合制度導入という新たな施策のスキームに加えて，施策の実施により期待される調整作業期間短縮効果につき説明した。 3．2で整理した細分化された調整作業項目のうち，仮に事業実施時に施策が実施されていたとしたら削減することが可能であった項目を，聞き取り対象者と協議しながら摘出した。 4．3で摘出した個々の項目毎に，施策スキームに照らし合わせ，作業削減が可能か否かを検証した。 5．削減可能と判断された項目について，聞き取り対象者から，実際に要した作業期間について回答を得た。 6．5の回答を積算して，事業実施時に仮に施策が実施されていたとしたら削減されたであろう調整作業期間を算出した。 7．これを実際に要した調整作業期間から控除することにより，施策が実施されていた場合の作業期間を求めた。

中にも折り込み済みであり，政策効果の過大評価の程度はそれほど大きくないと考えられる。一方，④ 8割合意による事業の実施や，⑤ 収益増大を前提とした借家人対策による資料作成のための調整作業期間短縮効果についてはあくまで想定であって，その精度は高くないという限界はある。作業が短縮されるという回答数も①，②及び③に比較して少ないし，推定平均値の標準誤差も大きい。しかしながら，統計的には少なくとも作業期間を短縮させることはいえる。結論的には，作業期間短縮効果の2/3を占める①，②及び③の効果については過大評価になっているというバイアスはあるものの比較的信頼性は高く，作業期間短縮効果の1/3を占める④，⑤については数字自体の精度に限界はあるが，一

表5―16　調整作業削減の根拠

		調整作業期間短縮の理由
3．道路拡幅事業について	F．道路幅員容積率制限緩和	収用権を背景として2年以内に確実な整備が見込まれる道路事業として位置付けられることにより，計画幅員による容積率緩和が保証されるため，作業が削減される。
	G．用地売却に際しての税制	収用権を背景とした道路事業として位置付けることで，用地売却に際して5,000万円の譲渡所得課税控除が保証されるため，作業が削減される。
4．交換分合に関する税制	H．土地の交換	交換分合制度により，土地の交換の税制特例が直ちに適用可能となるため，事例調査や事前協議のための作業が削減される。
5．全員合意事業実現	J．共同建替	交換分合制度の適用により，共同建替賛成者による土地の集約が可能となるほか，協定の締結・認可により，事業実現が担保されるため作業が削減される。
	K．道路拡幅	収用権を背景とした道路事業として位置付けることで，事業実現が担保されるため，作業が削減される。
6．借家人対策	L．借家人対策	道路事業及び交換分合制度の適用により，税制特例が保証されるため，建替事業の収益が改善され，一部の利益を借家人に分配することで，借家人との交渉が円滑に進み，交渉期間が短縮する。このため，立退料や一時移転先の費用負担の問題を含む借家人対策についての地主向け説明資料を作成する作業期間が短縮する。

定の効果は確実に発生すると考えられる。

なお，**表5―17**の標準誤差とは，母集団の未知の平均に関する推定値の標本分布に関する標準偏差であって，n個の観測標本値をx_1，……x_nとし，標本平均値をx_eとするとき，母集団における未知の分散σ^2の推定値s^2は，$s^2=\Sigma(x_i-x_e)^2/(n-1)$であり，$x_e$の標準誤差は，$s/\sqrt{n}$で与えられる。

⑶　個別建替えと共同建替えの収益性の比較（単純な場合）

個別建替えが行われた場合の市街地像として第1節⑵で提示したケースBを，共同建替えが行われた場合の市街地像として同じくケースC―1を想定し，(a)街区内計25名の地権者各々の敷地面積及び現存建物並びに新築建物の延床面積

表5－17　施策の実施による調整作業期間短縮効果

作業項目		調整作業期間（単位：月）				
		実際に要した作業期間	施策による期間短縮			施策実施による所要期間
			回答	平均	標準誤差*)	
1．共同建替について	A．将来プラン	3.4	—	—	—	3.4
	B．住環境等	1.6	—	—	—	1.6
2．事業収支について	C．事業収入	3.8	—	—	—	3.8
	D．事業費用	2.9	—	—	—	2.9
	E．資金調達	3.7	16	0.84	0.15	2.8
3．道路拡幅事業について	F．道路幅員容積率制限緩和	5.8	23	4.64	0.79	1.2
	G．用地売却に際しての税制	7.0	23	5.84	0.50	1.2
4．交換分合等の税制	H．土地の交換	7.3	25	6.04	0.35	1.2
	I．等価交換	3.3	—	—	—	3.3
5．全員合意事業実現	J．共同建替	3.4	15	1.68	0.35	1.7
	K．道路拡幅	3.6	16	1.76	0.33	1.9
6．借家対策	L．借家人対策	10.1	22	4.72	0.50	5.4
調整作業期間		55.8				30.3

はすべて同一である，(b)現存建物による借家経営を無視して直ちに建物を取り壊す，(b)建替え事業の事業期間もゼロで，権利調整費用も発生しないことを仮定した単純なケースについて，**表5－19**の借家経営条件の下で，50年間に亘って新築建物で借家経営を行った場合の地権者ひとり当たり個別建替えの期待収益P及び共同建替えの期待収益Wを算出した。50年間に亘る借家経営の各期利益（現在価値換算後）を示したのが**表5－18**である(3)。

共同建替えによる各期毎の利益（＝家賃収入－長期借入金返済額－経常経費）は，個別建替えの約1.5倍に達しており，現在価値の総和Wも4,102万円で，個別建替えPの2,817万円を大きく上回る。

なお，毎月の利益を1万円/m²とした駐車場経営を50年継続する期待収益は

表5－18　個別建替え及び共同建替えの各期利益

(単位：万円)

時　期	個別建替	共同建替	時　期	個別建替	共同建替	時　期	個別建替	共同建替
1年目	45	57	18年目	12	23	35年目	73	103
2年目	52	81	19年目	9	20	36年目	70	99
3年目	49	77	20年目	7	17	37年目	67	95
4年目	46	73	21年目	127	178	38年目	64	91
5年目	43	69	22年目	122	171	39年目	61	87
6年目	34	56	23年目	118	165	40年目	59	83
7年目	32	53	24年目	113	159	41年目	56	80
8年目	31	51	25年目	109	153	42年目	54	76
9年目	29	49	26年目	105	147	43年目	52	73
10年目	28	46	27年目	101	141	44年目	49	70
11年目	26	44	28年目	97	136	45年目	47	67
12年目	25	42	29年目	93	131	46年目	45	64
13年目	23	40	30年目	89	126	47年目	43	61
14年目	22	38	31年目	86	121	48年目	41	58
15年目	19	34	32年目	82	116	49年目	39	56
16年目	16	30	33年目	79	112	50年目	37	53
17年目	14	27	34年目	76	107	合　計	2,817	4,102

2,324万円で，個別建替えを下回る。

⑷　建替え時期及び権利調整費用についての想定

実際には，地権者は現存建物で借家経営を行っており，築後年数が短い場合にはその借入金返済が必要な一方で，継続経営による利益も得られる。個別建替えでは，地権者は最も有利な建替え時期を選択することができる。また建替えに際しては権利調整費用が発生する。これらの点を踏まえ，個別建替え及び共同建替えの期待収益を，以下の想定を加えて計測する。

①　共同建替えの調整作業期間は，25事例について，調整作業期間(現行の**表5－13**及び施策実施時の**表5－17**)を被説明変数，事業面積，地権者数及び借家人数を説明変数とする重回帰式を推計し，当該街区の属性を代入することで算出する。

また，建替え事例調査では，合意形成期間を明示的に調査しておらず，実際には調整作業期間と重複している時期も存在していると考えられるため，

表５―19　建替えの期待収益計算のための借家経営の前提条件

項目				金額等
経営条件	事業面積（１地権者当たり）			108.60m^2
	敷地面積		現状 個別建替え 挙動建替え	96.00m^2 88.20m^2 83.00m^2
	延床面積 (Net)		現状 個別建替え 共同建替え	99.56m^2 111.44m^2 151.16m^2
	地価			1,000千円/m^2
	初期家賃			2.5千円/m^2・月[1]
	家賃低減率[2]		現存住宅 新築住宅	１―４％×経過年数 １―１％×経過年数
	空室率			10.0％
	減価償却		建物償却期間 設備償却期間	47年 15年
	現在価値割引率			2.3％[3]
初期投資	建替資金調達		民間借入利率 返済方法	4.45％[4] 元利均等20年返済
	工事費単価	現存建物建築費[5]		159千円/m^2
		新築建物	建物建築費[5] 設備建築費[5] 全体建築費 設計費 除却費[6] 整地費[6] コンサル委託費	140千円/m^2 60千円/m^2 200千円/m^2 （建築費×10％） ６千円/事業面積［m^2］ ２千円/事業面積［m^2］ 7,740千円/年
	不動産取得税		課税標準 税率 住宅特別控除	（建物建築費×70％） ３％ 12,000千円/戸
	登録免許税		課税標準 税率	（建物建築費×70％） 0.6％
経年経費	土地保有税		課税標準 固定資産税率 都市計画税率	（地価×70％） 1.4％ 0.3％
	建物保有税		課税標準 都市資産税率 都市計画税率	（当初建築費の70％以降各年 の減価償却後残存価格 1.4％ 0.3％）
	維持修繕費			（建物建築費×0.5％）
	保険料			（建物建築費×0.2％）

（注）１）1999年７月時点の住宅情報誌周辺相場から設定
２）ここでの経営収支計算は名目価額でなく実質価額を想定しており，公営住宅家賃の家賃低減率から設定
３）1999年７月時点の長期プライムレートから設定
４）1999年７月時点の都市銀行の住宅ローンから設定
５）現存建物は建築着工統計（1999年）による木造住宅建築費から，新築建物はRC造住宅建築費から設定
６）国土交通省補助事業制度要綱に基づく単価により設定

（権利調整期間）＝（調整作業期間）
＋（合意形成期間による権利調整期間の延長分）

として権利調整期間を求めることとし，右辺の第二項を，25事例の平均値である10ヵ月とする。

ここでの道路整備事業では，地区計画を策定し，拡幅道路を地区施設として定めるとともに，その沿道街区に関して共同建替え誘導を通じた整備の方針を定め，自治体の地域整備担当部局及び土木部局では，沿道街区の地権者に対して道路拡幅と共同建替えに関する働きかけを行い，熟度の高まった地区から，順次，道路拡幅の事業計画策定に着手することを想定している。すなわち共同建替えの働きかけに併せて道路拡幅の用地取得交渉を行い，共同建替えと用地売却の合意形成までに当該区間の道路拡幅に関する事業計画を策定しようとする。この事業計画策定に係る行政手続きが終了しないと，権利調整期間が終了しない。このような事業の事例として，豊島区東池袋4・5丁目地区があり，一定区間の道路整備に係る事業計画策定の手続として3年近くを要した。他に参考とするデータも得られないことから，ここではその期間を36ヵ月と想定する。一方，権利調整期間後に一団の土地の地権者が共同建替え事業に着手した街区に対しては，道路整備の事業計画が策定後であれば，建物除去に着手してから竣工に至るまでの建替え事業期間中に，路線認定，区域変更の手続きを経て，地下埋設・路面工事を完了させ，道路の供用を開始することが可能となる。以上から，権利調整期間が36ヵ月を下回る場合は，道路事業計画策定の手続期間を考慮して36ヵ月とし，これに建替え実現25事例の平均値である詳細設計期間8ヵ月及び建設工事期間9ヵ月を加えたものを共同建替えの事業期間とする。

さらにコンサルタント年間委託費は，25事例の年間委託費を被説明変数，事業面積を説明変数とする単回帰式を推計し，当該街区の事業面積を代入することで算出し，これに権利調整期間を乗じて総委託費を算出する。

②　個別建替えの借家人交渉も，コンサルタント委託により行うことを想定する。具体的には，①で推計した共同建替えの調整作業期間から，借家人数固有の影響分のみを抽出して交渉期間を算出し，これに年間委託費を乗じて総委託費を算出する。事業期間は，交渉期間に，平均建設事業期間として6ヵ月を加えた値と仮定する。

個別建替えの場合，借家人への立退料だけを考慮すれば，建物が朽廃し当然に正当事由を構成するまで建物経営を継続したうえで，立退料ゼロで明渡を受けるという選択も考えられる。しかしながら，借家経営全体から判断すれば，所与の借家人交渉費用及び立退料の下で，期待収益を最大化する建替え時期を選択することが合理的であり，このような行動を想定する。また立退料は，判例や和解による事例からも金額について法則性を見い出すことは困難なため，建築後年数に拘わらず，また個別建替えか共同建替えかを問わず，一定とする。これを踏まえ，借家人立退料は個別建替え，共同建替えともに費用から捨象したうえで期待収益を算出する。

③　地権者ｉ（ｉ＝１，…，25）の現存建物は（26－ｉ）年前に建築されたと仮定して算出する。

⑸　調整作業期間短縮効果の推計

①　調整作業期間・コンサルタント委託費予測式推計

25事例から推計した調整作業期間予測式及びコンサルタント委託費予測式を**表５—20**に示す。

関数型としては，線形モデルと対数線型モデルについて推計を行い，説明力の高い推計式を採用した。また調整作業費用予測式の推計に際しては，事業地

表５—20　予測式のパラメータ推計結果

予　測　式	調整作業期間予測式				コンサルタント委託費予測式	
被説明変数	LN(調整作業期間[月])				LN(年間委託費[万円])	
	現行ケース		施策実施ケース			
説明変数	偏回帰係数	ｔ値	偏回帰係数	ｔ値	偏回帰係数	ｔ値
定数項([月])	1.1710	3.090	0.6378	1.595	2.8746	6.471
LN(面積[m^2])	0.2328	4.384	0.2141	3.821	0.4617	8.162
LN(地権者数)	0.3016	3.734	0.2295	2.692		
LN(借家人数)	0.0409	1.579	0.0994	3.640		
自由度調整済決定係数			0.7224	0.7372	0.6792	

区の質的属性を説明変数として採用することによって説明力の向上が図られ得ると考えられる。しかしながら，権利調整主体アンケート調査結果では，これらについてデータが入手できなかった建替え事例が少なからずあったため，これらを説明変数として採用すると，サンプル数が減少し，有意な予測式を推計することができないという問題が生じた。このため権利調整期間予測式では，説明変数として事業面積，地権者数，借家人数の3変数を採用することとした。

決定係数は0.7前後で，説明変数のt値は概ね有意な値となっている。説明変数相互間の相関係数はいずれも0.5以下であり，多重共線性の問題は生じていない。また調整作業期間予測式の決定係数が0.7程度に留まっており，事業面積，地権者数及び借家人数という3つの変数によっては権利調整期間に関する地区別変動のうち約70％しか説明されない。残りの30％については，事業地区の質的属性等の要因によって規定されていると考えられ，この推計式には説明力の点でこのような限界がある。

②　施策実施による調整作業期間短縮効果

表5—20の予測式に，当該街区の属性を代入すると，共同建替えの調整作業期間は，現行では62ヵ月，施策が実施された場合は29ヵ月と，またコンサルタント年間委託費は677万円と推計される。これより当該街区の共同建替えでは，施策の実施により，事業期間が92ヵ月から59ヵ月へと33ヵ月短縮され，コンサルタント委託費用も総額1,861万円が削減されると見られる。また借家人数の係数を仮にゼロとすると，現行での調整作業期間は56ヵ月と推計されることから，個別建替えの交渉期間は6（＝62−56）ヵ月と推計され，事業期間は12ヵ月となる（**表5—21**）。

表5—21　個別建替え及び共同建替えの事業期間及びコンサルタント委託費

					コンサルタント委託費		
		調整作業期間（カ月）	権利調整期間（カ月）	事業期間（カ月）	年間（万円）	総額（万円）	地権者平均（万円）
個別建替え		6	6	12	677	338	14
共同建替	現行	62	75	92	677	4,230	169
	施策	29	42	59	677	2,369	95

⑹　共同建替え期待収益改善効果の推計

①　建替え時期を考慮した個別建替えの期待収益

現存建物を（26－ｉ）年前に建設した地権者ｉ（ｉ＝７，…，25）は，今後（ｉ－６）年間に亘って借入金返済が必要である。その現在価値の総和をDiとする。地権者ｉがｋ年目に建替える場合，なお（ｋ－１）年間は現存建物の借家経営が可能であり，その借家経営による利益(借入金返済を除く)の現在価値をB_{ik}とする。地権者ｉがｋ年目に個別建替えを行う事業の価値P_{ik}は，その実現が将来に先送りされることを考慮すると，下式より算出される。

$$P_{ik} = P/(1+r)^{k-1+n} - D_i + B_{ik}$$

ただし，Ｐ：借家人交渉費用を含む個別建替え事業の価値
ｒ：現在価値割引率
ｎ：事業期間

地権者毎に，最も有利な個別建替えの時期と，それによる個別建替えの期待収益を示したのが**表５—22**である。

②　権利調整費用を考慮した共同建替えの期待収益

共同建替えの場合は，現時点で直ちに権利調整作業に着手しても，竣工・経営開始までに権利調整及び建設事業期間を要し，この間の時間費用とコンサルタント委託費用が発生する。また個別建替え事業の場合と同様に，多くの地権者に現存建物の借入金返済債務が存在する。このため，地権者ｉにとっての共同建替え事業の価値Wiは，下式により算出される。

$$W_i = W/(1+r)^n - D_i$$

ただし，Ｗ　：コンサルタント委託費を含む共同建替事業の価値
ｒ　：現在価値割引率
ｎ　：事業期間
D_i　：地権者ｉの借入金返済の現在価値

③　施策の実施による共同建替えの期待収益改善効果

以上を踏まえて個別建替えにおける地権者の建替え時期の相違，共同建替えにおける権利調整費用の存在を考慮し，期待収益を期待したのが**図５—21**である。

表5—22　地権者別・個別建替え事業の価値

	現存建物建築時期	最も有利な建替時期	個別建替後の借家経営価値(万円)	借入金返済額(万円)	現存建物借家経営の価値(万円)	個別建替事業の価値(万円)
地権者 1	25年前	1年目	2,737	0	0	2,737
地権者 2	24年前	1年目	2,737	0	0	2,737
地権者 3	23年前	1年目	2,737	0	0	2,737
地権者 4	22年前	1年目	2,737	0	0	2,737
地権者 5	21年前	1年目	2,737	0	0	2,737
地権者 6	20年前	1年目	2,737	0	0	2,737
地権者 7	19年前	1年目	2,737	119	0	2,618
地権者 8	18年前	1年目	2,737	234	0	2,503
地権者 9	17年前	1年目	2,737	344	0	2,393
地権者 10	16年前	2年目	2,676	451	72	2,297
地権者 11	15年前	3年目	2,616	553	151	2,214
地権者 12	14年前	4年目	2,557	651	239	2,145
地権者 13	13年前	5年目	2,499	745	333	2,087
地権者 14	12年前	6年目	2,443	836	433	2,041
地権者 15	11年前	7年目	2,388	923	539	2,005
地権者 16	10年前	8年目	2,335	1,007	651	1,978
地権者 17	9年前	9年目	2,282	1,088	767	1,962
地権者 18	8年前	9年目	2,282	1,165	838	1,955
地権者 19	7年前	10年目	2,231	1,240	966	1,957
地権者 20	6年前	11年目	2,181	1,311	1,099	1,968
地権者 21	5年前	12年目	2,132	1,380	1,236	1,988
地権者 22	4年前	13年目	2,084	1,447	1,378	2,015
地権者 23	3年前	14年目	2,037	1,510	1,524	2,051
地権者 24	2年前	15年目	1,991	1,572	1,674	2,094
地権者 25	1年前	16年目	1,946	1,630	1,828	2,144

現行制度の下での共同建替えの期待収益は平均2,543万円で，個別建替えの2,374万円を上回る。しかしながら地権者毎に見ると，現存建物の建築年次が新しい6名の地権者にとっては，個別建替えの期待収益が共同建替えを上回る。これでは，全員合意による事業実現の可能性は極めて小さい。

これに対して，権利調整作業費用の低減施策が実施された場合，共同建替えの期待収益は平均2,836万円へと約12％増大する。25名中23名の地権者にとって共同建替えの期待収益が個別建替えを上回るため，8割の多数合意による事業施行と増大する期待収益の地権者間分配を想定すれば，共同建替えの事業実現の蓋然性が十分に高まることが示された。

図5―21　個別建替え及び共同建替えの期待収益の比較

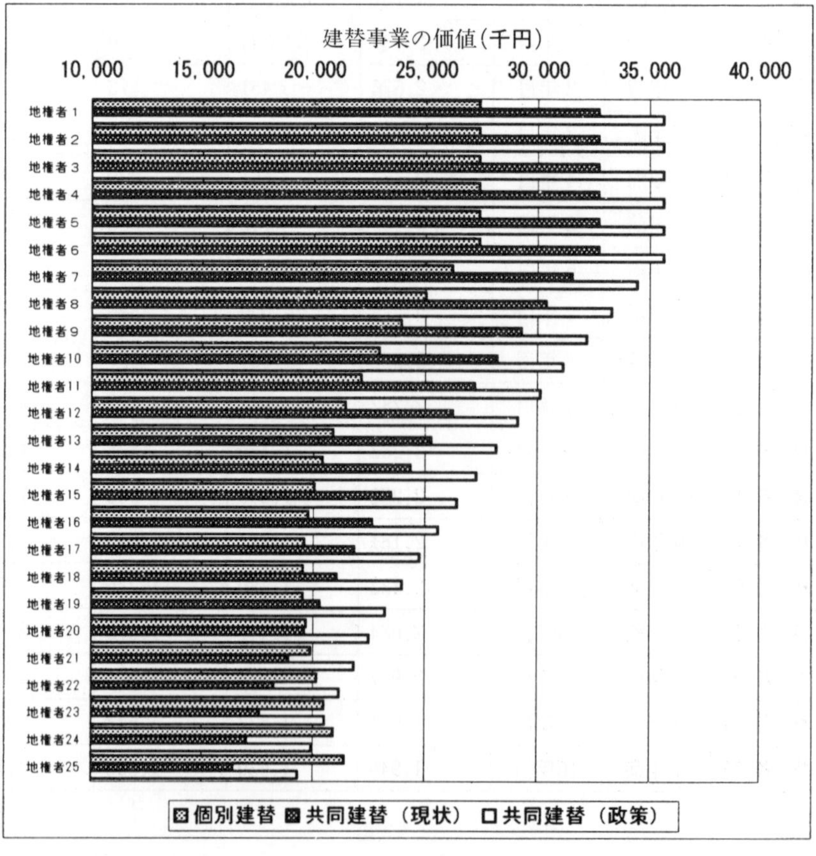

ここでは25事例をサンプルとして調整作業期間予測式を推計し，これを一般の密集地区に適用している。このため，調整作業期間の事業別変動の30％を規定する事業の質的属性等に関しては，25事例の平均程度を想定していることとなる。ところが，25事例の質的属性には，一般の密集地区と比較し，調整作業期間を短くする傾向があるため，調整作業期間を過小評価するバイアスが存在する。ただし，予測式を適用する密集地区に，権利調整期間を長期化させる事業の質的属性等があれば，個別建替えの借家人交渉費用も増大する。地区の基盤整備状況が不良であれば，個別建替えの建築制約は高まり，共同建替えに比較し，相対的に期待収益は減少する。このため，個別建替えと共同建替えとで期待収益を比較する限り，そのバイアスは一定程度は相殺されると考えられる。

(7)　施策実施効果の評価

最後にこの結果がどの程度の普遍性を有し，施策が他の一般密集地区でも有効なのかを検証する。

個別建替えと共同建替えの期待収益の比較に対して特に影響を与える事業区域の物理的属性としては，①現存建物の建築時期の分布，②敷地狭小の程度及び③地権者数密度が考えられる。

築後年数の新しい建物が多ければ，当面は現存建物経営を継続し将来に個別建替えを行うことが有利な場合が多くなる。ここで特に老朽建物が多いと想定したのなら，密集地区一般の施策実施効果としては過大評価となる。しかしながら平均築後年数13年という想定は，一般的な密集地区と比較して共同建替えを有利とする特殊要因であるとはいえない。

またこの街区の平均敷地規模は96m²で，その狭小さが個別建替えの土地有効利用を困難にさせ，共同建替えの実現性を高める要因となっているが，この敷地規模も密集地区の平均的規模である。具体的には，自由宅・都市整備公団(1992)　7～8頁から密集住宅市街地整備促進事業地区の平均的属性を求めると，住宅戸数密度120戸/ha，住宅棟数密度50棟/ha，住宅用途土地利用面積率は45～50％程度で，住宅敷地の平均規模は90～100m²となる。

さらに地権者数密度が高いことは共同建替え事業の権利調整費用を増大させ期待収益を低下させる要因となる。ただし，地権者数密度は平均敷地規模の逆数という関係にあり，この街区の地権者数密度も，概ね密集地区の平均に位置することとなる。

すなわち当該街区では，個別建替えと共同建替えとの収益性比較に影響を与える事業区域の物理的属性で見る限りは，密集地区の平均的な市街地像を想定している。有効性が検証された収用権を背景とする道路網整備事業の推進及び交換分合制度の導入という施策は，他の密集地区一般においても共同建替えを促進する有効な施策である。

ただし，ここで推計した共同建替え事業の実現性には，前提条件の想定からいくつかの過大評価がある。具体的には，①共同建替え後の区分所有建物について建替え規定が未整備なことによる管理・処分コストの高さを想定していないため，共同建替えの期待収益を過大評価している，②合意形成費用として建替え実現事例による平均的な合意形成期間を想定し，かつ，心理費用をゼロとしたため，共同建替えの期待収益を過大評価している，③将来地価上昇が生じた場合の土地利用転換の容易性という個別建替えの優位性を考慮していないため，個別建替えの期待収益を過小評価している（ただし，地価上昇が当面期待できないような昨今の状況を考慮すれば，このバイアスは比較的小さいと考えられる），④地権者が特に低層戸建居住に対して帰属家賃を上回る価値を認める場合には，個別建替えの期待収益を過小評価することとなる等であり，この点に留意する必要がある。ただし④に関しては，交換分合制度が適切に適用されれば事業賛成者のみによる土地集約を可能とし，戸建居住ニーズが特に高い地権者が曳家により隣接地区へ移転することも可能となるため，うえの過大評価はある程度縮小すると考えられる。②，③の要因についても，同様のことがいえる。

第４節　ストック更新メカニズム分析

本節では，都市住宅ストック更新モデルを構築し，面積約20haを有する豊島地区を対象として趨勢による５，10，15年後の都市住宅ストックを予測する。併せて施策推進ケースについてのストック更新の将来像を予測し，施策がストック更新の良好性の維持に大きく寄与することを示し，社会経済的厚生評価規準の観点から見た総合的効果を検証する。

(1)では，戸建て住宅及び木造賃貸住宅アパート，マンション等の共同住宅(本節では，共同建替えとの混同を避けるため，以下単に「マンション」という。)が一定の期間毎に一定の比率で建て替えられる都市住宅ストックの変遷を逐次型シミュレーションにより予測するストック更新モデルを構築する。(2)では，これを豊島地区の都市住宅ストックに適用することにより，現状の施策を前提とした場合の都市住宅ストックの将来像を予測するとともに，共同建替え推進施策を実施した場合の都市住宅ストック将来像を，第3節で算出した地主による共同建替え選択確率の増大を踏まえて予測することにより，施策の実施が良質な都市住宅ストックの維持に有効であることを検証する。

(1)　ストック更新モデルの構築

1）モデル構築の考え方

都市住宅市街地の建物は，概ね戸建て住宅，マンション及びオフィス，店舗，工場等非住宅建物(以下「オフィス」という。)から構成される。新規宅地供給のない既成市街地であれば，これら建物が老朽化の進展とともに除却され，用途変更や敷地集約化による共同建替えを伴いつつ建て替えられ，または，滅失される過程自体が，都市住宅ストック変遷の過程である。その際，市場の条件に大きな変化がなければ，一定期間毎に，どのような用途の建物に，どのように(個別建替え又は共同建替え)建て替えられるかとの棟数は，各期首時点での用途別建物棟数に，各期毎に同一な値の比率を乗じたもので表されると考えられる。

ここでは，一定期間毎の建物ストックの変化を，各期首時点の用途別建物棟数に一定比率を乗じることによって算出し，逐次型のシミュレーションを実施することによって将来の用途別建物棟数を予測するストック更新モデルを開発する。

2）前提条件

① 各期中に除却される住宅棟数(建替え，滅失の双方を含む)の期首棟数に対する比率は各期毎に同一の値をとり，かつ，戸建て住宅，マンションを問わず等しいと仮定する。

② 期中に建設される戸建て住宅は，戸建て住宅からの建替えに限られ，かつ，その棟数の期中除却された戸建て住宅棟数に対する比率は，各期毎に

同一の値をとるものと仮定する。すなわち，マンションが戸建て住宅に建え替えられることはないものとする。

③　期中に滅失される住宅棟数及び住宅から建替えられるオフィス棟数の期中除却された住宅棟数から戸建て住宅への建替え棟数を減じたものに対する比率は，各期毎に同一の値をとるものと仮定する。なお，オフィスは，すべて個別建替えにより建設されるものとする。

④　個別建替えにより建設されるマンション棟数の［(期中除却された住宅棟数)－(戸建て住宅への建替え棟数)－(滅失された住宅棟数)－(住宅から建替えられたオフィス棟数)］に対する比率は，各期毎に同一の値をとるものと仮定する。またマンションへの共同建替えに際して，敷地集約化により一体的に建替えられる従前の住宅棟数の平均値は，各期毎に同一の値をとるものと仮定する。

3）定　式　化

以上の前提条件から，次のストック更新モデルが定式化される。

$$S_t = H_t + M_t \tag{1}$$

$$\Delta H_t^- = \alpha H_t \tag{2}$$

$$\Delta M_t^- = \alpha M_t \tag{3}$$

$$\Delta S_t^- = \Delta H_t^- + \Delta M_t^- \tag{4}$$

$$\Delta H_t^+ = \beta \Delta H_t^- \tag{5}$$

$$\Delta D_t^- = \gamma_1 (\Delta S_t^- - \Delta H_t^+) \tag{6}$$

$$\Delta O_t^+ = \gamma_2 (\Delta S_t^- - \Delta H_t^+) \tag{7}$$

$$\Delta M^1{}_t^+ = (1-\omega)(\Delta S_t^- - \Delta H_t^+ - \Delta D_t^- - \Delta O_t^+) \tag{8}$$

$$\Delta M^n{}_t^+ = \frac{\omega}{n}(\Delta S_t^- - \Delta H_t^+ - \Delta D_t^- - \Delta O_t^+) \tag{9}$$

$$\Delta M_t^+ = \Delta M^1{}_t^+ + \Delta M^n{}_t^+ \tag{10}$$

$$H_{t+1} = (1-\alpha) H_t + \Delta H_t^+ \tag{11}$$

$$M_{t+1} = (1-\alpha) M_t + \Delta M_t^+ \tag{12}$$

$$S_{t+1} = H_{t+1} + M_{t+1} \tag{13}$$

ただし，S_t　：ｔ期期首住宅棟数
　　　　H_t　：ｔ期期首戸建て住宅棟数

図5―22　住宅ストック更新モデルのイメージ

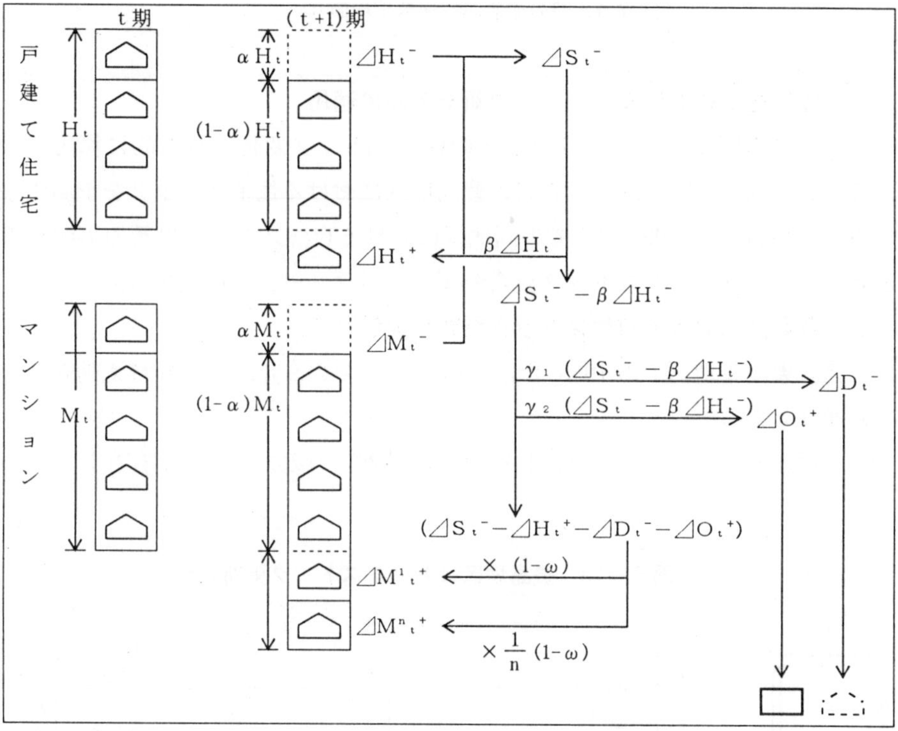

M_t　：t期期首マンション棟数
ΔS_t^-　：t期中住宅除却棟数
ΔH_t^-　：t期中戸建て住宅除却棟数
ΔM_t^-　：t期中マンション除却棟数
ΔH_t^+　：t期中戸建て住宅建設棟数
ΔM_t^+　：t期中マンション建設棟数
$\Delta M^1{}_t^+$　：t期中個別建替えによるマンション建設棟数
$\Delta M^n{}_t^+$　：t期中共同建替えによるマンション建設棟数
ΔD_t^-　：t期中住宅滅失棟数
ΔO_t^+　：t期中オフィス建設棟数
α　：住宅除却比率
β　：戸建て住宅建替え比率
γ_1　：住宅滅失比率

γ_2　：オフィス建設比率
ω　：共同建替えによるマンション建設比率
n　：共同建替え時の従前住宅棟数平均値 n

(2)　豊島地区におけるストック更新モデルの適用

1992年を初期時点とし，5年ごとの住宅ストック変化を逐次的に算出し，1997年，2002年及び2007年時点の豊島地区における住宅ストックを予測するため，1983年から1992年までの同地区における自然ストック更新の実態を踏まえ，(1)で定式化したストック更新モデルのパラメータを推定する。

1）豊島区における自然ストック更新の実態(4)

豊島区東池袋地区での1983年から1992年までの9年間での建替え動向は，次の通りである。

①　戸建て住宅については，1983年で922棟(戸)のストックが存在し，その

図5—23　豊島地区におけるストック更新の予測

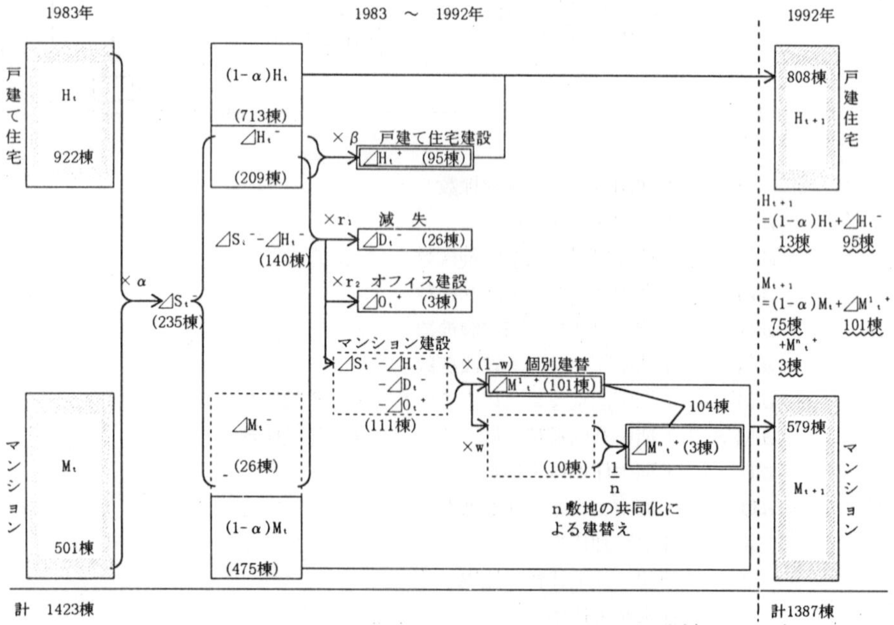

後9年間での95棟が建設（建築確認ベース）され，1992年では808棟（戸）のストックとなっている。

② マンションについては，1983年時点で501棟（2,671戸）のストックが存在し，9年間での104棟（628戸）が建設（建築確認ベース）され，1992年では579棟（3,160戸）のストックとなっている。敷地集約化による共同建替えによって建設されたマンションは，104棟のうちの3棟である。

③ 豊島区が，9年間に26棟の老朽住宅を取得し，除却・滅失した。

④ オフィスは，37棟から40棟へと3棟増大した。

2）パラメータ推定

1）で構築したモデルに，1983年から1992年までの豊島地区における住宅ストック更新に関するデータを適用することにより，パラメータを推定する。

① 住宅除却比率α

1983年の総住宅棟数1,423棟（S_t）が1992年の1,387棟（S_{t+1}）へと減少しており，この間計199棟（ΔS_t^+）の住宅が建設された。

したがって，⒀式よりαを求めると，

$$1,387=(1-\alpha)\times 1,423+199$$

$$\alpha=1-(1,387-199)/1,423=0.165$$

すなわち，9年間での住宅除却比率は16.5%であり，5年間に換算すると，

$$1-(1-0.165)^{5/9}=0.095$$

より，5年間での住宅除却比率αは9.5%である。

② 戸建て住宅建設比率β

9年間で除却されなかった戸建て住宅は808−95＝713棟（$(1-\alpha)H_t$），除却された戸建て住宅は922−713＝209棟（ΔH_t^-）である。これより，戸建て住宅建設比率βは，⑾式から$\beta=95/209=45.5\%$となる。

③ 住宅滅失比率γ_1

9年間で除却された住宅のうち，戸建て住宅への建替えをのぞく棟数は235−95＝140棟（$\Delta S_t^- - \Delta H_t^-$）である。同地区では9年間に26棟の土地建物を公共が取得し，建物を除却し，公園，広場等の整備がなされた。他に滅失がなかったとすると，9年間での住宅滅失棟数は26棟（ΔD_t^-）で，住宅滅失比率は⑹式より，$\gamma_1=26/140=18.6\%$となる。

④　オフィス建設比率γ_2

同地区では1983年に37棟のオフィスが存在し，9年間で21棟のオフィスが建設され，1992年には40棟に達している。21棟のオフィスのうち，18棟がオフィスの個別建替えによって，3棟($\varDelta O_t^+$)は住宅の個別建替えによって建設されたものと仮定すると，(7)式より，オフィス比率γ_2＝3/140＝2.1％となる。

⑤　共同建替えによるマンション建設比率ω

9年間で除却された住宅のうち，戸建て住宅への建替え分，オフィスへの建替え分及び滅失分を除いた棟数が共同住宅への建替え分（$\varDelta S_t^- - \varDelta H_t^- - \varDelta D_t^- - \varDelta O_t^-$）となり，140－26－3＝111棟となる。

一方，9年間で建設されたマンションは104棟であり，うち共同建替えによるものが3棟であるから，個別建替えによるマンション建設は101棟である。すなわち，111棟－101棟＝10棟の除却住宅が，共同建替えによりマンションに建替えられたこととなる。これより，共同建替えによるマンション建設比率ωは，10/111＝9.0％(5)となる。

⑥　共同建替え時の従前住宅棟数平均値n

⑤より，共同建替えによるマンション建設時の従前住宅棟数平均値nは，10棟/3棟＝3.3棟と与えられる。

(3)　大規模共同建替え促進施策を実施した場合の将来ストック変化予測

(2)の豊島地区におけるストック更新モデルによる逐次型のシミュレーションを実施し，同地区における都市住宅ストックの将来像を，現状の施策を前提とした場合及び共同建替え推進施策を実施した場合について予測する。後者に関しては，5－3で算出した地主による共同建替え選択確率の増大を踏まえて予測することにより，施策の実施が良質な都市住宅ストックの維持に有効である

表5－23　趨勢ケースにおける設定パラメータ

住宅除却比率	α	9.5％	オフィス建設比率	γ_2	2.1％
戸建て住宅建替え比率	β	45.5％	共同建替えによるマンション建設比率	ω	9.0％
住宅滅失比率	γ_1	18.6％	共同建替え時の従前住宅棟数平均値	n	3.3棟

ことを検証する。

1）趨勢ケース

①　前提条件

現状の施策を前提とし，(2)で推定したパラメータをそのまま採用して将来予測を行う。

②　推定結果

(1)の更新メカニズムを想定すると，同地区では20年後の2012年時点において，1）戸建て住宅は808棟から653棟に減少，2）マンションは579棟から646棟へと微増であるが，戸数は増大するとの将来像が予測される。

2）政策ケース

①　前提条件

共同建替え促進施策を実施した場合，次のようなストック更新が行われるものと仮定する。

a）施策の実施により，個別建替えを含めた住宅除却率は増大する。しかし豊島地区ではこのようなデータが入手不可能である。このため，横浜地区におけるアンケートの「具体的な建替え計画がある」又は「5年以内に建替える予定」への回答率16.7%を踏まえ，このような地主の意向がそのまま実現するものと仮定し，住宅除却率は趨勢ケースの9.5%から16.7%へと増大するものと仮定する。

b）戸建て住宅建替え率（45.5%），減失率（18.6%）及びオフィス建替え率（2.1%）については現行の趨勢がそのまま継続すると仮定する。

c）施策の実施により，共同建替えに際しては街区単位で一体的に建替えられるものとし，集約化される従前住宅棟数平均値は，本地区の平均的属性を有するケーススタディ街区の現状建物棟数から25棟と仮定する。また建替えに際して個別建替えか共同建替かという選択に直面した個々の地権者が，共同建替えを選択する確率は，第3節で分析した豊島地区ケーススタディ街区と等しいことを仮定し，92%とする。

さらに，地権者25名のうち共同建替え反対者が2名以内であれば，言い換えれば共同建替え賛成者が23名以上であれば交換分合制度の適用によって街区全体での共同建替えが実現し，マンションが建設されるものと仮定

表５—24　趨勢ケース

			1992年	1997年	2002年	2007年
①	住　宅　棟　数		1,387	1,362	1,337	1,313
②	戸 建 て 住 宅		808	766	726	689
③	マ ン シ ョ ン		579	596	611	624
④	５年間で除却される住宅棟数	(①×9.5%)	132	129	127	125
⑤	５年間で除却される住宅棟数(戸建)	(②×9.5%)	77	73	69	65
⑥	５年間で除却される住宅棟数(マンション)	(③×9.5%)	55	57	58	59
⑦	戸建てから戸建てへの建替え棟数	(⑤×45.5%)	35	33	31	30
⑧	減　失　棟　数	((④−⑦)×18.6%)	18	18	18	18
⑨	オフィスへの建替え棟数	((④−⑦)×2.1%)	2	2	2	2
⑩	マンションへの建替え棟数	(④−⑦−⑧−⑨)	77	76	76	75
⑪	個別建替えによる棟数	(⑩×91.0%)	70	69	69	69
⑫	共同建替えによる棟数 (従前)	(⑩×9.0%)	7	7	7	7
⑬	共同建替えによる棟数 (従後)	(⑫／3.3)	2	2	2	2
⑭	５年後の住宅棟数		1,362	1,337	1,313	1,288
⑮	戸 建 て 住 宅		766	726	689	653
⑯	マ ン シ ョ ン		596	611	624	635

表５—25　政策ケースにおける設定パラメータ

住宅除却比率	α	16.7%	オフィス建設比率	γ_2	2.1%
戸建て住宅建替え比率	β	45.5%	共同建替えによるマンション建設比率	ω	67.7%
住宅滅失比率	γ_1	18.6%	共同建替え時の従前住宅棟数平均値	n	25棟

し，共同建替によるマンション建設比率を67.7%と設定する(6)。

②　推計結果

①の市街地更新が行われたと仮定すると，１）戸建て住宅は808棟から552棟へと大幅に減少し，２）共同住宅も579棟から405棟へと大幅減少するが，戸数

表５－26　政策ケース

			1992年	1997年	2002年	2007年
①	住宅棟数		1,387	1,264	1,152	1,050
②	戸建		808	734	668	607
③	マンション		579	530	484	443
④	５年間で除却される住宅棟数	(①×16.7%)	232	211	192	175
⑤	５年間で除却される住宅棟数(戸建)	(②×16.7%)	135	123	111	101
⑥	５年間で除却される住宅棟数(マンション)	(③×16.7%)	97	88	81	74
⑦	戸建てから戸建てへの建替え棟数	(⑤×45.5%)	61	56	51	46
⑧	減失棟数	((④－⑦)×18.6%)	32	29	26	24
⑨	オフィスへの建替え棟数	((④－⑦)×2.1%)	4	3	3	3
⑩	マンションへの建替え棟数	(④－⑦－⑧－⑨)	135	123	112	102
⑪	個別建替えによる棟数	(⑩×32.3%)	44	40	36	33
⑫	共同建替えによる棟数(従前)	(⑩×67.7%)	91	83	76	69
⑬	共同建替えによる棟数(従後)	(⑫／31)	4	3	3	3
⑭	５年後の住宅棟数		1,264	1,152	1,050	956
⑮	戸建住宅		734	668	607	552
⑯	マンション		530	484	443	405

は飛躍的に増大する。特に，趨勢ケースでは20年間で3.3棟の集約化により共同建替えされたマンションが８棟にとどまるが，政策ケースでは25棟の集約化により共同建替えされたマンションが13棟に達する。

政策ケースでは，マンションへの建替えに際して，敷地の集約化・共同化が強力に推進されることから，道路，空地等インフラ用地が創出されるとともに，延べ床面積が飛躍的に増大する。この意味において，土地の有効利用が促進される。

第5節　都市住宅市街地整備システム設計へのアプローチ

都市住宅市街地の望ましい将来像の実現に向け，具体の市街地整備を促進してゆくためには，1）具体の地区・街区を対象として①将来ビジョンの構築提示，②①の都市計画・建築規制手法活用による実現の担保，③適切な事業手法の適用による大規模共同建替え促進を図るとともに，2）住宅・土地市場を取りまく枠組みである土地税制，借家制度等についても見直しを図ってゆくことが必要であり，そのような都市住宅市街地整備の総合システムを構築することが求められている。

こうした中，特に面整備の事業手法については，第1節から第4節までで見たように，権利調整の円滑化のため，既存手法の新たな運用方策を踏まえた活用，新たな事業法制の構築が必要であることが明らかとなった。

ここではこのような事業手法として収用事業方式及び交換分合に着目し，工学的検討成果としての事業制度のスキーム及び運用方策への要請を踏まえ，主として法制論的アプローチにより，事業制度システム設計の方向性を探る。

⑴　収用事業方式の検討

1）背景と必要性

街区程度の広がりを有する地区を対象として，大規模共同建替えを実施してゆくに際し，特に次のような条件を有する地区においては，公共が面的に買収し，住宅建設等を行う収用事業方式の適用を図ってゆく必要性が高い。

①　公共施設の不足が著しく，その整備を一体として進めてゆくことが必要。

②　資力の乏しい零細地権者や高齢者・低所得者等借家人が相当程度多く，これらに対する公共による手当が必要。

③　地権者の大多数が共同建替えに合意しているものの，少数の地権者の反対により，全員同意型の任意事業によっては権利調整が困難。

2）既存の収用事業方式の活用課題

公共主体による収用方式としては，現在，土地収用法の一団地の住宅経営，都市計画法の一団地の住宅施設，住宅地区改良法の住宅地区改良事業，都市再開発法の第2種市街地再開発事業がある。

これらの事業方式は，従来，住宅市街地において活用されてこなかったが，上述のような整備の緊急性・必要性の高い街区等において，従前居住者対策等に十分配慮しつつ，その積極的活用を図っていく必要がある。

ただし，これらの事業方式は，住宅密集地区での適用を図っていくには必ずしも十分に適合的とはいえない。

例えば，

(a)　土地収用法の一団地の住宅経営は，民間による住宅経営のために用いることはできず，住宅地区改良事業についても，民間の住宅経営意欲への対応が十分にできない可能性がある。

(b)　都市計画の一団地の住宅施設，第2種市街地再開発事業は，民間による住宅経営が可能であるが，面積1ha以上の場合に限られており，それ未満の街区における整備推進に対応できない。

このような点に鑑み，新たな収用事業方式について検討を行うことも考えられるが，基本的には収用による事業方式は，現行法制下でも，手続き的な諸規定の整備を伴って存在しており，これらの積極的な活用により，権利調整の方策について一層の合理化を進めることが必要と考えられる。

(2)　共同化のための土地の交換分合

1）背景と必要性

大都市地域においては，大規模工場跡地，市街化区域内農地，木造住宅密集地区等の有効利用による良好な住宅の供給促進を図ることが重要課題である。

しかし，有効利用の必要性の強いこれらの地域についても，他の地域と同様，土地所有者等の意向を無視して住宅供給事業が進むものではない。

また，これらの土地の利用状況を見ると，その有効利用のためには，権利関係の面においても，地形・規模の面においても，その整序を要するものが少なくない。なかでも，木造賃貸住宅密集地区のように，所有権が細分化され，賃借権等土地に関する権利が複雑に絡み合っている地域では，土地に関する権利を相互に移転し，複雑な権利関係を整序し，有効利用の意欲がある土地所有者等の土地を一団にまとめることにより，いわゆる共同化・協調化による土地利用を図りつつ，良好な集合住宅の供給の促進を図ることが望ましい。

さらに，共同化・協調化の効果を上げ，かつ当該1棟又は数棟の集合住宅の良質性を確保するためには，集合住宅の形態的側面のみではなく，管理の方法，建設時期等に関する事項についても取決めが行われることが必要である。

このため，現行の建築協定によっては担保しえない集合住宅の管理の方法及び建築時期に関する事項を内容とする協定の締結と，敷地を集約化し，協定締結の促進を図るため，土地の権利に関する交換分合を可能とする必要がある。

2）施策のイメージ

①　集合住宅建設促進のための協定

大都市地域内にある一団の土地の所有者等は集合住宅の建設促進の確保を図るため，協定を締結することができることとする。

a）協定の目的

イ）敷地の共同化

複数の土地所有者が，敷地を共同化して集合住宅建設を行う。これにより，それぞれ自己の所有地で個別に建築行為を行うことと比べて土地の有効利用の点からより効率的となる。

ロ）協調的建替え事業

それぞれの土地所有者が，一体性に配慮した設計に基づく建築物を協調して建設する。この場合，たとえば建築基準法第86条の総合的設計による一団地設計制度を用いる等により土地の有効利用を実現する。

b）協 定 内 容

内容は，集合住宅建設のための土地利用の共同化等のための計画とする。

c）協定の認可

市区町村長は，協定を締結しようとする区域について当該協定を認可する。

d）第三者効果

建築協定同様，協定締結後に土地所有者等となった者に対しても協定の効果が及ぶこととする。

②　交 換 分 合

上記集合住宅建設事業促進協定を前提として，当該協定の締結促進又は維持のために行政処分として土地等の交換分合を行う。この場合，民事の契約による積み重ねと異なり，行政行為の公定力により，法的安定性が担保される。

交換分合は，市区町村施行又は交換分合に係る関係権利者の共同施行によるものとする。この場合，市区町村施行は，事業規模が大きく，権利者が錯綜しているとともに，交換分合の結果，土地利用が著しく改善されていること等，特に公共性が強い事業に限ることとする。

③　協定と交換分合による集合住宅建設事業のイメージ

図５―24のような場合において，交換分合により土地の有効利用の意思のある土地所有者等の土地を一団にまとめることによって，集合住宅の建設の促進を図る。

交換分合は，具体的には，１）協定締結促進型交換分合及び２）協定維持型交換分合の２通りが考えられる。

図５―24　交換分合による集合住宅建設事業のイメージ

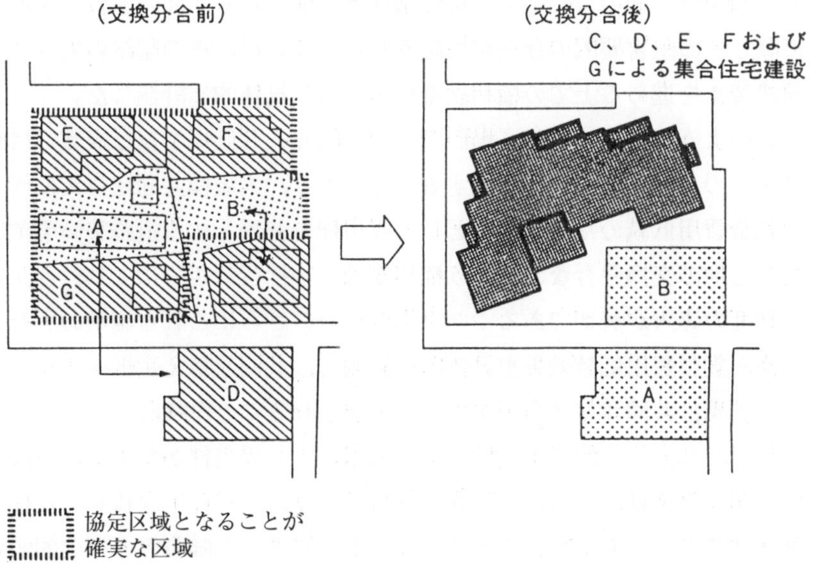

第6節　ま と め

(1)　結　論

本章における結論を要約する

① 東京大都市圏・既成市街地の典型的な地区に対し，現状の市街地像（ケースA)，個別建替えによる市街地像（ケースB）及び大規模共同建替えによる市街地像（ケースC）に対して，社会経済的厚生評価規準を適用したところ，1）現状の市街地像は，居住水準，住環境，防災性，土地の有効利用等に関し，多くの問題を抱えていること，2）大規模共同建替えによる土地の有効利用に伴う期待収益増大及び環境改善による効果を実証的に計測した結果，社会経済的厚生が大きく増大することが検証された。

② 地主の共同建替え意向に関する調査結果に対して，制度・システムの設計評価規準を適用した結果，現行制度等を前提として共同建替えを進めるに際しての阻害要因の存在が検証された。さらに，その隘路の大きさを共同建替えを進める上での権利調整費用として具体的に計測した。

③ このような状況に対して場面適合的公的介入評価規準及び複数の目的には複数の手段評価規準を適用することにより，大規模共同建替えに伴う権利調整費用低減のための施策として収用権を背景とする道路整備事業促進及び土地の交換分合などに伴う権利変動を一括行政処分により行う交換分合制度の導入が適切であることを指摘した。さらにこれら施策の実施による権利調整費用低減効果を具体的に計測し，共同建替え選択モデルを適用した結果，共同建替え事業が大きく推進されることを検証した。

なお，社会経済的厚生評価規準の適用により妥当性が検証された高容積住宅開発事業は，地主の期待収益分析により，賃貸住宅家賃を一定程度上昇させるものであった。このことは，低所得者，高齢者等の社会的弱者にとっての居住継続を困難にさせ，社会福祉的観点からの分配の公平評価規準に抵触するのではとの疑念を生じさせるかもしれない。しかしながら，共同建替え推進施策の実施による権利調整の円滑化は，社会経済的厚生の増大を前提として，地主から従前居住者に対して寄与分に応じた所得の分配を保証するものと考えられるし，また公共が手厚い従前居住者対策を実施することは，社会経済的厚生を増大させるための再分配評価規準にも合致する。このような，一見，相互の評価規準に矛盾するように見える事象であっても，社会経済的厚生水準の増大を前提にすれば，複数の所得再分配規準の下で，整合的な評価が可能となる点に留意する必要がある。

また，共同建替え選択モデルにおいて，地主による共同建替え選択比率を増大させる要因は，収用，交換分合等，必ずしも全員の同意を得ないでも強制的に事業を実施できるような施策の適用であった。これは，強力な公的介入であり，都市計画・建築規制の合理化等を通じて，民間活力を活用した市街地の更新を促進していく方向性と矛盾するように見える。もちろん，様々な公的介入のあり方が存在することは，場面適合的公的介入評価規準の提示するところであるが，権利調整のプロセス自体を吟味したところ，強制力ある事業制度の創設等の条件の整備により，いわゆるゴネ得の余地が排除され，むしろ任意の全員同意が成立する蓋然性が高まることが明らかとなった。このため，これら施策は，制度・システムの設計評価規準からも正当化されることとなる。

④　③による共同建替え促進を踏まえ，具体的な地区の都市住宅ストックの更新による5，10，15年後の姿を予測した結果，施策の推進が都市住宅ストックの改善に大きく寄与することを検証するとともに，社会経済的厚生的評価規準からもそれが適切であることを検証した。

なお，ストック更新モデルにより予測された大量の建替え事業の実現は，地主からの所得再分配や，公共による従前居住者対策を前提としても，なお住宅困窮者を生じせしめる可能性がある。その際に重要なのは，公共による居住権の完全な保障，具体的にはすべての低所得者等を対象とした家賃補助制度の導入等であり，これ自体が，借地借家制度自由化等の前提条件を整備することにもなる。これは，制度・システムの設計評価規準及び複数の目的には複数の手段評価規準にも合致する。

⑤　以上の①〜④を通じて，所与の公共政策の結果として生じる社会の状態を規範的に評価するとともに，あるべき公共政策の体系を構築するに際して準拠すべき7つの社会経済的厚生評価規準が，東京大都市圏の既成市街

表5—27　本章における分析項目と分析に際し適用した社会経済的厚生評価規準

社会経済的厚生評価規準 ＼ 分析項目	社会経済的厚生評価規準	寄与分に応じた分配の公平評価規準	社会福祉的観点からの分配の公平評価規準	社会経済的厚生を増大させるための再分配評価規準	制度・システムの設計評価規準	場面適合的公的介入評価規準	複数の目的には複数の手段評価規準
将来市街地像の検討	◎	○					
大規模共同建替えの阻害要因と実現可能性		□	□		◎	○	○
共同建替え推進施策実施による政策効果分析	◎	○	□	□	◎	○	○
ストック更新メカニズム分析	◎					○	○
都市住宅市街地整備システム設計へのアプローチ	◎	○			◎	○	○

（備考）◎：主として採用した評価規準，○：採用した評価規準，□：関連する評価規準

地の整備という問題への対処方策を検討するうえで有効な手法であることを検証した。

⑥　なお，本章における分析項目と，分析に際し適用した社会経済的厚生評価規準を，表5—27に示す。

⑵　既成市街地における整備・再開発促進方策に係る今後の検討課題

本章は，現行の土地税制，借地借家制度等の住宅・土地市場を取り巻く制度的な枠組みを前提としつつも，自然の趨勢に委ねれば，市街地，住宅ストックの更新の過程の中で，土地利用の細分化，環境の悪化が着実に進行する現状を考慮し，様々な計画，事業手法を併せて講じることにより，土地の有効利用を図る大規模共同建替えを誘導していくことが可能であることを論証するととも

に，その具体的な効果を計測したものである。

しかしながら，ここで提案した手法自体，万能のツールではない。以下では，今後の検討課題等を要約する。

①　制度的枠組み再編の必要性

第1に，日本の都市住宅市街地における問題の基本的要因は，土地税制，借地借家制度等の制度的枠組みにある。これが，共同建替えに際して要する権利調整のためのコンサルタント委託費用に集約されていると見ることもできる。

提案した計画・事業手法により，これを一定程度低減できることは解明した。しかしながら，それを完全に解消することはできない。このためには，やはり制度的枠組みの改編が根本的な対処策として要請され，このような計画・事業手法の限界も存在する。

②　強制的な計画・事業措置適用のための社会的合意形成

第2は，事業実現のための計画的担保措置にしろ，全員合意を前提とせず事業を執行する意思決定手続きにしろ，財産権の自由に対する制約であり，その背景には，公共性の論理を必要とする。このような手法の有効性如何も，公共性の範囲をどう解釈するかに規定される。

収用も，法的再開発も，法文上は明確な公共性の規準が設けられているが，これがそのまま解釈，運用されているわけではないのが実情である。ここで提案した手法が有効に機能するためにも，あるべき公共性の規準に対する社会的な合意を形成していくことが必要と考えられる。

③　事業主体及び事業方式について

本章では，良好な市街地整備のための計画的担保措置及び必ずしも全員合意を前提としなくとも，大多数の賛成により共同建替えを推進できる意思決定の仕組みが準備されれば，良好な市街地更新が促進され，良質な住宅ストックの形成に資することを論証した。

ここでは，特定の事業主体を想定していない。収用方式のような公共主導による事業方式も，交換分合のような民間主導の事業方式も考えられる。要は，実現担保のための計画措置及び事業措置を講じれば，事業全体での開発利益が大きくなり，事業実現の蓋然性が高まることを提示したものである。全体のパイが大きくなれば，各関係主体にとっての再分配の余地が高まり，どのような事業方式であれ，その実現性は高まるのである。

そのうえで，今後の研究課題としては，どのような再分配が最も適切かを実証的に検証することが挙げられる。例えば，費用対効果の面で最も適切な公的資金投入のあり方や，事業実現にも寄与し，かつ，公平の概念にも合致する従前借家人等への再分配のあり方が，今後解明される必要がある。

また，このような市街地更新をどのような開発単位で実施していくのかも，今後の研究課題である。その規模が大きくなればクリアランス型に近づき，小さくなれば改善型に近づく。ただし留意すべきは，これらは一概にその可否を論じるべきではなく，まさに地区の実情に応じ，ケースバイケースで判断されるべきという点である。その判断の規準を解明していくことも，事業推進のためには有効と考えられる。

⑶　既成市街地整備・再開発促進問題に係る理論・実証研究上の課題

本章は，大規模共同建替え推進施策実施による効果を，開発利益の増大や住環境改善等による社会経済的厚生水準の増大として計測し，一定の分配を想定した際の家主にとっての期待収益の増大に基づく共同建替え選択確率の増大効果を予測するとともに，それが都市住宅ストックを改善する効果を計測したものである。

この中で，これらの効果を実証的に計測するため，いくつかのモデルを開発した。これら手法を既成市街地の整備・再開発推進問題に適用すること自体が新しい試みであり，本研究においてすべての研究課題が解明されているわけではない。残された理論的・実証的分析課題を整理する。

①　計画の最適解について

本章では，既成市街地の整備・再開発という問題に関して，ケーススタディ街区を対象として市街地像に係るプランを提示するとともに，これを推進するための施策の体系を構築した。しかしながら，これは，市街地像，事業計画，施策等計画のパレート改善案を具体的に提示し，かつ，検証したものであるが，これがパレート最適解であることは検証されていない。

パレート最適解を具体的に求めるためには，具体の建替え事業に係る計画について複数の代替案を策定したうえで，個々の建築行為が街区内部の地主に対して与える影響をより精緻に計測しつつ，より適切な案を選択し，それが所得分配の変更をもたらし，資源配分の変更に係る新たな計画案を可能とするという循環的なプロセスの中で，パレート最適解に限りなく接近していく方法が考えられる。このようにして求められた複数の最適解をメニューとして提示し，その中から寄与分に応じた分配の公平規準に基づき，弱者である従前居住者に対する所得の再分配がなされているか等など，所得分配の状態を評価したうえで適切な計画案を選択すればよい。

本章の分析は，このような手法開発を行ったものではないが，少なくともパレート改善を実現する計画策定手法と，それがパレート改善であることを検証する手法を開発したものであり，今後，計画に係るパレート最適解を求める手法を開発していくうえで基礎的な知見が得られたと考えられる。

②　モデルの精度に係る問題

本章における共同建替え推進施策の効果推計に際しては，地家主の期待収益増大，共同建替え選択確率の増大及び住宅ストックの改善を予測する個別のモデルを直列に接続したうえで，これらを予測する手法をとっている。このため，効果推計の全体の精度は，個々のモデルの精度の累乗によって近似され，十分な精度が得られない可能性がある。今後は，個別のモデル開発に際して精度の向上を図るとともに，うえの効果を一括して予測する総合モデルの開発を検討することで，効果計測の精度を高めていくことが課題と考えられる。

③　権利調整費用の計測に係る課題

現実の権利調整費用は，権利者数，土地の権利の輻輳の程度，地主相互間の人間関係を含めた市街地形成の沿革等，様々な個別事情に依存すると考えられる。これらは，最終的にはコンサルタントに対する調査委託費用とプロジェクトの実現が将来に先送りされることによる時間費用に反映される。このため，本研究において計測した権利調整費用の要素を具体的に明らかにし，個別の要因がどのようにして最終的な権利調整費用に帰着するかのメカニズムについて解明していくことが課題である。

(1)　ここでは，すべての床を住宅用途に供する共同建替えを想定している。一定規模以上の再開発では，低層階部分の床を商業系用途に供することも考えられるが，そのような再開発は幹線道路沿いに限定されること，ここでは住居系市街地の最も一般的な街区を想定していることの２点から，住宅系再開発を想定した。

また，ここでは戸当たり床面積 80m²程度の建て替えプランを想定している。一般に政策的に支援し，供給を促進すべきとされるファミリー向け住宅と比較すれば，その住戸規模は十分なものであるとはいいがたい。

しかしながら，本モデル地区のように都心近くの利便性の高い地区に対する住宅需要層は，若年又は高齢の子供のいない（またはいても乳児までの）世帯であると考えられる。土地の最有効使用という観点からは，もっとも需要の強い世帯に供給することが適切である。このため，このような住戸規模を想定した。

(2)　出典は横浜市建築局住環境整備課（1992)。

なお，アンケート調査の実施要領は次に示すとおりである。

１）調査実施：横浜市建築局住環境整備課・横浜市鶴見区建築課

２）対象　　：鶴見地区内に木造賃貸住宅を所有する者でかつ横浜市内に居住する者

３）調査期間：1992年８月～９月

４）配布・回収方法：郵送配布・郵送回収

５）回収状況：配布数：973（個人983，法人35），有効回収：346（回収率37.4％）。

なお，横浜市鶴見地区を対象としたアンケート調査によると「具体的な建替え計画がある」又は「５年以内に建替え予定」との家主は16.7％を占めるが，現状では建替え隘路等により，意向は要しつつも，建替えを実行できない家主が多いと思われる。

(3)　個別建替えと比較し，大規模共同建替えは住環境条件が改善されるため，より高い家賃収入が期待される。しかしながら，一方では，やはり低層階に居住したいとのニーズも考えられる。このため，ここではそれらが相殺されるものとして，同じ家賃収入を想定した。

(4)　本節における分析はデータ入手の制約から，豊島地区における住宅ストック及び建替え動向データに，横浜地区における家主アンケートデータを一部利用したうえで行っている。

(5)　横浜地区アンケート結果では，ひとりの地主の共同建替え選択比率は8.7％であり，3.3棟から１棟への建替えを前提とした共同建替え実現確率は，$(8.7\%)^{3.3}$となる。これは豊島地区が，建設省の補助事業に採択されて久しく，地方公共団体，住宅・都市整備公団等による共同建替え事業コーディネート等も行われており，同事業地区指定前の横浜地区に比較し，高い値が得られたと考えられる。

(6)　個々の地権者が共同建替えを選択する確率Pが 92％であるとき，地権者25名中23名以上が共同建替えを選択する確率は，下式より，67,7％となる。

(25 名全員が共同建替えを選択する確率) $= {}_{25}C_{25}P^{25}(1-P)^{0} = 12.436\%$

(24 名が共同建替えを，１名が個別建替えを選択する確率)

$$= {}_{25}C_{24}P^{24}(1-P)^{1} = 27.036\%$$

（23名が共同建替えを，2名が個別建替えを選択する確率）

$+)$ $={}_{25}C_{23}P^{23}(1-P)^{2}=28.211\%$

（25名中23名以上が共同建替えを選択する確率）＝67.683％

〈参考文献〉

市街地住宅研究会編（1992）『都市復活の構図』ぎょうせい

住宅・都市整備公団（1991）『市街地住宅密集地区再生事業ハンドブック』

横浜市建築局住環境整備課（1992）『横浜市鶴見区鶴見本町・潮田地区・市街地住宅密集地区再生事業整備計画策定調査』

第6章　借地借家法制の住宅供給抑制効果

第1節　はじめに

借地借家法については，従来よりそのあり方についてさまざまな議論がなされてきた。これらを踏まえて，1991年に借地法及び借家法の改正が行われ，借地借家法が成立し，1992年8月1日から施行された。その内容については，従来からの大きい論点であった正当事由制度，賃料改定のルールの2点に関する限り，従前の運用と基本的に同様の規律を踏襲することとなった点が最も重要と思われる。

本章では，特に上の2点に関する従来の判例や鑑定評価実務の動向を中心として分析するとともに，それらが借地借家の動向に対していかなる影響を与えてきたかについて明らかにする。

また，従来，借地借家制度のあり方に関しては，経済学者を中心として契約自由の原則を貫徹し，特に正当事由制度を撤廃すべきことが主張されてきた。これにより，土地の有効利用が促進され，住宅対策としても大きい意義をもつとするものである。これに対して，民事法学者を中心として，借地借家法は当事者の利害調整を図る民事法の一環であって，土地政策，住宅政策の手段として捉えるべきでなく，したがって，正当事由制度の撤廃等自由化については問題があるとの主張がなされてきた。92年改正法の構造は，基本的には後者の立場が大きく反映されたものになっていると思われるが，これらの双方の主張は，これまでも，また現在においても，十分にかみ合い，相互理解の上で新たな知見を生みだしたとは言い難い状況にある。後に述べるように92年改正法は，さまざまな学術的知見を総合化したうえで最良の選択を具現しているとも言い難い。本章では，このような借地借家論議の不毛な状況に対して，少しでも共通認識に近づくための道具だてを提供してみたいとも考えている。経済学も民事法もそれぞれに伝統と固有の役割をもち，学術分野としても確立している。にもかかわらず相互に他方の論理が十分に通じていないとすれば不幸なことである。双方の学問は，相互に理解を深めたうえで経済社会のより適切なグランドデザインを実現するための政策科学として機能すべき責務を持っていると考える（福井（1990）参照）。

本章に示す分析の枠組み，基本的な思考様式については，特に鈴木(1959)，岩田（1976)，岩田（1977）から多くの示唆を得ている。

なお，1999年には本章の初出論文の提言を採用するいわゆる定期借家法が成立し，2000年3月1日から施行された。これに伴い借家市場は急速に活性化しつつある。とはいえ，貴重な歴史的経験として借地借家法の影響を正確に把握しておくことは，定期借家法の再改正，都市再生政策一般を進める上で重要である。

第2節　借地借家法（92年改正法）で何が変わったか

この点については，多くの論稿があるので主な事項の要点にとどめる。

(1)　定期借地権

第1に，存続期間を50年以上に定める場合は，確定期限付借地権とすることができ，正当事由制度の制約を受けない(現行法22条)。第2に，建物譲渡特約付借地権として，30年以上経過後建物を土地所有者に譲渡すると同時に借地権を消滅させる旨あらかじめ定めることができる（同23条)。第3に，専ら事業用に供する建物については，存続期間を10年以上20年以下の確定期限付借地権を設定することができる（同24条)。

(2)　借地権の存続期間

従前法で存続期間には，複数の原則があったのを，原則30年以上とした（同3条)。更新後最初の存続期間は20年以上，第2回目以降の存続期間は10年以上とした（同4条)。

(3) 借地借家に係る正当事由の具体化

従前法の正当事由の例示は，賃貸人の自己使用の必要性のみであったが，これに加えて，従前の経過，土地建物の利用状況，建物の現況，賃貸人が土地・建物の明渡しの条件として，または明渡しと引換えに賃借人に対して財産上の給付をする旨の申し出をした場合のその申し出等の考慮事項を追加した（同6条，28条）。すなわち，これらを考慮して「正当の事由があると認められる場合」でなければ，賃貸人による解約の申入れ等ができず，賃貸借期間が満了しても当然に借地権，借家権が消滅することはない。しかし，これらについては，従来の判例上の正当事由を具体的に例示したにすぎないものであって，新法により，従来の判例を変更する意図は全くない旨立法担当者も強調している（升田（1992）20頁）。

(4) 地代・家賃に関する紛争についての調停前置

地代・家賃の増減額請求訴訟を提起する前にまず調停の申し立てをしなければならないこととした（民事調停法24条の2）。

(5) 期限付建物賃貸借

転勤・療養・親族の介護その他のやむを得ない事情により，建物を一定期間自己の生活の本拠として使用することが困難で，かつ，その期間経過後は本拠として使用することが明らかな場合は確定期限付きの賃借権を設定することができる（92年法38条）。

以上の主要な変更点を概観すると，まず定期借地権については，50年以上という長期の借地権では，借手のインセンティブはともかく，貸手のインセンティブがどの程度強まるかは疑問である。市街化区域農地などで，ディベロッパーが関与した定期借地権付住宅分譲の実例が見られるようになっているが，これらが十分に定着していくかどうかは未知数である。これに対して，事業用借地権については実例も増えつつあり活用される可能性が強いともいわれる（野口（1992）140，141頁）。

普通借地権の存続期間については，結局のところ終了時に正当事由が必要とされ，その正当事由も従前の運用と変更をきたさないように規定されているのであるから，このことが貸手や借手のインセンティブに大きい影響を与えることはないと思われる。

正当事由については，借地，借家ともに従前の運用と変わらないように意図された改正であるので，通常の借地権，借家権を設定する場合の契約期間の終了については，従前と同様であって，やはり，貸手，借手のいずれに対しても新規設定へのインセンティブをもたないと考えられる。

調停前置により，賃料紛争を処理しようとする点については，賃料の改定ルールそのものは従前の判例・運用を変更させるものではないので，実態的な利害得失の面では，貸手・借手のいずれに対しても中立的であり，やはり新規設定へのインセンティブとしては機能しないであろう。

期限付建物賃貸借であるが，この制度によることができるのは，あくまでも貸手の本居用の建物のみであって，自己の本居用以外の建物，例えば当面利用予定のないセカンドハウスの賃貸や，本居敷地以外の土地資産を活用した貸家経営に対して，貸手側のインセンティブを高めることとはならない。市街化区域内農地に見られるような余剰土地の有効利用の促進要因としては機能しないこととなる。

これらを総合的にみると，従来からの大きい論点であった「土地の有効利用の促進」や，その前提としての貸手，借手の「新規借地・借家設定へのインセンティブの付与」という側面では，新法は大きい効果を持たないように見受けられる。部分的には，一部の借地借家市場を拡大させることになることは間違いないが，潜在的な未利用資産に対する影響は小さく，ひいては利用市場全体において相対的にきわめて小さいシェアをもつことになるにすぎないであろう。

また，92年法は，従前の借地法，借家法により生じた効力を妨げない(附則4条)ことを原則としているので，一部で期待されていたような既存借地借家についての再開発の促進要因としては機能しないこととなる。

このような結末が果たして，私法として当事者間の利害調整を図ることに力点を置く考え方の当然の帰結であるかどうかはともかくとして，92年法のもつ土地・建物利用市場への影響については，基本的に従来の法システムの下におけるのとほぼ同様と見てよいと思われる。では，従来の借地借家の法システムと92年法とを通じた最も大きな土地・建物利用市場の規律要因は何であろうか。

借地借家にかかわる貸手，借手の双方の当事者にとって結局のところ決定的に重要な要素は，①いつ利用関係が消滅することとなるか，②利用関係継続中における賃料の水準がどのように変化することとなるか，③これらの帰結として，借地借家に係る対価の総和がどの程度見込まれるのかの3点であろう。

したがって，①については，正当事由がどのような要件の下で備わることとなるのか，②については，賃料増減額請求がなされた場合にどのような原理により賃料水準が決定されることとなるかの問題であり，③については，これらを明らかにすることにより結論が得られる。

このため，以下では，従来の判例，不動産鑑定評価理論，借地借家の実態等を検討することにより，借地借家の法システムが土地・建物利用市場に対してどのような影響を及ぼしているかについて分析し，これを踏まえて，望ましい当事者間利害調整システム，望ましい土地利用秩序の双方を満たす制度のグランドデザインと92年改正前後を通じた借地借家の法システムとの間にどのような差異があるか，それを解消するためにはどのような方向のシステムが必要とされるのか等について検討していくこととしたい。

第3節　判例の動向

うえに述べた問題意識の下に，特に，正当事由の判断，継続賃料の判断に関する判例の動向を概観する。

(1)　正当事由の判断

判例の傾向としては，貸手の自己使用の必要性がある場合であっても，特段の事由がある場合等を除いては，立退料の提供がない場合は，正当事由が備わらないとするものが主流である。正当事由を補完する要因として立退料の提供と引き換えに正当事由が備わるとして貸手からの明渡し請求を認めるのが一般的であるといってよい。このような判例の傾向の中での正当事由具備にかかわる基準ないし評価ポイントとなる要素について抽出してみるとおよそ次のようになる[(1)]。

①　建物の老朽化の要素が一般的に正当事由を強化する方向で考慮される。

② 貸手の土地利用が自己使用の必要を前提とするか否かによって正当事由の強弱が異なる傾向にある。

③ 土地の有効利用の必要性について，周辺土地利用の変化等を踏まえて認定し，正当事由を強化する要素として考慮する傾向がある。

④ 借手の自己使用の必要性，特に営業用途である場合は，代替物件の確保の可能性が小さいこと，顧客喪失のおそれが正当事由を弱める方向で作用する傾向がある。立退料の金額いかんにかかわらず，代替物件がない以上正当事由を備えないとするものもある。

⑤ 無断増築など信頼関係破壊行為が正当事由を強化する方向で考慮されることがある。

⑥ 立退料については，明渡しによって貸手が土地の有効利用を実現することが可能となることを踏まえた貸手側に将来生じるであろう利益を考慮し，その中から借手に一部を分配させることを当然とする傾向がある。

⑦ 立退料の内容としては，移転料相当とするもの，借家権価格相当とするもの，これらに加えて代替物件確保費用，休業補償，営業補償，営業廃止せざるを得ない場合の危険負担等を含ませるもの等があり，必ずしも固まっていない。

⑧ 以上のような諸要素を勘案して判断するのが判例の傾向であるが，底流にあるのは，どちらかの言い分が明らかに相手方よりも優っているときはそれを優先し，どちらの当事者の言い分ももっともであるが，借手側の損失が金銭によっては償い難い場合には正当事由否定，償える場合には立退料と引換えに正当事由を具備とするのがおおまかな方向ではないかと思われる。要するに，当事者の利害調整を図るとの観点から，紛争に至るまでのあらゆる当事者の事情を考慮して，裁判時点での気の毒さの程度の比較衡量により決着をつける傾向がある。

したがって，まさに総合勘案の内容自体が個別の価値判断に依存し，論理的な解をさまざまなケースに対応して用意するのは困難である。どのメルクマールがいかなる場合にどの程度の重みをもつかについてあらかじめ予測できるような法則性を判例から読みとることもきわめて困難であるといえよう。

(2)　継続賃料に関する判断

継続賃料に関する紛争については，裁判上鑑定評価に基づいて判断されることが多い。継続賃料の鑑定評価手法としては，一般的に「不動産鑑定評価基準」(1990.10.26土地鑑定委員会答申。旧基準は1969．9．29住宅宅地審議会答申)に基づき，差額配分法(正常賃料＝新規市場賃料と実際賃料の差額を貸手と借手で配分して求める)，積算法ないし利回り法（基礎価格に期待利回りを乗じて得た額に必要諸経費等を加算して求める)，スライド法(現行賃料にその設定時からの地価，物価，所得等の変動率を乗じた額とする)，賃貸事例比較法(賃貸事例を収集して，事情補正，時点修正，地域要因比較等を行って求める）の４つがあるとされている。

判例上は，これらのうちいずれかによるか，複数の方式を総合勘案するものかに分かれるが，いずれかの方式が普遍的に適切妥当との判断はみられない。個別事情や証拠として採用された鑑定評価書がどの方式によっているか等により異なっており，判例の傾向として方式に対する優劣の判断は必ずしもないと思われる。このような前提のもとで，あえて継続賃料判例の特徴をあげてみると次のようになる[(2)]。

①　あらかじめ賃料改定方式を特約した場合は，算定方式が相当である限り有効であり，固定資産税額，路線価等の変動率に対応した改定方式は一般的に有効とされる。しかし，著しい地価高騰があった場合など，借手の負担能力等との関係で裁判所が不相当ないし不合理と判断した場合には，賃料改定方式の特約は無効とされる。実際上，経済変動がたまたま小幅であった場合のみに意味をもつ取決めということになる。

②　賃料改定方式の特約がない場合，鑑定評価に基づいて賃料が決定されることが一般的であり，各種方式を総合勘案して判断される。ただし，最近の判例では差額配分方式に力点を置くものが多いといわれる。いずれの方式をとるかについては，結局のところ算定された金額が借手にとって実際上負担が困難でないかどうかが主要な考慮要素となる傾向がある。

第４節　判例が借地借家市場に与える影響

以上のような正当事由及び継続賃料に関する裁判所の判断の傾向を前提とし

たとき，当該紛争の当事者以外の潜在的な借地借家市場への参入者たる貸手，借手の予備軍がどのような心理の下でどのような行動をとることとなると見込まれるかという点は，当該紛争の解決に優るとも劣らず重要である。もし，ある判例の結論が潜在的当事者の行動に何らかのバイアスとして作用し，それが結果として何らかの権利・利益を損なっているような実態があるとすれば，判例は変更されるべきであり，それが容易でないとすれば望ましい判例となるよう拘束するための立法措置が講じられる必要がある。民事法学も経済学もこのような意味での民主的プロセスを少しでも実証的・科学的なものとすることを支援することが重要な使命の一つであるはずである。

したがって，法解釈学であっても，一般論としてはその事件限りの当事者の紛争解決策としての妥当性のみに目を奪われることは避けなければいけない。幅広く注意深い社会経済的連鎖反応のシミュレーションを試みる視点を失ってはならない。

ここでは，このような認識の下で，借地借家判例の社会経済的連鎖反応についてのシミュレーションを試みる。

⑴　返還時期

正当事由制度の下では，貸手の側では，借地であれ，借家であれ，建物の著しい老朽化や立退料による正当事由の補完等がない限り明け渡しを求めることは実際上困難である。立退料については，貸手が常に土地の有効利用により大きい利益を得るわけではないから負担が困難なケースもありうる。したがって，土地・建物の返還時期は，相当程度遠い将来であるか，または無限大の将来すなわち返還がなされないことも前提とせざるをえない。さらに，その遠い将来についても具体的に予測し，実現を図ることが困難である。

したがって，貸手にとっては，一時的に土地・建物を貸す場合に，借手が望む以上，紛争が生じて司法判断をあおいだとしても，無償又は短期間で返還がなされるとの期待をもつことはできないこととなる。いいかえれば，余剰土地・建物を所有する潜在的地家主も，有償返還かつ不確定な長期間の存続期間を許容できる者（仮に許容できてもリスクに見合う高額な権利金等を要求するであろう）以外は，借地借家市場に参入してこない可能性が強いということである。

(2) 正当事由具備のコスト

正当事由が具備するためには，相当高額の立退料が必要となるのが一般的である。そして立退料には，最低でも移転料，借手の事情次第では，これに営業補償，休業補償等が含まれうる。さらにこれらに加えて借家権価格が含まれることも多い。事例によっては，立退料の総額が，賃貸借期間中に授受した賃料総額の数倍にものぼることがあるという（澤野（1990）213～217頁)。ある判例では，老朽化したアパートの一室の単身者たる借手のケースでの正当事由について，借家権価格340万円，移転雑費18万2,000円，借手には移転に伴う大きな経済的・非経済的な損失がほとんど考えられない点，借手が他に居住可能なマンションを所有している点などをすべて認定したにもかかわらず，700万円の提供と引換えに正当事由を認めた(注(1)の東京地判1990. 2 .19)。判例自身が認める鑑定額の約2倍の立退料の内訳は明らかでない。

結局，正当事由が備わるためには，最低限借手が被ることとなる損失はすべて貸手において立退料として負担することとせざるを得ないのである。さらに，その額が具体的にどの程度にのぼるかを，あらかじめ予測し計画的に処理することは困難である。まさに，借地借家の利用関係終了時点において具体的に借手がどの程度住宅等に困窮していることとなるか，代替物件がすぐ近所で見つけられそうかどうか，借手の営業が立地特性故に多大な収益を生み出すこととなるかどうか，休業する場合に事業の内容に鑑みどの程度の逸失利益が発生するか，借家権価格発生の基礎的要因の1つである正常賃料と実際賃料との隔差がどの程度になりそうか（これは賃料増減額訴訟において最終的には担保されるが，判例の傾向から具体的金銭価値に置き換えて予測するのは困難である。)，したがって借家権価格がどの程度になるのか，等々の要素がどのように発現するかに，立退料の金額が依存しているのである。ここに掲げたような要素は，一般的に，一貸主において客観的に予測することが不可能な要素であり，偶発的事情や，土地利用の変化といった外在的事情，借主自身の意思と能力等に規定される以上，契約締結時において，利用関係終了時のコストを正確に見積もることは実際上不可能となってしまっている。

いいかえれば，予測はできないにもかかわらず，借地借家権関係における貸手の地位に立とうとする者は，最悪の場合借手側の生活や営業の結果生じるであろうさまざまな利益で，利用関係消滅によって失われるであろうもののすべてに対して全責任を負う覚悟がなければならないのである。したがって，あらかじめこのようなリスクの期待値に見合うだけの権利金等の授受を行う場合はともかく，それが困難であればやはり余剰土地・建物の所有者であっても借地借家市場に参入してこない可能性が強いということになる。

(3)　利用期間長期化のコスト

すでに述べたように賃料増減額請求訴訟においてどのような判決がなされるかによって，借地借家の収益性は大幅に変動する。しかも，正当事由具備の要件に照らせば，実際賃料と正常賃料の間の開差が大きい程借家権価格が高額になる以上，賃料が安く，収益性の低かった借地借家ほど利用関係終了時における立退料が高額となる。したがって，利用関係が長期にわたるほど賃料の更新の頻度が多くなると見込まれる以上，直接には継続賃料設定の繰り返しを通じて新規正常賃料よりも低い賃料水準が長期化することのコストが貸手側に発生することとなる。

仮に，賃料改定方式を改め特約しておいても「継続賃料を同等の物件の新規市場賃料と同水準とする」旨の特約は常に無効であるし，路線価や固定資産税額にスライドさせる方式も，その上昇が著しい場合は，結局のところ「相当でない」こととなるので，あらかじめ予測に確実性を付与することを意図してなす特約として意味をもたないのである（注(2)の京都地判1981.10.23 及び東京地判1991.3.29参照)。現実の借家実務においてこのような特約があまりみられないのは，判例において，特約が意味をもちうる場合にそれに意味をもたせない判断をするのが常態になっていることを貸手側が学習していることを反映している。したがって，賃料改定方式の特約には継続賃料抑制主義をバイパスする効果を期待することはできず，貸手にとっての気休め程度にしか機能しないといっても過言ではない。

また，特約がない場合，現行鑑定評価理論も，判例も，一般的に継続賃料が新規賃料よりも低額となることをそもそも当然の前提としており，各種算定方式はその範囲での程度の差であるにすぎないのが実態である。しかし，この問題は，実額ベースはともかくとして，理論ベースでは差額配分方式を採るときに最も顕在化することとなる。

すなわち，賃貸事例比較法であれば，周辺相場次第であるので，新規正常賃料の事例が多ければ比準賃料も同額の水準となるので，方式そのものは，継続賃料に対して，新規正常賃料からマイナスアルファまでの範囲内のいずれの水準に対しても中立的である。

スライド法については，変動率にどのような指標を用いるかについて幅があるが，要するに土地又は建物の利用市場における価格＝賃料水準の変動率を求めるために代替指標を総動員してシミュレーションする方法であるので，理論的には新規正常賃料の異時点間の比較による変動率を適用することが想定されている。厳密に考えれば，スライド法による場合は，現行賃料が正常賃料によっている場合は，継続賃料もその時点の正常賃料に等しくなることとなる。現行の鑑定評価実務では，地価や物価等の変動率がうえの意味での変動率の代替指標であることが十分認識されていないせいもあり，この方式による場合も正常賃料よりも継続賃料を抑制することが一般的であるが，本来のスライド法には継続賃料抑制の契機は理論上含まれていない。

積算法については，基礎価格そのものの変動は比較的客観的な性格をもつ(考え方のうえでの裁量性が小さい)し，利回りについては，鑑定評価基準上も「現行賃料を定めた時点における基礎価格に対する純賃料の割合を標準」とすることと明記されている（純賃料には必要諸経費が含まれない)。したがって，この方式では，基礎価格に対する利回りは，例えば，遠い将来の収益の増大を見込んで基礎価格が大きく上昇したが，当面の収益には大きい変動がないと見込まれるような場合には，大きく低下することになり，当初の純賃料割合から乖離することとなるが，このような要因が存在しないときは，従前賃料が正常賃料である場合，基礎価格の上昇は当面をも含む将来の期待収益の上昇によるものであるので，結局継続賃料も正常賃料に帰着することになる。いずれにせよ，この方式による場合も，理論上は継続賃料を正常賃料よりも抑制する方向のバイアスは何ら働かず，その意味で賃貸事例比較法と同様中立的であるといってよい。

これらに対して，差額配分法は次に述べるような意味できわめて価値判断依存的であり，しかも，常に継続賃料抑制要因として機能することが理論的にも予定されている。すなわち，鑑定評価基準によれば，「対象不動産の経済価値に即応した適正な実質賃料……と実際実質賃料……との間に発生している差額について，契約の内容，契約締結の経緯等を総合的に勘案して，当該差額のうち貸主に帰属する部分を適正に判定」して継続賃料を求めることとされており，「適正な実質賃料」とは「正常賃料」であるとされる。そして，「貸主に帰属する部分」の判断については，契約上の経過期間，残存期間，契約締結経緯に加えて，「貸主又は借主の近隣地域の発展に対する寄与度」を考慮することとされている。この方式によれば，正常賃料が上昇したときであっても，継続賃料は常にそれを下回る額となることが保証されており，しかも，上昇額のうちどれだけの割合が貸手と借手に分配されるべきかについての客観的な基準は存在しない。現実の実務では，50％ずつに分配する例が多いという（澤野（1990）137頁）。この方式の適用によると，契約期間が長期間となればなるほど，正常賃料が上昇する以上，それと継続賃料との間の開差が開き続けることになる。契約期間については，すでにみたように長期間を想定せざるを得ないことが多く，しかも，一般的に，高額のコストを負担しなければ終了しないと見込むことが合理的な判断となる。そうすると，特に借家の場合には，貸手が賃貸経営の収益性を高めることを至上命題とするなら，返してもらわなくてもいいから賃料さえ十分確保できればいいと単純に割り切ることは危険である。契約期間の長期化はすなわち賃料収入の低下をもたらすからである。結局のところ，十分な賃料収入を得続けるためには，契約期間が長期間とならないようにするしかなく，借手が自発的に短期間で回転するような賃貸借関係が貸手にとっては有利となる。子供が小さい家族などとの間での賃貸借関係は，借手の事情からは長期間の居住の安定が必要となる。自発的に利用関係を短期に終了させる可能性は小さい。借手が望む以上基本的には利用期間は長期にならざるを得ない。これに対して，単身サラリーマンや学生を相手とする賃貸借関係は，結婚や就職により転居していく可能性が大きい。これに伴い，新規入居者との間では，賃料に関する借家法上の規律が及ばないため正常賃料の設定が可能である。これを繰り返すことにより，収益性の低下を免れることができ，実態上，正当事由制度による利用期間の長期化，立退料の支払といった制約からも併せて解放されることとなる。

したがって，貸手の側では，単身者向けのワンルームマンションなどを供給する方が，ファミリー向けなどの回転率の低い住宅を供給するよりも有利となる。供給する総床面積は，細分化した方が収益性が高まるのである。後に述べるように，現実の借家市場においても，ワンルームなど規模の小さいものが圧倒的なシェアを占めている。にもかかわらず，このような貸主の行動は，現行借地借家の法システムを前提とする限り，彼らにとってはきわめて合理的といわざるをえない。

このような結論は，一般的に，差額配分法のみならず，他の方式による場合であっても，実務上正常賃料よりも継続賃料が抑制される傾向にある以上妥当するものと考えてよい。このことは，もちろんファミリー向け借家がまったく市場に供給されないことを意味するわけではない。後に述べるように企業向け借家など，個別的な事情によっては供給がなされる。しかし，少なくとも大数観察の世界では，供給者全体の傾向としては合理的な，すなわち上に述べたような行動をとることが広く認められると考えることには十分な根拠がある。

なお，継続賃料が新規正常賃料よりも抑制される運用の下では，長期的には後者が，そのような運用がない場合と比べて高い水準で均衡することになる。現実に正常賃料を求める場合，このような要因を踏まえた修正が必要であることに留意する必要がある。

(4) 市 場 均 衡

以上，主として供給者側である貸手のインセンティブが借地借家制度によりどのような影響を受けているかをみてきた。では，需要者側である借手のインセンティブについてはどうか。借地借家法制は，基本的に借手保護のための法制であり，民法の契約自由の原則を修正したものである。すでに設定された借地権，借家権を正当事由制度や継続賃料抑制によって保護することは借地権価格，借家権価格を上昇させることに結びつく。このような借地権価格，借家権価格が，立退料にまで反映することになることが広く一般に知られるようになるにつれて，新規に権利が設定されるときにその設定の対価としてやはり借地権価格，借家権価格に相当する権利金等の授受の慣行が発生することとなった。貸手側の防衛行動である。よく知られるように，特に借地の場合には，これが完全所有権価額の70～80％程度にのぼるようになった。これだけの対価をあらかじめ支払わなければ利用関係に入れないのであれば，一時金が少なく，自由な転出入が容易であるという賃貸借関係そのものの本来のメリットが結果として減殺しているといわざるをえない。このような本来のメリットに着目した需要，すなわち確定期限付の利用関係でも支障がない，一時金がなく毎期の賃料が正常賃料である方がよいという需要は，供給がないまたはきわめて過少なため，市場では十分実現していない。このようなタイプの需要関数そのものは存在しているが，供給関数との交点がほとんど存在しないため，結果として市場がない状態と等しいと考えられる。この場合の需要関数は，借地借家法制から影響を受けていないとみてよい。反面，現在の法制によって保護されているタイプの需要は，新規に参入するときの権利金等のコストが大きくなるため，既存の利用関係の借手はともかく，これからの利用市場での借手は結果として十分な保護を受けることにはならない。そのような意味で結果的にこのタイプの需要関数も法制の影響を直接には受けていないと考えられる。他方，現在も市場でみられるワンルームマンション等小規模借家に対する需要は，現在すでに借家法制の保護の対象として実態上大きい意味をもっていないので，借家法制によるこのタイプの需要関数への影響も大きくはないとみられる。

このように，細部にわたってはさまざまな可能性があるものの，基本的に需要側の要因は借地借家法制の大きい影響を受けていないと考えられる。

以上により，借地借家法制がない状態と比べて，それがある状態の現況では，①従来から保護を受けていたタイプの需要に対応した新規の市場は大きい変化がない，②ワンルームマンションなど従来から借家法制の実質的なバイパスとして機能していた分野への需要に対応した市場もやはり大きい変化がない，③従来から保護を受けることが想定されつつも，結果的には保護故に供給が過小となっていた借地やファミリー向け借家等で，長短問わず確定期限付であったり，正常賃料主義と引換えに一時金授受を減らすタイプの需要に対応した市場は[3]，供給の抑制により大きく縮小した状態となっていると考えることができよう。

第5節　データによる検証

(1)　貸家の規模

1998年の住宅需要実態調査によれば，首都圏の1都3県での総住宅ストックから公的賃貸住宅及び給与住宅を除いた民間住宅ストックの室数別借家比率は，1室で90.5%，2室86.2%，3室59.7%，4室21.6%，5室3.3%，6室2.0%と室数増に伴い低下し，7室以上ではわずか1.0%にとどまっている（図6－1）。1998年の住宅・土地統計調査によれば，全国の貸家ストックから公的賃貸住宅及び給与住宅を除いた民間貸家ストックを規模別にみると30m²未満が37.0%，50m²未満では71.7%にのぼる（図6－2）。また，同調査により，京浜大都市圏の民間住宅ストックの室数別分布（1998年）をみると，4室以上の住宅は持家では89.5%を占めるのに対して，借家では17.5%にとどまる（図6－3）。フローベースでみても，全国の1999年度の持家全体の平均床面面積が139.3m²であるのに対し，住宅金融公庫融資を受けた貸家で65.7m²，受けていない民間借家では47.3m²となっている（住宅着工統計，図6－4）。1988年に中野区で新設された民間賃貸住宅の間取りをみても，1室，1K，1DK，ワンルーム等の小規模間取りの計で過半数の52.1%を占め，それ以外も大部分が2K，2DKといった小規模世帯向けである（中野区「民間賃貸住宅の経営者（家主）に対するアンケート調査」1990年，図6－5）。

これらをみると，借家については，ストックベース，フローベースともに単身者等向けの小規模なものが圧倒的なシェアを占めるにいたっている。

(2)　戦前との比較

正当事由制度は1941年に導入されたが，1939年の地代家賃統制令等の効果と相まって，借家を激減させたと考えられる。すなわち，1941年の厚生省「大都市住宅調査」によれば，全国の主要24都市の借家率（給与住宅を除く。以下同様。）は78.3%であったが，その後急速に減少し，1998年の住宅・土地統計調査によれば，借家率（公的借家及び給与住宅を除く。以下同様）は全国市部で35.9%となっている。また，京浜大都市圏の民間住宅ストック（借家）の室数別分布を1941年

図６－１　民間住宅ストックの居住室数別・所有関係割合（首都圏）

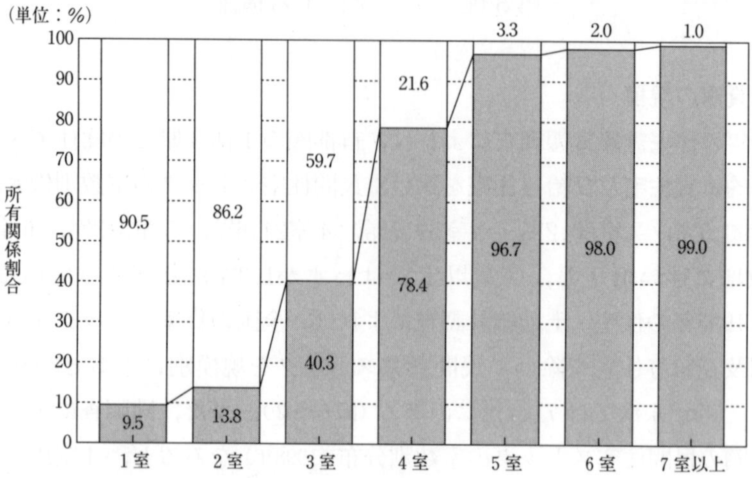

（備考）　１．建設省「住宅需要実態調査（1998年）」より作成。
２．▒▒は持家，□は借家。
３．民間住宅とは，全ての住宅から公的賃貸住宅および給与住宅を除いたもの。
４．首都圏とは，埼玉，千葉，東京および神奈川の１都３県。
５．居住室とは，居間，茶の間，寝室，客間，書斎，応接間，仏間，食事室などの居住用の室。

図６－２　民営借家ストック・延べ床面積別構成

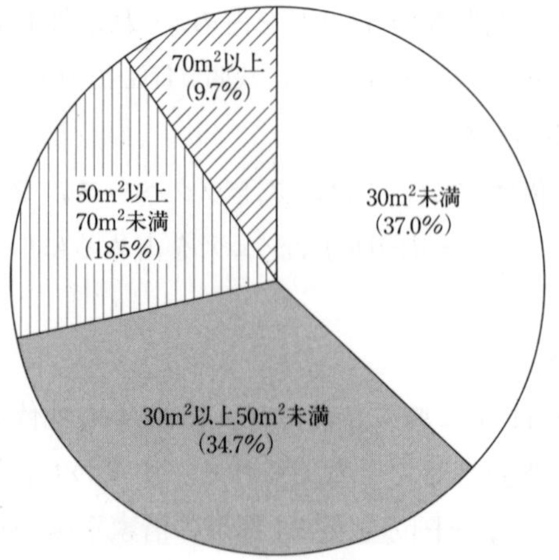

（備考）　１．総務庁「住宅・土地統計調査（1998年）」より作成。
２．民営借家とは，すべての借家から公的賃貸住宅および給与住宅を除いたもの。

図6―3　持家及び借家の室数別構成（京浜大都市圏）

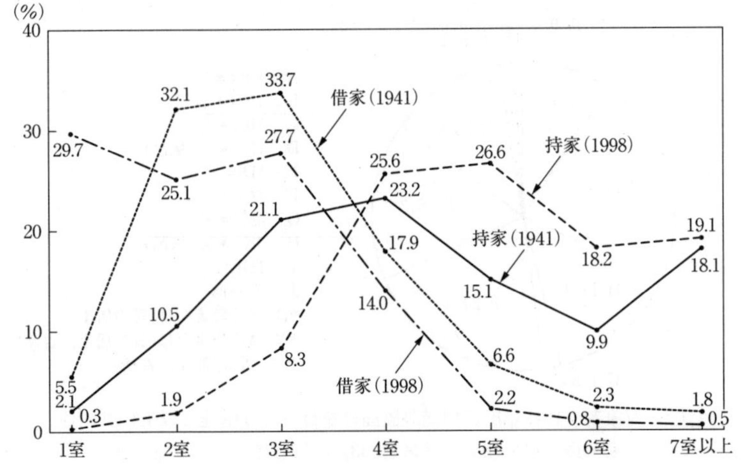

（備考）　1．1941年については厚生省「大都市住宅調査」，1998年については総務庁「住宅･土地統計調査」による。
2．京浜大都市圏とは，1941年については東京市，横浜市および川崎市の計を言い，1988年については中心市（東京都特別区部，横浜市，千葉市）および周辺市町村を言う。
3．1941年については，給与住宅を除いた民間住宅ストックを対象とし，1988年については公的賃貸住宅および給与住宅を除いた民間住宅ストックを対象としている。

図6―4　貸家建設における規模の推移

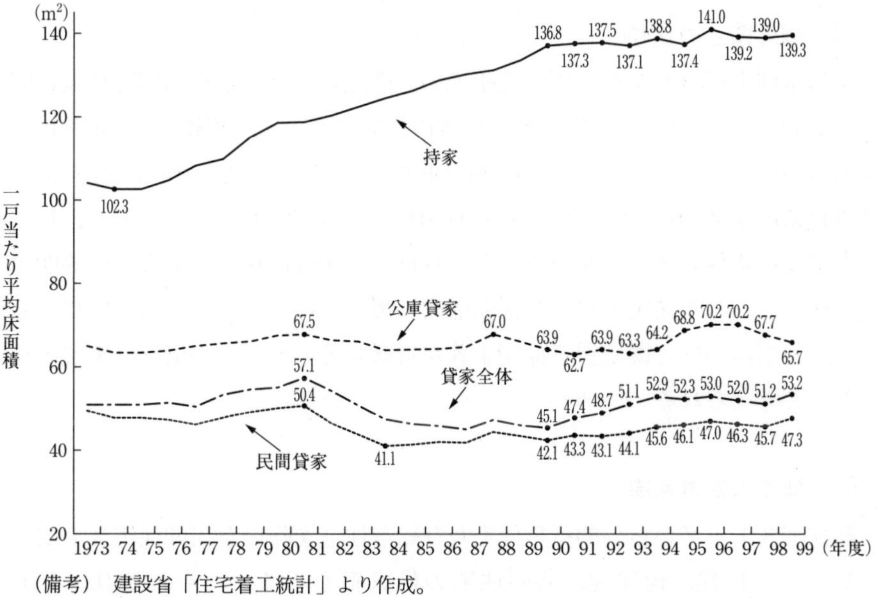

（備考）　建設省「住宅着工統計」より作成。

図６－５　新設民間賃貸住宅の間取り別戸数割合

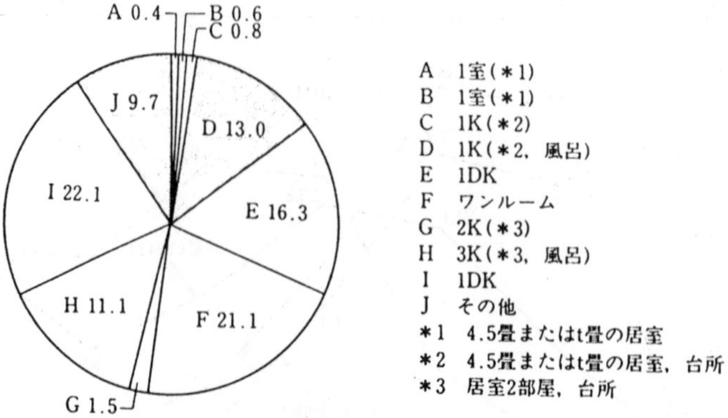

（注）　対象者：1988年度に標識設置届けを行った３階建て以上の共同住宅・長屋建て住宅の経営者233人，回収率46%。

（資料）　民間先貸住宅の経営者（家主）に対するアンケート調査（中野区，1990年）。

と1988年で比較すると，３室以上の借家のシェアがいずれも低下しているのに対して，１室及び２室の借家のシェアは増大している。特にワンルーム借家のシェアが5.5%から29.7%に増大しているのが注目される（図６－３）。

⑶　諸外国との比較

㈶日本住宅総合センター『居住水準の国際比較―居住水準の国際比較に関する基礎的調査』(1991年)によれば，日本の民間借家の平均規模が29.8m²(1988年)であるのに対して，イギリス69.7m²(1986年)，フランス65.8m²(1984年)，アメリカ合衆国112.0m²（1985年）（諸外国分はいずれも中央値）となっており，日本の民間借家の規模の狭小さが目立つ。これほどの規模の違いを最もよく説明できる要因は，これら諸国と比べて民間借家市場のすべてにおいて借家法による強力な正当事由制度と継続賃貸抑制主義が貫徹している日本の借地借家法の存在であると考えられる。

⑷　建て方別借家率

総住宅ストックから公的賃貸住宅及び給与住宅を除いた民間住宅ストックについて，一戸建，長屋建，共同住宅の借家率をみると，それぞれ，全国で

図6－6　民間住宅ストックに占める建て方別借家割合

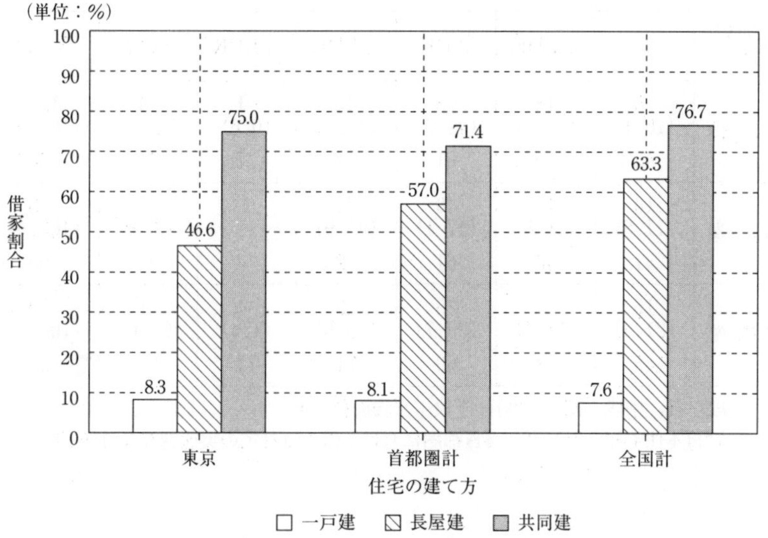

（備考）　1．総務庁「住宅・土地統計調査（1998年）」より作成。
2．民間住宅とは，すべての住宅から公的賃貸住宅および給与住宅を除いたもの。
3．首都圏とは，東京，横浜，千葉及び周辺の市町村。

7.6%，63.5%，76.7%，首都圏（京浜葉大都市圏）で8.1%，57.0%，71.4%となっている（1998年住宅・土地統計調査，図6－6）。このように一戸建の借家市場のシェアが非常に小さいのは，一般的に共同住宅の方が床面積単価が小さく供給しやすいということのほかに，余剰ストックとしての一戸建は共同住宅等に比べて一般的に将来の自己使用の必要性，新たな土地利用転換の可能性が強く，借家法制の適用を受けることを貸手側が忌避していることを反映しているとみることもできる。

(5)　借上げ社宅

㈶日本住宅総合センター『首都圏における借上げ社宅の実態調査』（1992年）（以下『借上げ社宅調査』という。）によれば，1都4県の企業の最新の一般従業員用借上げ社宅の規模は，平均で54m²，2LDK，3DK，3LDK，4DK，4LDKの合計のシェアは71.8%にのぼる（表6－1）。一般従業員用と役職者用の区別がない場合については，平均で60m²，2LDKから4LDKまでの合計シェアは81.2

表6—1　借上げ社宅の規模（一般従業員・役職者用の区別がない場合）

区分＼間取り	2 DK	2 LDK	3 DK	3 LDK	4 LDK	その他	合　計
全　　体	25 (16.1) 43	18 (11.6) 49	65 (41.9) 61	42 (27.1) 72	1 (0.6) 77	4 (2.6) 31	155 (100.0) 60
製 造 業	10 (11.8) 41	10 (11.8) 46	40 (47.1) 61	22 (25.9) 72	—	3 (3.5) —	85 (100.0) 60
非製造業	15 (21.4) 45	8 (11.4) 52	25 (35.7) 60	20 (28.6) 71	1 (1.4) 77	1 (1.4) 31	70 (100.0) 59

（注）　上段：社，中段：割合（%），下段：平均面積（m^2）
（資料）　㈶日本住宅総合センター『首都圏における借上げ社宅の実態調査』，1992年。

表6—2　借上げ社宅の規模（一般従業員の場合）

区分＼間取り	2 DK	2 LDK	3 DK	3 LDK	4 DK	4 LDK	その他	合　計
全　　体	11 (23.9) 47	12 (26.1) 48	14 (30.4) 56	5 (10.9) 70	1 (2.2) 82	1 (2.2) 82	2 (4.3) 50	46 (100.0) 54
製 造 業	7 (24.1) 47	8 (27.6) 51	9 (31.0) 55	1 (3.4) —	1 (3.4) 82	1 (3.4) —	2 (6.9) —	29 (100.0) 54
非製造業	4 (23.5) 46	4 (23.5) 46	5 (29.4) 59	4 (23.5) 70	—	—	—	17 (100.0) 55

（注）（資料）　**表6—1**に同じ。

%にのぼる（**表6—2**）。

また，ある大手の借上げによる民間賃貸住宅管理業会社では，単身向き住宅に占める法人への賃貸が約30%，ファミリー向け住宅に占める法人への賃貸が約60%となっており，小規模住宅とは逆に，ファミリー向け住宅では法人貸しが相当のシェアを占めるに至っている（1993年11月に聞き取り）。

図6－7　家賃指数の推移

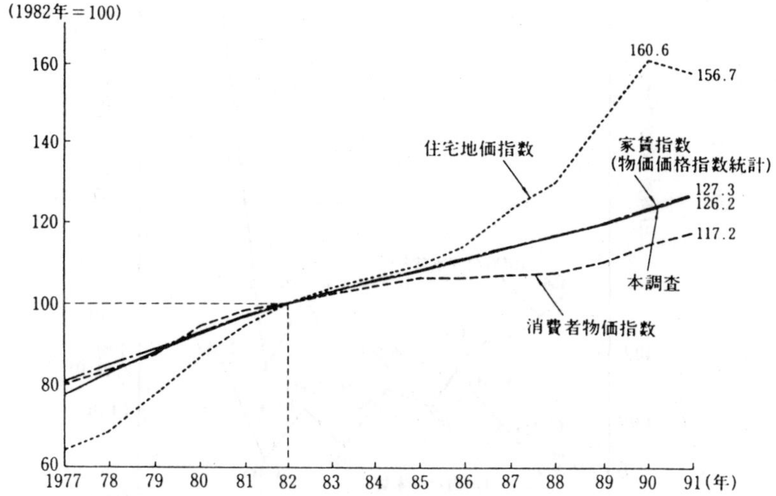

（備考）　1．全国の家賃経営者に対するアンケート調査による。
　　　　　2．本調査の家賃は，新規家賃，継続家賃の双方を含む。
（資料）　民間賃貸住宅推進研究会編『貸家市場の現状と今後の貸家施策のあり方』，1993年。

図6－8　部屋タイプ別家賃指数の推移（全国）

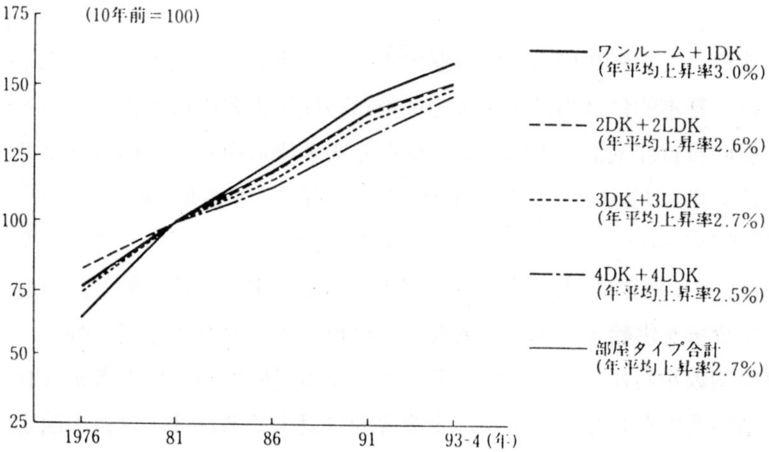

（備考）（資料）　図6－7に同じ。

図6－9　首都圏における住戸型別の家賃（1988年）

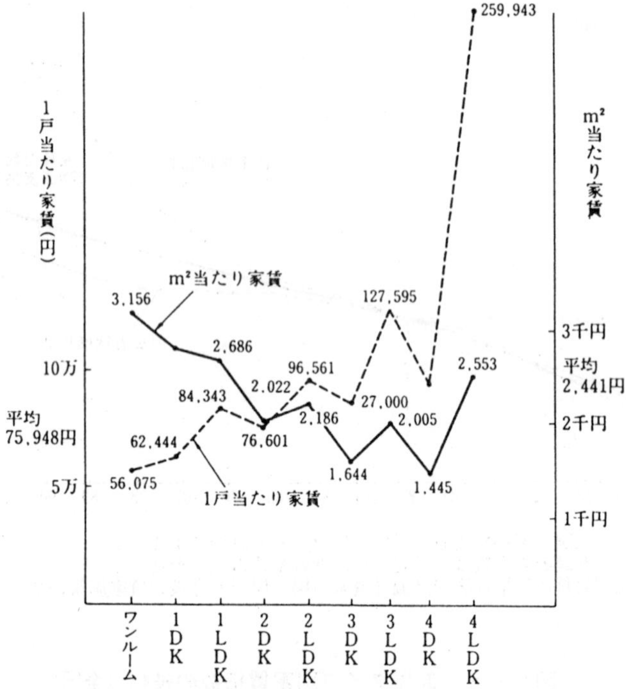

（資料）　建設省『貸家供給実施調査』，1988年。

これらのことから次のことが推測できる。企業ないし法人による借上げ社宅の需要は，基本的には当該企業等の従業員の住宅需要の派生需要であるから，市場一般の賃貸住宅需要者と大きく異なる需要構造をもっているとは考えにくい（ただし，借上げ社宅調査では入居資格として「配偶者，扶養者のあること」を73.9%の企業が挙げているので，この分は割り引いて考える必要がある）。そうすると，企業等向け借上げ住宅の規模が大きいのは，貸手である家主の供給行動が，一般の個人に対して貸家を供給する場合と異なり，供給のインセンティブが強い，すなわち，供給関数が右にシフトしていることによる可能性が強いと考えられる。この最も強い要因として，貸手が，企業等向け貸家であれば，家賃の改定等にトラブルが少なく（借上げ社宅調査によれば，法人契約をしていても，入居者が変わるたびに改めて礼金，仲介料等の一時金を請求されるケースも多いという），超長期に居住継続が必要となる可能性も小さい(転勤がありうる，同じ者についてみれば最長でも定年退職までしか居住しない等)ので正当事由制度をバイパスできる可能性が大きいと考えて積極的な供給行動をとる傾向があるという点を挙げることは不合理でないと考えられる。

(6) 家　　賃

民間賃貸住宅推進研究会編『貸家市場の現状と今後の貸家施策のあり方』(1993年)によれば，1982年を100とする指数でみると，1991年には，住宅地価格が156.7，家賃は126.2となっている(図6－7)。また，同書の部屋タイプ別の家賃水準の推移の集計によれば，ワンルーム＋1DKで年平均上昇率3.0%，3DK＋3LDKで同2.7%，4DK＋4LDKで同2.5%となっており，小規模なものの家賃上昇率が特に高くなっている(図6－8)。これは小規模なものほど入居者の回転率が高く，家賃を実質的に正常賃料の推移に合致させやすいことを意味していると考えられる。さらに，首都圏の単位面積当たりの家賃をみても小規模なものほど高額となっており，3DKとワンルームでは約2倍の開きがある(建設省「貸家供給実態調査」1988年，図6－9)。ただし，この点は，管理コストの点での規模の利益があることや，ワンルームマンションは立地が良いことをも反映しているが，それだけではこれだけの水準格差の説明はつかないと考えられる。

第6節　東京圏住宅市場モデルによる借家制度見直し効果の計測

筆者も参画した都市住宅事業研究会住宅・土地システム検討委員会(委員長：岩田規久男上智大学教授)の東京圏住宅市場モデルによる試算(1992)では，1991年から2000年までの東京都心への通勤1時間圏内の新設住宅(持家及び借家)市場において，① 継続賃料について正常賃料主義を採り，② あらかじめ合意により定めた期限に確定的に借家権が消滅するような借家法制の見直しがなされれば，初期設定家賃は，従前の45.5%であっても総収益の現在価値は変わらず，これによる貸家供給インセンティブの増大を通じて，趨勢による場合よりも借家戸数は41.6%増，持家を含む総住宅戸数は16.9%増，持家価格は4.3%低下，初期家賃は8.7%低下となるとされている。その内容は，以下の通りである。

(1)　効果計測の考え方

1）基本的考え方

借家制度の見直し等政策の変更は，借家賃貸借市場における借家需要関数，借家供給関数等を変化させる可能性がある。この時，需給均衡点によって求められる新設借家戸数及び借家家賃は変化する。この需給均衡点の変化による政策変更の効果を計測することが基本的考え方である。

なお，新設住宅市場は，持家の売買市場及び借家の賃貸市場から構成される。これらは独立な市場ではなく，相互の需給均衡量及び価格に影響を及ぼしあう。例えば，需要側に何ら変動要因がなく，持家供給が一定であったとしても，何らかの要因変化により借家供給が促進された場合，従前に比較し，借家賃貸市場における需給均衡は増大するため，持家市場における需給均衡量は減少し，持家の均衡価格は下落する。このため，借家制度が新設住宅市場に与える影響を見る場合にも，持家の売買市場及び借家の賃貸市場の同時需給均衡を算出する必要があり，持家及び借家双方についての需要関数及び供給関数を求める必要がある。

2）借家制度見直しが新設住宅市場に与える影響

借家制度が見直されても，他の条件が一定であれば，持家需要及び借家需要には影響を与えない。持家供給についても同様である。しかしながら，借家供給に対しては大きな影響を与える。

継続賃料について正常賃料主義を採り，あらかじめ合意により定めた期限に確定的に借家権が消滅するような借家法制の見直しがなされれば，同じ条件の借家経営であっても，現行借家制度下の場合と比較し，家主の期待収益は大きく増大する。なぜならば，継続賃料についての合理的な改定が可能となるほか，例えば周辺の市街化の進展やインフラ整備により，土地の最有効使用の形態が変化した場合，土地利用変換に伴う費用が大幅に低減するためである。

図6－10　借家法制見直しによる効果の計測フロー

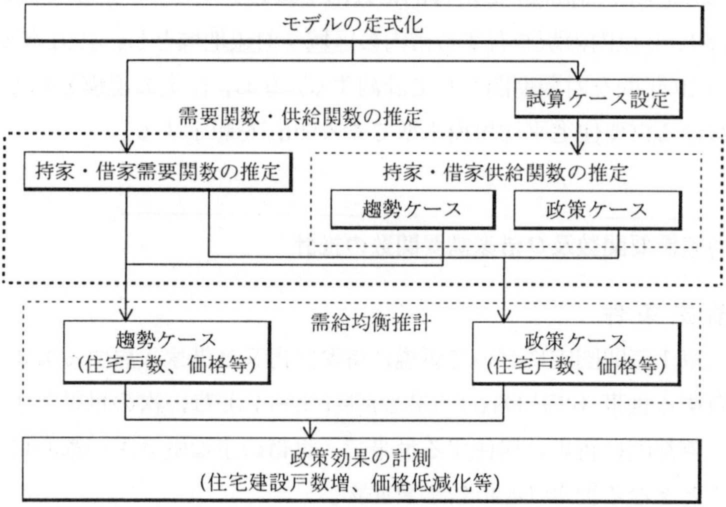

3）借家制度見直し効果の計測方法

このため，次の手順により，借家制度見直しによる効果を計測する。

① 現行借家法制がそのまま維持されるケース（以下「趨勢ケース」という。）における所与の新設住宅市場につき，持家及び借家に係る需要関数及び供給関数を推計する。

② 趨勢ケースにおける所与の借家経営条件における期待収益と，継続賃料について市場賃料主義を採用し，かつ，あらかじめ合意により定められた期限に確実に借家権が消滅するような借家法制の見直しがなされたケース（以下「政策ケース」という。）での同一の借家経営条件における期待収益を算出し，前者に対する後者の拡大に応じて趨勢ケースの借家供給関数をシフトさせることにより，政策ケースにおける借家供給関数を推計する。

③ ①，②より趨勢ケース及び政策ケースの各々について需給均衡による持家価格・戸数及び借家家賃・戸数を算出し，両者の差分を借家制度見直しの政策効果とする。

4）効果計測の前提条件

東京都心通勤1時間圏内，具体的には山手線のターミナル駅から概ね30分（急行，快速等利用）以内の駅を有する市内の区域を対象地域とし，1991年から2000年までの10年間を対象期間として計測する。なお，住宅の規模としては，対象地域における需要住宅平均規模水準である62m²を想定する。

(2)　持家需要関数及び借家需要関数の推計

1）前提条件

① 東京1時間圏内において新規に持家収得又は借家入居する需要を潜在的に有する世帯（以下「潜在住宅需要世帯」という。）は，次の世帯とする。

a）首都圏に新規に居住する世帯で，世帯の主な働き手が都心に通勤することとなる世帯（新規増大需要世帯）。

b）現に世帯の主な働き手が都心に通勤している世帯で，都心1時間圏外に居住している世帯（長距離通勤需要世帯）。

c）現に1時間圏内に居住している世帯で，住宅に対する改善計画を有し，新たな住宅の取得・入居を考えている世帯（住宅改善需要世帯）。

② 潜在住宅需要世帯は，持家の価格水準及び借家の家賃水準に応じて，持家又は借家のいずれかへの入居を選択する。その選択確率は，第5章で提示したランダム効用理論によると，持家価格及び借家家賃によるロジット式で表されると考えることが合理的である。このため借家選択比率関数としてロジット式を採用する。

③ 持家又は借家のいずれかを選択した潜在持家需要世帯及び潜在借家需要世帯も，実際には市場における持家価格又は借家家賃水準如何により，取得又は入居する。持家需要及び借家需要は，各々の潜在需要世帯数と価格水準に応じて取得又は入居する者の割合を与える累積分布関数の積により求められる。

2）定式化

以上の考察から，持家需要関数$D_1(P)$及び借家需要関数$D_2(P)$は，次の関数

表6－3　持家需要関数$D_1(P)$及び借家需要関数$D_2(P)$

$$D_1(P)=Q_{TOTAL}\cdot\{1-\phi(r)\}\cdot f_{D1}(P)$$
$$D_2(P)=Q_{TOTAL}\cdot\phi(r)\cdot f_{D2}(p)$$
$$\phi(r)=\frac{1}{1+\exp(-c_1\cdot\log(c_2P/p))}$$

Q_{TOTAL} ：潜在住宅需要（万戸）
$D_1(P)$：持家需要戸数（万戸）
P　：持家価格（万円/戸）
$D_2(P)$：借家需要戸数
p　：家賃（1 m²あたり，円/月）
$f_{D1}(P)$：持家需要累積分布関数
$f_{D2}(p)$：借家需要累積分布関数
$\phi(r)$：借家選択比率
r　：持家価格P/家賃p
c_1，c_2：定数

形として定式化される。

3）需要関数の推計

①　潜在住宅需要Q_{TOTAL}算出

潜在住宅需要戸数は，下表より300万戸と算出される。

表6－4　潜在住宅需要戸数

分　類	戸数	算出方法
新規増大世帯需要	43万戸	四全総フレームを踏まえた世帯数増の内，都心通勤世帯を推計。
長距離通勤世帯需要	49万戸	国勢調査（1985年）より推計
住宅改善世帯需要	208万戸	697万世帯(首都圏1時間圏内の現居住世帯)×35.2%(「改善計画あり」率，住宅需要実態調査（1988年))×84.8%(「新たな住宅の取得・賃貸を計画」率，同上)
潜在住宅需要	300万戸	

図6－11　首都圏1時間圏内で改善計画のある世帯

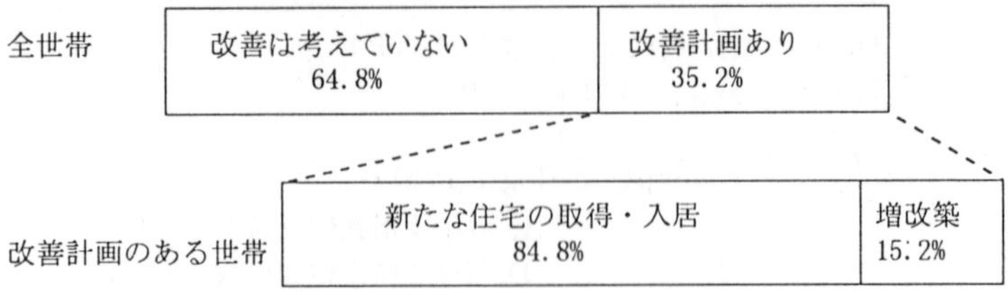

（備考）　建設省『住宅需要実態調査（1988年）』から作成。

②　借家選択比率$\phi(r)$の推計

1988年度の東京圏及び大阪圏における10～20km圏（通勤時間1時間圏内に相当）での中高層分譲住宅価格及び借家家賃（表6－5）から，定数c_1，c_2を推定すると，$\phi(r)$は次のように表される。

$$\phi(r)=\frac{1}{1+\exp(-4.1237\times\log(3.0788\times10^{-3}\times P/p)}$$

③　住宅需要累積分布関数の推計

住宅需要実態調査（1988年）による持家取得希望世帯による希望購入価格累積

表6－5　東京圏及び大阪圏（10～20km圏）分譲住宅価格及び借家家賃（1988年度）

	東　京　圏	大　阪　圏
住宅価格P（62m²）	5,360万円	2,664万円
家賃　　p（62m²）	16.5万円	12.1万円
P/p	325	220
$\phi(r)$	50%	33.3%

（備考）1　分譲住宅家賃については都市開発協会資料（1988年3月）から，借家家賃については住宅新報社『四大都市圏と全国主要都市の家賃相場』（1988年）から作成。

2　住宅平均規模は62m²と想定。

3　本パラメータ推計では，市場均衡における持家価格及び借家家賃に係る2組の観測データから2個のパラメータを推計している。このため，モデルの精度を計測することはできないが，データ入手上の制約及び本モデル式の重要性に鑑み，この式を採用した。

分布及び借家入居希望世帯による希望家賃累積分布から，62m²の需要住宅平均規模水準の住宅を想定した場合の持家需要関数及び借家需要関数の累積分布関数$f_{D1}(P)$及び$f_{D2}(p)$を推計すると，下式の通りとなる。

$$f_{D1}(P)=\frac{-4.980}{1-64.61\exp(3.360\times10^{-4}P-3.343)}$$

$$f_{D2}(p)=\frac{1.747}{1+7.846\exp(1.313\times10^{-3}\times p-4.071)}$$

（備考）このパラメータ推計のため採用した住宅需要実態調査のデータは，価格帯別の住宅持家取得又は借家入居希望世帯割合データであり，生の観測値をデータとするものではない。このため，モデル式の精度の検証は重要でないため，省略している。

④　住宅需要関数の推計

①，②，③より持家需要関数及び借家需要関数が推計される。

⑶　持家供給関数及び借家供給関数の推計（趨勢ケース）

1）前提条件

持家供給及び借家供数の価格弾力性は，市街地住宅研究会（1989）83頁によると，その価格水準によらず安定的とされている。

2）定 式 化

以上の考察により，持家供給関数$S_1(P)$及び借家供給関数$S_2(P)$は表6－6のように定式化される。

3）供給関数の推計

①　住宅価格の推計

首都圏1時間圏内の平均的な距離である10～20 km帯における住宅の平均価格水準をみると，75m²で6,480万円との水準にある（表6－7）。

よって，62m²の需要住宅平均規模水準の持家住宅についてみると現状では，5,360万円程度の水準にあるとみられる。

同様に首都圏1時間内の平均的な距離である10～20km帯における賃貸住宅

表6－6　持家供給関数$S_1(P)$及び借家供給関数$S_2(P)$

$S_1(P)=c_3 \cdot P^{m1}$

$S_2(p)=c_4 \cdot p^{m2}$

$S_1(P)$：持家供給関数
$S_2(p)$：借家供給関数
P　　：持家価格（万円）
p　　：家賃（万円/月）
m_1　　：持家供給の価格弾力性
m_2　　：借家供給の価格弾力性
c_3，c_4：定数

表6－7　中高層住宅の価格と対前年上昇率

（単位：千円）

距離帯	1987年	対前年上昇率（%）	1988年	対前年上昇率（%）
0～10km圏	66,075	59.0	96,975	46.8
10～20km圏	48,150	38.7	64,800	34.6
20～30km圏	35,550	23.1	45,000	26.6
30～40km圏	32,775	16.8	44,100	34.6
40～50km圏	29,775	10.0	38,850	30.5
50～60km圏	27,900	2.5	37,875	35.8
60～　km圏	—	—	26,550	—

（備考）1　距離帯別市町村は，次の通り
・東京都心（東京駅）から10kmの周囲地区
　品川，目黒，中野，豊島の各区及び世田谷，杉並，練馬，板橋，北，足立，葛飾，江戸川の各区の一部
・東京都心から20kmの周辺市
　川崎及び宮前，多摩，鶴見，港北の各区の一部，調布，三鷹，武蔵野，川口，草加の各市及び保谷，朝霞，浦和，三郷，松戸の各市の一部
2　価格は，都市開発協会資料（1988年3月）による。
3　標準的な中高層住宅の床面積は75m²としている。

表6－8　住戸専用面積1m^2あたりの価格と対前年上昇率
（単位：千円）

距離帯	1987年	対前年上昇率（%）	1988年	対前年上昇率（%）
0～10km圏	2.82	6.8	2.90	2.8
10～20km圏	2.49	6.9	2.66	6.8
20～30km圏	1.85	5.1	1.97	6.5
30～40km圏	1.81	8.4	1.85	2.2
40～50km圏	1.81	5.2	1.94	7.2

（備考）　1　住宅新報社『四大都市圏と全国主要都市の家賃相場』（1988年）より作成
　2　最寄駅から15分以内のアパート（1DK，2DK）賃貸マンション（2DK，3DK）の家賃について平均したもの

表6－9　現状での住宅価格水準における住宅供給行動

	すう勢ケース
都心部住宅密集地等の再開発等	9万戸
国公有地工場跡地等（利用中を含む）	22
低・未利用地（空地・屋外駐車場，資材置場）等	23
市街化区域内農地	17
公的住宅プログラム	—
一般既成市街地等の個別建替えによる戸数増大	31
合　　計	102

（資料）　建設省推計

の平均家賃をみると，1ヶ月1m^2あたり，2,660円の水準にある（**表6－8**）。

よって，62m^2の需要住宅平均規模水準の住宅についてみると，現状では，1戸あたり，1ヶ月16万4,920円の水準にあるとみられる。

②　住宅供給の動向見通し

現状での住宅価格・家賃水準（62m^2で5,360万円，1ヶ月16万4,920円）がそのまま継続するものと仮定し，かつ現状での政策環境が変化しないものと仮定すると，住宅供給者は2000年までに102万戸の住宅を供給すべく行動するものと推

定される（表6－9）。

1979年～1988年の1都3県内の新設住宅戸数における持家戸数：借家戸数の平均比率は56.4%：43.6%であることから，この比率によって住宅供給者が住宅を供給したと仮定すると，およそ58万戸が持家として，45万戸が借家として供給されるものと予測される。

③　住宅供給の価格弾力性の設定

一般に，住宅供給の価格弾力性は0.3～0.7といわれている。ここで，中位値として0.5と設定する。

④　住宅供給関数の推計

現状での価格水準5,360万円が継続した場合の持家供給見通し57.5万戸及び家賃16.5万円/月が継続した場合の借家供給見通し44.5万戸から，供給関数S_1及びS_2を推計すると下式となる。

$$S_1(P) = 0.7854\sqrt{P}$$

$$S_2(p) = 10.96\sqrt{p}$$

(4)　借家制度見直しが借家経営に与える影響の分析

1）借家経営による期待収益

家主にとっての借家経営によって期待される収益とは，通常，当該建物の耐用年数期間中，将来にわたって期待される家賃収入の現在価値の総和であると考えられる。しかしながら，周辺地区における市街化の進展やインフラ整備の進捗によって，土地の最有効使用の形態は変化する。例えば，借家建設時点では木造2階建てアパートが最も有利であった土地が，10年後には12階建てのRCマンションが，20年後にはオフィスビルが最も有利な土地利用形態となったりする。このため，家主にとっての借家経営による期待収益は，このような土地利用転換に伴う収益増と費用も併せて考慮した上で，算出する必要がある。

2）趨勢ケース及び政策ケースでの借家経営条件の相違

1）を考慮すれば，趨勢ケースと政策ケースでは，借家人制度による保護の有無により，借家経営条件に次の相違が存在する（表6－10）。

表6—10　借家制度による保護有無による借家経営条件の相違

	趨勢ケース	政策ケース
継続賃料改定	現行借家制度の継続賃料抑制主義により，継続賃料上昇率は，正常賃料水準を大きく下回る。	継続賃料も，新規市場賃料に併せた改定が可能となる。
土地利用転換時に要する借家人への立ち退き料	現行借家制度の正当事由制度により，高額な立ち退き料を支払う必要がある。	土地利用転換時点を予測し，あらかじめ確定期限ある借家契約とすることで，立ち退き料支払いは不要。

表6—11　建物の建築の時期別，一畳あたり家賃価格（円）

	1983年	1988年	年間上昇率
終戦時～1960年	2,199	2,470	2.4%
1961年～1970年	2,443	2,636	0.9%
1971年～1975年	3,128	3,335	1.3%
1976年～1980年	3,633	4,013	2.0%
平均上昇率	—	—	1.6%

（備考）　総理府「住宅統計調査（1983年，1988年）」より作成

表6—12　建築後の借家の存続割合（東京都：民営借家総計）

	1983年	1988年	除却率
終　戦　前	47,000	33,100	30%
終戦後～1950年	46,500	31,100	33%
1951年～1960年	193,500	130,200	33%
1961年～1970年	512,900	356,700	30%
1971年～1975年	382,600	277,300	28%
1976年～1980年	295,100	281,500	5%

（備考）　総理府「住宅統計調査（1983年，1988年）」より作成

3）ケース別借家経営期待収益算出

①　前 提 条 件

a）継続賃料上昇率

住宅統計調査（1983年，1988年）から，建築時期別借家の家賃上昇の状況を見ると**表6―11**に示すとおりである。このため，趨勢ケースにおける継続賃料上昇率は1.6％と設定する。

一方，政策ケースにおいては，少なくともGNP成長に併せた家賃改定が可能と考えられるため，継続賃料上昇率を過去10年間での国民総支出デフレーター平均値から，6.0％と設定する。

b）土地利用転換の発生

住宅統計調査（1983年，1988年）による建築時期別借家における土地利用転換発生状況は，**表6―12**に示す通りである。

このため，借家経営の期待収益算出に際しては，新築後約8年後までは，およそ95％の借家が存続しているが，それ以降，毎年一定の割合（約7％）で借家が除却され，土地利用転嫁がなされるとの借家経営を仮定する。

c）立ち退き料

東京都国税局では，相続税・地価税の評価に際し，借家権割合を30％と定め，土地に係る借家人の権利を，下式により算出している。

（借家人の権利）＝（更地価格）×0.7（借地権割合）×0.3（借家権割合）

またハウスメーカー数社に対するヒアリングによっても，借家人立ち退きに際しては，少なくとも（土地価格）×0.7×0.3の立ち退き料が必要との回答が得られ，国税局算出式が民間実務の場でも活用されていることが検証された。

このため，趨勢ケースにおける立ち退き料は，（土地価格）×0.7×0.3と設定する。

d）そ の 他

その他の設定条件は，**表6―13**の通りとする。

表6－13　期待収益算出の前提条件

現在価値割引率	5.4%	過去10年間（1981～1990年）長期プライムレート平均値
地価上昇率	12.0%	過去10年間（1981～1990年）首都圏平均地価上昇率

② 算出方法

借家経営による期待収益の現在価値の総和は，具体的には下式によって算出される。

[借家経営による期待収益の現在価値の総和]

$$
\begin{aligned}
&= \frac{1}{1.05}\left[\binom{\text{1年後借家}}{\text{経営継続確率}}\times\binom{\text{1年目}}{\text{家賃収入}}+\binom{\text{1年目借家}}{\text{経営廃止確率}}\right.\\
&\qquad\left.\times\left\{\binom{\text{1年目土地}}{\text{売却収入}}-\binom{\text{取り壊し}}{\text{立退費用}}\right\}\right]\\
&+\frac{1}{1.05^2}\left[\binom{\text{2年後借家}}{\text{経営継続確率}}\times\binom{\text{2年目}}{\text{家賃収入}}+\binom{\text{2年目借家}}{\text{経営廃止確率}}\right.\\
&\qquad\left.\times\left\{\binom{\text{2年目土地}}{\text{売却収入}}-\binom{\text{取り壊し}}{\text{立退費用}}\right\}\right]\\
&+\frac{1}{1.05^3}\left[\binom{\text{3年後借家}}{\text{経営継続確率}}\times\binom{\text{3年目}}{\text{家賃収入}}+\binom{\text{3年目借家}}{\text{経営廃止確率}}\right.\\
&\qquad\left.\times\left\{\binom{\text{3年目土地}}{\text{売却収入}}-\binom{\text{取り壊し}}{\text{立退費用}}\right\}\right]\\
&\qquad\qquad\vdots
\end{aligned}
$$

③ 算出結果

以上の前提条件の下で，趨勢ケース及び政策ケースについて借家経営による期待収益を算出したところ，政策ケースの場合，初期家賃が趨勢ケースの45.5%の水準にあっても，借家経営による期待収益の現在価値の総和が趨勢ケースと等しくなることがわかった。このため，趨勢ケースにおいて初期家賃を1とした時の借家供給量は，政策ケースにおいて初期家賃を0.455とした時の借家供給量に等しくなる。

4）借家供給関数の推計（政策ケース）

以上の分析から，政策ケースにおける借家供給関数は下式の通りと推計される。

$$S_2(p)=10.96\sqrt{(p/0.455)}$$

(5)　需給均衡の推計

①　趨勢ケース

現行借家制度を前提とすると，1991年から2000年までに新設される持家住宅戸数は，およそ57.9万戸で，価格は，5,428万円となるものと予想される。また，新設借家戸数はおよそ，45万戸で，家賃は，16万8千円となる。持家・借家合わせた総新設戸数は約103万戸と見られる。

②　政策ケース

借家制度が見直されたケースでは，新設借家戸数はおよそ，18.7万戸増大して63.7万戸となり，家賃価格も1万4千円程度低下して，15万3千円となる。一方，持家戸数はわずかながら減少し56.6万戸となり，住宅価格も5,197万円に下落する。総新設戸数は増大し，約123万戸に達する（表6－14）。

(6)　政策効果の計測

以上より，継続賃料について市場賃料主義を採用し，かつ，あらかじめ合意

表6－14　趨勢ケース，政策ケースにおける需給均衡価格及び量

	すう勢ケース	政策ケース
住　宅　価　格（万円）	5,428万円	5,197万円
家　　　　　賃（円/月）	168,250円	153,600円
持家新設戸数（万戸）	57.9万戸	56.6万戸
借家新設戸数（万戸）	45.0万戸	63.7万戸
住宅新設戸数計（万戸）	102.9万戸	120.3万戸

表 6 —15　借家法制見直しが2000年までの新設住宅市場に与える効果

価格等	趨勢ケースに比較した場合の政策ケースにおける価格等の変化	
持家価格	▲　4.3%	
借家家賃（初期家賃）	▲　8.7%	
戸数	趨勢ケースに比較した場合の政策ケースにおける戸数の変化	
持家	▲　2.2%	
借家	＋　41.6%	
計	＋　16.9%	
所有関係別構成	趨勢ケース	政策ケース
持家比率	56.3%	47.0%
借家比率	43.7%	53.0%

（備考）　1．都市住宅事業研究会「都市住宅事業研究会(1)報告書」（1992年 3 月）における住宅・土地システム検討委員会（委員長：岩田規久男・上智大学教授）報告中の東京圏住宅市場モデルによる借家法制見直しが新設住宅市場に与える効果推計結果から作成。

2．同推計における前提条件は，次の通り。

(1)　対象地域：東京都心通勤 1 時間圏内。具体的には山手線のターミナル駅から概ね 30 分（急行，快速等利用）以内の駅を有する市区の区域として設定。

(2)　対象期間：1991年から2000年までの10年間。

(3)　推計のケース：①現行借家法制がそのまま維持されるとした趨勢ケースと，②ｉ）継続賃料について正常賃料主義を採り，ii）あらかじめ合意により定められた期限に確実に借家権が消滅するような借家法制の見直しがなされた政策ケース，の 2 ケースについて推計。

3．推計方法については，次の通り。

(1)　上記の対象地域および期間における新設住宅市場につき，持家および借家に係る需要関数，供給関数を推計し，その需給均衡点を算出することにより，新設住宅の価格および初期家賃ならびに戸数を推計。

(2)　持家需要関数および借家需要関数については，住宅需要層の需要行動に特殊な変化が生じないものとして推計。

により定められた期限に確実に借家権が消滅するような借家法制の見直しがなされた場合，現行借家法制がそのまま維持されるものとした場合と比較すると，借家戸数は41.6％増大，持家を含む総住宅戸数は16.9％増大，持家価格は4.3％低下，初期家賃は8.7％低下すると見られる。これが借家制度見直しによる効果である。これをまとめると**表6―15**のとおりである。

第7節　法の政策科学

以上みたように，借地借家の法システムは，判例の解釈，鑑定評価の実務を含めて，土地・住宅の市場に対して重大な影響を及ぼしてきた（岩田（1976）136～138頁，岩田（1977）91，92頁，岩田・小林・福井（1992）64頁，野口（1989）150頁，野口（1992）152，153頁参照）。この影響は，借地権や借家権の保護を通じた利用市場の縮小であり，既存借地・借家は保護されるが，新規に参入しようとする借手は，市場の不存在，権利金・賃料の高額化といった効果により，かえって，より質の悪い，すなわち，遠い・狭い・環境が悪いといった住宅から脱出できない状態に置かれてしまうことにつながる。そしてこれは，賃貸住宅が過少となっているという利用市場固有の歪みのみならず，そのような歪みを通じて住宅需要者が無理をして持家取得に向かうことになり，売買市場が不必要に肥大化するという歪みをも発生させている。賃借権の保護の故に賃貸借の市場ではなく持家の市場が大きくなるというパラドックスが成立しているのである。一部で強調されるように，借地借家法制は，住宅・土地政策とは無関係（生熊（1993）35頁など）ではなく，その目的の如何を問わず現実に住宅・土地政策と密接な関連を，機能として有していることを認めることがまず重要と思われる。

そのような意味でも，鈴木（1959）が，借家法の性格を「契約関係を媒介とする家主の犠牲による住宅社会立法」と規定し，「住宅なきものに住宅を与えるという本来国家の手でなされるべき任務を，国家が自らの負担では行わず，私人たる家主の貸家所有権を……制限し，これによって……借家人の居住を保障する」ものであるとし（5頁），「正しい住宅政策のあり方は，大衆の住居の安定という任務を国家が私的家主に転嫁することでなく，国家予算による……住宅難の解消」にあり，「借家法による解約制限と家賃統制が貸家所有権の自由を否定するものであり，住宅難解決のための国家予算の寡少のしわよせが家主に集まっているのだと強調することは，長い目で見れば，正しい住宅政策への方向を導き出す一助になる」と論じている（63頁）のを改めて強調したい。岩田・小林・福井（1992）71頁が「健康保険制度が発足する以前は，低所得者層は有徳の医者の慈善にすがるしかなかった。しかし，今日，低所得者層の医療を医者の仁徳に期待して供給すべきであると考える人はいないであろう。それにもかかわらず，住宅だけは依然として地主・家主の慈善にすがって解決しようとして矛盾に陥っているのである」と述べるのもこれと呼応している。

ここでは，このような認識を踏まえ，借地借家に関する法の政策科学として，現行のシステムを検証し，住宅・土地政策との関連をも視野に入れたとき，借地借家を含む包括的な法システムはどのように修正・設計されることが適切であるかについて論じる（福井（1993ｃ）参照）。

なお，特に借家法の影響に関して，現在でも貸家は十分供給されている，ワンルーム・マンションが多い理由は借家法によるものではない等の主張がある[4]。これらの認識が妥当でないことは，ここまでの分析ですでに明らかになっていると思われるが，若干の補足をしておく。

第１は，現に市場で均衡している量をみて感覚的に絶対量の大小を論じることは妥当でないという点である。森本（1994）は，近年の借家市場では，規模の大きな貸家が供給されていること，規模が大きい借家の床面積当たり家賃が小さいもののそれよりも安いこと及び建築費が高く大規模なものではファミリー層の家賃負担能力を越えてしまうことを理由として，「借地借家法がファミリー層の貸家供給を制限しているとはいえない」と述べる。しかし，仮に供給者のマインドが借家の法システムにより影響を受けているとするならば，他の条件を一定としたとき，その影響がない場合と比べて必ず供給関数のシフトが起こっており，それにより，賃料や量の変化が生じている。重要なことはこの変化の程度が無視できないような問題を引き起こしてはいないかということであって，変化後の絶対値のみをとらえて評価することは法システムの検証として意味を持たない。現に規模の大きい借家が市場に存在していることと，それが借家法の影響の下にある市場であることとは矛盾なく両立するのである。

第２は，規模の違いによる床面積当たり家賃の差については，借家法の影響を前提としても合理的な説明が可能となりうる点である。すなわち，森本(1994)の論拠は5の(4)で述べたとおり，管理のコストには規模の経済が働く，いいかえれば，規模の大きい借家ほど安く供給できる点及び立地等による家賃形成要因を同等の条件とすることを前提として単価を比較しなければ規模の違いの影響をみることはできないという点を無視している。具体的には，ワンルームマンションは駅前などの1等地にあることが多いと考えられ，このことは床面積当たり家賃にも当然影響する。さらに，ファミリー向け借家の床面積当たり家賃が安いのは，借家法が供給を抑制していることと矛盾するものではなく，継続賃料抑制主義に立つ司法判断そのものが家賃統制として機能しているからなのである。

第3は，特に住戸規模に関する借家法の影響を検討する場合には，公営住宅，公団・公社住宅等を除いた民間借家について分析する必要があるという点である。森本(1994)は，規模の大きい借家が供給されているとする論拠として「1991年の賃貸住宅(公的直接供給含む)の戸当たり床面積別の構成比率をみると50m²を超えるものが約40%」になっており，51〜70m²で約8割，71〜100m²で4割近くを賃貸住宅が占めていることを挙げるが，公的住宅は，借家法の効果と関わりなく，その目的からもファミリー向けにむしろ重点を置いた借家供給を図ることとされており，現にそのように事業を営んでいる。借家法の影響を考える場合にこのような要素を除くべきことは当然である。

第4は，第1とも関連するが，貸家の採算性は，賃料や権利金のみならず，税制，特に相続税制に大きく影響を受けている点を考慮する必要がある。すなわち，土地・建物と金融資産の評価額の格差，貸家に対する軽減措置等を背景に，節税効果を含めた採算性からは，独立に見れば収益が小さくても貸家経営がきわめて有利になることが多い。このような相続税制の歪みは，仮に借家供給を促進する要素となるとしても，土地の有効利用を実現する保証はなく，本来是正されるべきものである。税制の歪みも，借家法制の歪みもともに除去して持家・借家の選択に対して中立的なシステムを構築することこそ根元的な課題である。いずれにせよ，ワンルームには立地上不適当な郊外部などにおいてもファミリー向け住宅が供給されうることの背景にはこのような税制上のバイアスが強く作用している。これは借家法の影響とは別問題であって，借家法固有の影響をみるときに，このような要素を除く配慮をしないのは科学的態度ではない。

⑴ 住宅・土地政策

住宅・土地政策の目的は多岐にわたるが，質の良い住宅ができるだけ安価で市民に提供されることが重要な目的であることに異論はないと思われる。

ここで特に指摘しておきたいことの第１は，快適な環境を伴う土地の有効利用の促進は，市場を通じて既得権益を持つ者のみならず，潜在的な需要者をも救済することになるという点である。後に述べるように借地借家法制は，他の施策とあいまってこのような意味での政策的寄与を果たすことが可能である。第２は，市場で対応できない社会経済的弱者に対しては，社会福祉的観点からの分配により公的な支援を行うことが必須となるという点である(5)。このことは，借地借家法の保護が緩和ないし撤廃された場合の弱者たる居住者等に対しては，国，地方公共団体が責任を持って必要な保護を行うべきことを法システムの中に内在化させることをも含む。このような保護の充実を図ることこそ「本来国家の手でなされるべき任務」なのである。

⑵ 正当事由制度

住宅・土地政策，なかんずく社会福祉的観点からの分配の実現と併せて，借地借家に関する「正当事由」制度を再検討する必要がある。

第１は，正当事由の有無に関する予測可能性が乏しいという点を立法により改めることである（金本（1992）32頁参照）。期限が到来したときの運次第で正当事由が備わるというに等しい今の判例の傾向は，貸手の契約関係への参入をためらわせる大きい要因となっている。新法は，正当事由の明確化を図ったとされるが，結局，正当事由具備に関する事前の予測可能性の付与は行われなかったのであるからその意味では「明確」とは言えない。基本的には，借地借家の存続期間の設定は，貸手と借手の自由な合意に委ねるべきである。この場合，貸手の横暴により短期間の契約しか締結されなくなるなどの懸念がありうる。しかし，住宅・土地政策を上で述べたように実現することとセットであれば，長期的には，代替家屋，代替地が豊富に，しかも安価で存在するようになり，貸手の競争が確保されることから，一方的な契約は成立しなくなる（野口（1992）149〜151頁，岩田・小林・福井（1992）65〜67頁参照)。仮に，そのような契約により，居住・営業の地を追われる弱者が生じるようなことがあったとしても，さまざまなタイプの住宅に関する広範な賃貸市場が存在していること自体がそのような弱者の受け皿として機能することになるのであり，万が一そのような機能が作動しない場合には，公的に責任をもつべきことになる。その点の担保が存在するならば，私的な合意に公的に介入する必要性は薄れる。

第2は，立退料に関する不明朗な判断を改めることである。これは，その金額に関する予測可能性がないことの問題点でもある。すでに述べたように，判例自体に統一的規準がなく，個別事件毎の解決の妥当性としても疑問の残るものも多い。土地収用により，公共事業のために移転義務を負わされる借家人ですら，借家権価格の補償はなされず，通常受ける損失（土地収用法88条）の補償対象となるのみである。民事上の立退料が際限なく高額化したり，個別性が極端に強くなることは，貸手のインセンティブを強く抑制し，市場に影響を及ぼすので問題が多い。しかし，新法は，判例で確立されてきた立退料の給付を正当事由の要素として明文化してしまった。立退料についても，基本的には，貸手と借手の自由な合意に委ねるべきであり，立法論として，あらかじめ契約締結時点で，立退料を授受しないで利用関係を終了させるとする合意も，立退料の算定方法，金額について定めておく合意も共に有効とすべきである。

(3)　定期借家権

①　従来の状況

92年改正法で認められた期限付建物賃貸借とは別途に，少なくとも一般的な定期借家権制度を創設するのが望ましいのは当然であった。正当事由制度を撤廃するのが原則的方向であるが，段階的には定期借家権制度が余剰土地・建物の活用に際して相当の意義を持つであろう。この場合も，立退料については，当事者の合意に委ねるものでなければならない。

なお，法務省「借地法・借家法改正要綱試案」(1989) では，立法化されなかったが，非居住用建物の賃貸借についての正当事由の撤廃，明渡し補償金の請求権の付与が掲げられていた。しかし，これは，第一に非居住用に限定している点に問題がある。すなわち，借家権の存続の必要性について，このような単純な類型化により形式的に優劣を付けることは実態に照らしても無理がある。居住用でも代替家屋への入居が容易な場合もあれば，非居住用であっても多くの判例が述べるように営業上移転が困難な場合もある。どちらにせよ，保護が必要な借家人については，公的な分配で対応すべきであって，そのような施策と併せて，ともに正当事由を撤廃するか，またはともに定期借家権の対象とすべきであった。なお，借家法を自由化すれば，中長期的には，そもそも居住用，非居住用を問わず，豊富な代替建物に小さい負担で入居できるようになるという点が強調されるべきである。第2の問題は，明渡し補償金の支払を必須とする考え方が採られていることであり，法制上，このようなことを強制する必要はなく，当事者の合意を尊重すべきである。

なお，定期借地権については，すでに述べたように未知数であるが，その活用が土地の有効利用，住宅供給の促進に寄与するよう適切な運用が必要である（福井（1994），稲本（1984）20頁，稲本（1985）8，9頁，稲本（1992）参照）。現在のブームは生産緑地法の改正，農地の宅地並み課税の実施を背景としており，かつ，戸建住宅中心に事業化されている。持続的に，かつ共同住宅での活用がなされることが課題となる。

②　いわゆる定期借家法の制定

規制緩和委員会（当時），経済審議会での議論に加え，民間の定期借家研究会（会長・田中啓一日本大学教授）の提言等も相まって，自民党に定期借家等に関する特別調査会（会長・保岡興治衆議院議員）が1997年に設置され，自民・自由・公明・民主の4党提案の議員立法により，1999年12月には定期借家権導入を内容とする「良質な賃貸住宅等の供給の促進に関する特別措置法」（「定期借家法」。以下「本法律」という）が成立した。本法律によって改正された借地借家法（以下「改正法」という）は，2000年3月より施行された。改正内容は基本的に福井（1994ａ，ｂ）の提言内容を具体化するものとなっており，そのポイントは，次の通りである。

詳細については，定期借家の立法過程に直接参画した研究者・実務家が立法論・解釈論を集大成した阿部・野村・福井編（1998），福井・久米・阿部編（2000）を参照されたい。

契約の更新がなく，期間の満了によって賃貸借が終了する定期借家契約を締結することができるようになった(改正法38条1項)。その際，書面による契約が義務付けられており，口頭の契約では正当事由で保護される普通借家となる。

定期借家契約においては，当事者が1年未満の期間を定めた場合でも，その期間の定めがそのまま有効になる(改正法38条1項後段)。また民法は，賃貸借一般について存続期間の上限を20年と定めるが，建物の賃貸借に関しては，20年を超える長期契約が締結できるようになった（改正法29条2項)。

定期借家契約においては，家主に対して，書面による契約に加え，あらかじめ契約の更新がなく期間の満了により賃貸借が終了する旨を記載した書面を交付して借家人に説明することが義務づけられた（改正法38条2項)。

期間が1年以上の定期借家契約では，家主は，期間満了の1年前から6カ月前までの間（以下「通知期間」という）に借家人に対して期間満了によって賃貸借が終了する旨の通知をしなければ，その終了を借家人に対抗することができない(改正法38条4項)。ただし通知期間の経過後でも，家主が賃貸借終了の通知をした日から6ヵ月経過後は，賃貸借の終了を借家人に対抗することができる。

床面積200㎡未満の住宅に関する定期借家契約においては，「転勤，療養，親族の介護その他やむを得ない事情により，建物の賃借人が建物を自己の生活の本拠地として使用することが困難となったときは，……建物の賃貸借権の解約の申し入れをすることができる」(改正法38条5項)として，強行規定による借家人の中途解約権が認められた。

定期借家契約に関しては，家賃改定についても当事者の合意を優先させて紛争を事前に回避するため，明文により家賃改定特約を有効とした（改正法38条7項)。

改正法施行前の建物の賃貸借契約は，すべて正当事由制度を前提として締結された契約であるため，その契約の更新は従来どおりに取り扱われることが，明文で定められた（本法律附則2条1項)。

住宅に関しては当分の間，既存の普通借家を合意解約して新たに定期借家契約を締結すること，いわゆる普通借家から定期借家への切替えが禁止された(本法律附則3条)。本法律の施行後4年を目途として，居住用の借家の在り方等について見直しを行なうこととされた（本法律附則4条)。

定期借家法が土地利用に及ぼす影響は重大であるのはもちろんだが，その立法過程で，法の経済分析の成果を無視しようとする法務省や一部の法曹関係者，民法研究者などに対して，議員立法主体を支える形で，法学研究者，エコノミスト，工学研究者，ジャーナリストらが広く結集し，法の利用者本位の改正が実現したことは，日本の法制史上に残る快挙であった。

⑷　継続賃料の設定規準

継続賃料抑制による問題点はすでに詳しく述べた。ワンルームマンションや社宅への市場のシフトが，この点を主要因の一つとして発生していることは明らかであり，供給行動を自然なものに修正するためには，地代，家賃の改訂に関する当事者の合意がある場合には，まずそれを優先し，ない場合に裁判上賃料を設定する場合には，継続賃料の設定規準として正常賃料主義を採用する必要がある。このための手法としては従来のものを活用する余地もあるが，差額配分法については，方式自体を見直す必要がある。正常賃料主義については，判例も，不動産鑑定評価実務もかなりの考え方の転換が必要となる。しかし，これを徹底することなく借地借家の法システムが合理性を発揮することは困難である。

なお，新規賃料については，完全に契約自由の原則に委ねられているのはすでに述べたとおりであるが，継続賃料の特性を正当化する見解においては，この点での整合性をどのように根拠づけるのか明らかでない。

仮に借手の保護が継続賃料抑制の根拠であるならば，保護に値するのは，契約更新する借手のみであり，新規借手がいかに給料に高額の賃料を負担しても介入し得ないことの合理性の証明が必要である。

居住の安定が継続賃料抑制の根拠であって，契約更新に際しての借手保護の要請が一層強いとするのであっても，それが既得権益擁護のイデオロギーといかなる点で異なるのかについて明らかにされる必要がある。

結局のところ新規，継続を問わず同じように住宅に困窮する市民に対して異なる規律を適用すべき理由は見あたらないように思われる。そうであるならば，このような者に対してはやはり，借地借家権という偶発的事情に依拠する私的な施しではなく，公的な分配によって対応するのが適切ということにならざるを得ない。

⑸ 開発利益の土地税制による吸収

⑴の住宅・土地対策においても触れたが，借地借家の法システムの自由化と強くかかわるのが開発利益の帰属の問題である。すなわち，仮に，当事者の自由な合意により立退料を支払わずに明渡しを求めることが可能となったり，賃料が正常賃料を規準として増額されることになると，なぜ地家主がそのような利益を独占するのか，借手も土地の繁栄に寄与しているではないか，との疑問が生じうる（水本（1984）9～10頁など）。この疑問はもっともであるが，これに応えて，当事者の合意と異なる内容の立退料や継続賃料抑制という形で土地の価値の増大分を貸手と借手という私的な二当事者間のみで分配してしまうという思考自体に根深い問題がある。土地の価値の増大は，多くの場合，インフラストラクチャーの整備や土地利用計画による外部不経済の排除といった公的部門を通じた不特定多数の市民の負担（納税や利用料金）によってもたらされるものであって，本来，自らの寄与によらない土地からの利得は，税制を通じて公共に還元するのが分配の公平にかなう(6)。これは，土地の有効利用により実現される資源配分の効率とは独立の評価規準である。

したがって，借地借家の法システムの自由化は，決して地家主の利益を増大させるための提案ではなく，地家主に結果として発生する利益を，地家主や借手の寄与により増大した土地の価値についてはこれを控除したうえで土地税制により吸収し，社会化・公共化することにより，新たなインフラ投資等を通じた土地の有効利用の促進へと循環させる仕組み，すなわち再分配・再投資のサーキットを伴って実質的な意義をもつことになる（巽（1983），巽・高田（1988）参照）。この場合の土地税制としては，岩田規久男氏による土地キャピタルゲイン税（岩田（1977），岩田（1988），岩田・小林・福井（1992））や八田達夫氏による売却時中立課税（八田（1988））という土地の有効利用のうえでも，分配の公平のうえでも優れた方式が提案されている。

⑹ 既存借地・借家と土地利用

既存借地・借家に関しては，新法の適用がないこととされたが，今後新たに自由化のための法改正が行われるときは，既存の関係をどう考えるべきか。借地権・借家権の相続がある以上，既存関係は相当の長期にわたって存続し，土地利用を形式的に固定化するなど，そこにさまざまな土地利用上の問題が発生する可能性が強い。やはり，十分な公的代償措置の下で，相続の制限などにより，新たな規律を及ぼすことを可能とする必要がある。

(7)　自由化が先か，福祉が先か

借地借家法制の自由化及びこれと対をなす住宅政策・福祉対策の先後について,特に自由化を危惧する側から,まず福祉対策等による条件整備が先決であって借地権・借家権保護の緩和はそれまで行うべきでないとの趣旨の見解が示されることがある（岩見（1991）41頁，吉田（1991）37頁など）。論理としては理解できるが，それだけでは建設的な展望につながらない。国家の果たすべき責任を明らかにし，そこで足らざるを補うために何をなすべきかを検討し，本来の民事法の原則，すなわち契約の自由を貫徹したとしても弱者保護において公的な措置が十分に受け皿として用意されているような制度環境に近づけていくために英知を結集すべきである。したがって，借地借家法制の自由化，住宅政策・福祉の強化はすべて同時に達成していくべきものと考える必要がある。他が不十分な以上，ある部門は前進しないというのでは，日本の住宅・土地問題の解決の展望はない。

最近，住宅政策の局面でも，低層住宅密集市街地の再開発に当たって，従前借家人が居住を継続する場合の家賃激変緩和のため，国の住宅政策史上初めての建替促進に係る家賃補助制度が発足（1991年）したり，民間の良質な賃貸住宅確保のため，貸手に対する建設費補助に加えて入居者に一定期間家賃補助を行う特定優良賃貸住宅供給促進法が施行（1993年）されるなど特に家賃補助施策について急速な進展がみられる。このような動きが，借地借家の法システムの自由化のための環境整備として一定の意義をもつ可能性がある。

なお，1994年６月，ニューヨーク市家賃指導局長Timothy L. Collins氏に対して行ったヒアリングによれば，ニューヨーク市の賃貸住宅は，①統制住戸約10万戸（家賃上昇率，明渡事由等を法により直接規制），②安定住戸約100万戸（最大家賃上昇率を家賃指導局が毎年決定），③自由市場住戸約90万戸（家賃，期間ともに当事者の自由な合意による）から構成されているが，1994年３月の条例施行により，従来①又は②であった住戸のうち，月額家賃2,000ドル以上の住戸は現在の借家人が退去後は③になり，月額家賃2,000ドル以上かつ借家人年間所得25万ドル以上の住戸は直ちに③になることとなり，法令による借家市場への介入が一部緩和された。

一定の高額な家賃や借家人所得に係る住宅については，借家権の保護は不要とする考え方であり，この点を今後の日本の借家法改正に際しても参考にする余地がある。本来，低所得者対策は借家市場への介入によるのでなく，分配政策としての生活保護，公営住宅(7)，家賃補助(8)等によるのが原則的方向であるが，過渡的措置として，一定額以上の家賃又は借家人所得である住戸については，正当事由廃止ないし定期借家権の対象とするとともに，継続賃料についての改訂は当事者の完全に自由な合意に委ね，合意がない場合は継続賃料抑制主義によらない判断をする余地がある。このようなケースについてまで借家権を強力に保護する必然性は見当たらないはずである(9)。

⑻　自己責任原則

当事者が双方契約締結時に十分理解し，納得した明渡し期限や賃料改訂ルールについても，法規範の認めるところにより，裁判所が後から異なる，しかも相当程度個別性の強い判断をなしうるのが，現行の法システムであるが，自由な個人の自己決定権の一環としての契約への参入に対して，ここまでの国家による干渉が行われるのは自己責任原則からみて過度ではないだろうか。単純な意味での「約束は守る」といった基本的な倫理や，日本国憲法の人間人格尊厳の原理，自由主義的国家観との間での摩擦すら感じる。契約法のあり方として社会法化が望まれるとの見解もありうるかもしれない。しかし，繰り返し述べたように社会的に必要とされる私人に対する保護は，本来公共の役割であって，私人に肩代わりさせることによっては，望ましい保護の水準の達成の保障すら可能ではない。私人間の契約は自由な意思により自由な内容で締結できることとし，その内容通りの実現に国家が責任を持つことは，自律的な個人を前提とする秩序の形成に結びつく。そのような方向と逆行し，かつ必要な保護が発動されないことが放置されかねない方向には危惧を感じる。「社会化」されるべきは公的な政策であって，借地借家法という契約法そのものではないと考えたい。

(9) むすび

以上論じてきたように，借地借家の法システムのうち正当事由制度と継続賃料抑制主義を改めることにより，土地利用転換の量と速度が増大し，有効利用が促進される。借家についても，ファミリー向けも含めた多様な広さ，形式，契約期間の住宅が，当事者が合意したさまざまな賃料等設定のルールの下で多く供給されるようになるであろう。賃料等の負担水準も現在よりも相当程度低下する。これは，たまたま借地借家の法的関係に参入済であった者のみを保護するのではなく，住宅に苦しむ多数の潜在的な住宅需要者たる市民を保護するということにほかならない（福井（1993 b）参照）。しかし単に土地利用の転換圧力が自由化によって増大するだけであれば，ミニ開発，スプロール，環境の悪化，無秩序な街並みの形成などさまざまな土地利用の外部不経済が発生する。だから借地借家の法システムの自由化に反対との立場もありうるかもしれないが，それでは，除去可能な副作用にもかかわらず，良薬の投与をやめて，病状を悪化させるのと同じで建設的ではない。このような副作用に対しては可能な限り別の手段を講じればよい。「複数の目的には複数の手段」（岩田・小林・福井（1992）32頁）が必要なのである。具体的には，土地利用の外部不経済を抑止するのは都市計画・建築規制の役割であるから，土地利用の良好性を厳密に担保する用途，容積率，高さ等の規制，敷地の共同化や道路，公園，空地等の創出へのインセンティブの付与などが，別途用意されている必要がある。地家主への開発利益帰属の問題については，税制による公的な吸収と分配に基づくのが筋であった。借地借家権による分配は貸手と借手という私的な二当事者しか視野に入れていない。さらに，社会的弱者に対しては，公営住宅，家賃補助等による手厚い保護が，自由化と連動して公的に講じられているべきことも当然である。そしてこれら施策の財源としては，土地税制の適正化を図ったうえで，負担の公平の見地から，土地関連税がシステムとして還流するようにしておくことが適切である。このようなサーキットは，新たな土地の有効利用の実現を通じたさらなるすべての市民の福利厚生の増大という好循環を生むであろう。

なお，定期借家法は現段階の最良のものではあるが，次の点は改善が必要である。

第1に，改正法38条5項では，借家人限りの要件を満たせば借家人から1ヵ月前解約が当然にできるが，この強行規定によって，米英では一般的な，例えば15年間借り続ける代わりに賃料総額を割り引くといった,借手にメリットがあり，貸手も空室リスクを避けることができる双方の当事者に利益となる契約が実質的に禁止されてしまうことになる。お互い合意のうえでこの当然解約権を排除する特約を結んだときは，それを有効とする明文の規定をおかなければならない。

第2に，居住用借家については，既存借家を定期借家とすることが禁止されたが，予定居住期間が短い借家人や，長くても家賃減額や礼金返還を主張する借家人にとっては定期借家への切換えはむしろ有利となる。家主と借家人の双方が合意する限り定期借家への切換えを強行規定で禁止する合理性はない。これを認める法改正が必要である（福井（2000）19頁）。

(1)　正当事由に関する最近の判例としては，東京高判1989.3.30判時1306号38頁，福岡地判1989.6.7判タ714号193頁，東京地判1989.6.19判タ713号192頁，東京地判1989.7.4判時1356号100頁，東京地判1989.7.10判時1356号106頁，東京地判1989.8.28判タ726号178頁，東京地判1989.9.14判タ731号171頁，東京地判1989.9.29判時1356号106頁，大阪高判1989.9.29判タ714号177頁，東京地判1989.12.27判時1353号87頁，東京地判1990.2.19判時1371号119頁，東京地判1990.3.8判時1372号110頁，東京高判1990.5.14判時1350号63頁，東京高判1990.9.10判時1387号91頁，最判1991.3.22民集45巻3号293頁，東京地判1991.5.30判時1395号81頁，東京地判1991.7.25判時1416号98頁などがある。

(2)　継続賃料に関する最近の判例としては，京都地判1981.10.23判タ466号148頁，東京地判1989.1.26判時1329号170頁，東京地判1989.8.29判時1348号96頁，東京地判1989.9.5判時1352号90頁，神戸地判1989.12.26判時1358号125頁，名古屋地判1990.7.13判時1378号92頁，東京地判1991.3.29判時1391号152頁などがある。

(3)　丸山（1991），丸山（1992）はこのような需要の類型を指摘している。

(4)　吉田（1991）35頁，森本（1993）7～9頁など，森本（1993）については，本文で指摘した第1から第4までの問題点のすべてが妥当する。

(5)　このような視点は，岩田（1976）136～138頁，岩田・小林・福井（1992）70，71頁，野口（1991）153頁，宮尾（1992）43頁，田中（1992）46頁，福井（1993a）39頁などに示されているが，法律分野の研究として，五十嵐（1992）が，住宅政策及び借地借家法の自由化の双方の重要性について,公法と私法の接点と連動という観点から詳細かつ明解に論じているのが注目される。五十嵐・石田他（1989）のうち五十嵐氏発言部分（60，61頁）も同旨，また，内田（1991）26頁，佐藤（1992）37頁などもこのような視点を否定するものではないと思われる。

(6)　瀬川（1992）25頁などにもこの視点がある。

(7)　阿部（1989）240〜257頁，阿部（1992）205頁は，現行公営住宅制度について運用実態も踏まえた緻密な検証と制度改革の提案を行っている。

(8)　金本（1993）は，住宅補助政策全般にわたり，体系的に問題点を分析し，改善方向を提示しており，その視点は，特に住宅政策にかかわる実務家にとって新鮮であろう。

(9)　八田（1994）は，ニューヨークの家賃規制を日本の借家法との比較の視点から明確に分析するとともに，法改正の方向についても示唆に富む展望を示している。

〈参考文献〉

阿部泰隆（1989）『国土開発と環境保全』日本評論社
阿部泰隆（1992）『行政の法システム（上）（下）』有斐閣
阿部泰隆・野村好弘・福井秀夫編（1998）『定期借家権』信山社
五十嵐敬喜（1992）「自治体住宅政策と借地借家法」自由と正義43巻5号
五十嵐敬喜・石田喜久夫外（1989）座談会「借地法・借家法改正要綱試案」『ジュリスト』939号
生熊長幸（1993）「借地借家法改正と土地の有効利用」都市住宅学4号
稲本洋之助（1984）「都市における土地利用と借地権観念」法律時報56巻12号
稲本洋之助（1985）「現代都市問題と借地・借家」日本不動産学会誌3号
稲本洋之助（1991）「借地借家法案に見る改正事業の到達点」シティフォーラム6号
稲本洋之助（1992）「新借地借家法における借地権の観念」法律時報64巻6号
岩田規久男（1976）「借地借家法の経済学的分析」季刊現代経済№24
岩田規久男（1977）『土地と住宅の経済学』日本経済新聞社
岩田規久男（1988）『土地改革の基本戦略』日本経済新聞社
岩田規久男・小林重敬・福井秀夫（1992）『都市と土地の理論―経済学・都市工学・法制論による学際分析』ぎょうせい
岩見良太郎（1991）「借地権･借家権の弱体化は都市をよくするか」法学セミナー440号
内田勝一（1991）「改正法で借地・借家関係はどう変化するのか」法学セミナー440号
金本良嗣（1992）「新借地借家法の経済学的分析」ジュリスト1006号
金本良嗣（1993）「住宅補助政策の経済学」都市住宅学4号
佐藤岩夫（1992）「新借地借家法を読む」法学セミナー447号
澤野順彦（1990）『借地借家法の現代的展開』住宅新報社
市街地住宅研究会編（1989）『都市住宅ルネッサンス』ぎょうせい
鈴木禄彌（1959）『居住権論』有斐閣
瀬川信久（1992）「社会・都市の発展と借地借家法規制の方向」ジュリスト1006号
巽 和夫（1983）「大都市における住宅政策の検討」都市問題研究35巻10号

巽 和夫・高田光雄（1988）「都市型ハウジングシステムの構図」都市問題研究40巻7号
田中啓一（1992）「借地借家法改正と土地問題」法律のひろば45巻3号
㈶日本住宅総合センタ--（1992）『居住水準の国際比較―居住水準の国際比較に関する基礎的調査―』
㈶日本住宅総合センター（1992）『首都圏における借上げ社宅の実態調査』
野口悠紀雄（1989）「一層の自由化が必要」ジュリスト939号
野口悠紀雄（1992）「日本の都市における土地利用と借地・借家法」宇沢弘文・堀内行蔵編『最適都市を考える』東京大学出版会
八田達夫（1988）『直接税改革』日本経済新聞社
福井秀夫（1990）「住宅・土地問題への接近の視点とその評価規準」住宅39巻9号
福井秀夫（1993ａ）「法政策論としての都市住宅学の課題」都市住宅学2号
福井秀夫（1993ｂ）「住宅に関する政策的選択の問題点」ハウジングレポート12巻8号
福井秀夫（1993ｃ）「住宅政策における市場の意義」建設月報46巻10号
福井秀夫（1994ａ，ｂ）「借地借家の法と経済分析（上）（下）」ジュリスト1039，1040号
福井秀夫（2000）「定期借家法の概要と将来展望」民事法情報162号
福井秀夫・久米良昭・阿部泰隆編（2000）『実務注釈定期借家法』信山社
升田純（1992）「借地・借家の裁判例と実務（平成元年度）（上）」判例時報1417号
丸山英気（1991）「借地借家法改正問題とその背景」シティフォーラム6号
丸山英気（1992）「借地借家法改正の意義と今後の課題」法律のひろば45巻3号
水本 浩（1984）「住宅・土地問題と借地・借家法の動向」法律時報56巻12号
宮尾尊弘（1992）「借地借家法改正と土地・住宅市場のゆくえ」法学セミナー447号
民間賃貸住宅推進研究会編（1993）『貸家市場の現状と今後の貸家施策のあり方』㈶住宅金融普及協会
森本信明（1993）「大都市圏における民間賃貸住宅の位置と家賃問題」都市住宅学4号
吉田克己（1991）「借家法改正は住宅問題を解決できるのか」法学セミナー440号

第７章　結論及び今後の課題

都市住宅問題は地域的な広範性，問題の多種多様性，利害関係の複雑性，関連学問諸分野にまたがる学際性，行政・民間における実務との関連性等の特徴を有し，その全貌を体系的，整合的で明快な形態で明らかにすることはきわめて困難であった。さらに，学問的方法論においても都市住宅問題は，工学，法学，経済学，社会学，政治学等多様な分野にわたり，それぞれの分野毎に独立の研究の蓄積がなされてきたにすぎないというのがこれまでの実状であったといわざるをえない。本書では，このような従来の研究動向を踏まえ，社会経済的厚生評価規準概念の定立により，問題をできるだけ統一的に分析，評価することに特に留意した。この際，資源配分の効率性に関する経済学的知見，実定法の諸問題に関する法学的知見，都市計画・建築計画における土地利用更新等の把握に関する工学的知見等を融合して学際的な分析たることにも努めた。本書全体を総括して得られた結論を要約すると次のとおりである。

⑴　都市住宅問題の諸相を，それが誰にとってのどのような問題点であるのかについて整理・分析し，都市住宅問題の認識をめぐる混乱状況に対して，明確で合意の成立可能性が高い論点の提示を行った。

⑵　社会経済的厚生評価規準，寄与分に応じた分配の公平評価規準，社会福祉的観点からの分配の公平評価規準，社会経済的厚生を増大させるための再分配評価規準，制度・システムの設計評価規準，場面適合的公的介入評価規準，複数の目的には複数の手段評価規準の７つの評価規準を定立し，これらにより，複雑な都市住宅問題を体系的に認識することが可能となった。社会経済的厚生評価規準等は，従来の規準と異なり，社会的余剰の増減，その分配のあり方を解明するうえで実際的であり，利害が複雑であったり，広域性のある問題点にも対処することができる。また，都市住宅問題の①発見，②評価に寄与するのみならず，③問題点の具体的な平面毎に社会経済的厚生を増大させるとともに，弱者も含む市民の公平の実現のための制度・システムの対案を提示する際にも

寄与することが見込まれる。

⑶　住宅市街地の現況，なかんずく低層住宅密集市街地を例にとって，現行の法令，税制，予算，事業制度等を前提とすると，関係当事者のインセンティブの欠如等により市街地の更新を円滑に図っていくことは困難であることを示した。併せて，社会経済的厚生評価規準に基づき，住宅供給の観点の付与，明確かつ現状追随的でない将来ビジョンの設定，費用対効果の検証，関係当事者に対するインセンティブの付与，権利調整手法の体系化等の政策的目標を具体化することにより，敷地細分化へのディスインセンティブ，敷地共同化へのインセンティブが強まり，良好な住宅市街地の更新整備が行われる蓋然性が高まることがわかった。

⑷　データの収集，モデルの策定等に当たって，社会経済的厚生評価規準を作業行程毎に必要に応じて適用することにより，住宅市街地の更新整備方策を検討するに当たっての各プロセスの意義を明らかにした。具体的には，権利調整費用の低減を図ることが，共同建替えの選択確率を高めるうえで重要な役割を果たすことになることを定量的・実証的に示した。併せて，収用権の活用，交換分合制度の構築により社会経済的厚生を向上させることが可能であることを具体的に示し，将来の住宅市街地像のイメージとして中高層共同住宅化が可能であることも具体的に示した。

⑸　住宅市街地の更新に際しての権利調整費用の重大な一要素をなす借地借家法制の問題について，法の変遷，裁判例の動向，借家市場，持家市場への影響等を工学的知見の活用により実証的に明らかにし，借地借家法制は，特に正当事由制度及び継続賃料抑制主義の点で市街地更新整備上の隘路をもつことを明らかにした。すなわち，これらが，一室住居シェアの肥大化，借家率の減少，借家規模の狭小化，再開発の困難化等をもたらしている可能性が強いとの仮説をたて，データに即してこの仮説を検証した。併せて，社会経済的厚生評価規準等から見て望ましい借地借家法制，住宅福祉措置，土地利用計画のあり方についても提示した。

⑹　以上の作業を通じて，社会経済的厚生評価規準に基づき住宅市街地の土地利用，住宅・土地市場等を分析することにより，従来重要視されつつも明らかではなかった問題の根幹的要因，発生の過程，他の関連する問題との関係等

を体系化し，認識することが可能となることを明らかにした。この際，住宅・土地市場の活性化により市街地の環境を改善するとともに，市場全体における社会経済的な厚生水準を高めるためには，法制，税制，予算等の各種制度・システムの中の，どの部分に対して，どのような手法により，どの程度の公的な介入をなすべきかという点が明らかとなった。併せて，分配に関するさまざまな評価規準からみて住宅市街地の更新整備を図っていくに際しての潜在的市民をも含めた市民全体における公平の実現のためには，いかなる形態の公的な介入が望ましいかについても明らかにすることができた。本研究に示した具体的な政策の適用場面以外にも，およそ都市住宅問題全般にわたって社会経済的厚生評価規準を的確に適用していくことによって諸問題相互の関わりや問題の解決指針をより明確な形で具体的に得ることが可能となることが見込まれる。

今後の課題は次の通りである。

(1)　本書で示した社会経済的厚生評価規準そのものは，具体的な都市住宅問題に対して，網羅的に応用していくことによってより精緻で現実的妥当性も高い評価規準に改善されうると考えられる。このような評価規準の改善に向けてのフィードバック作用としての各分野への応用的研究を，さらに深めていくことが課題となる。

(2)　既成市街地，特に低層住宅密集市街地の更新整備を図る上で，地権者の意向とさまざまな制度・システムが，具体的にどのように関連し，制度・システムのどの部分のどのような改変が地権者のどのような意思・行動に反映されることになるのかについては，実証的研究を一層深めていくことが課題となる。

(3)　敷地の共同化に関して，具体的ケースにおける成功事例，失敗事例を収集することにより，敷地共同化の具体的な成否に関する要因分析をさらに深めていくことが課題となる。

(4)　借地借家法制について，それが実際の潜在的借地借家供給者に対して，どのような影響を与えているのかを実証的に分析するため，これら潜在的供給者に対する意向調査を実施し，その具体的メカニズムを明らかにしていくことが課題となる。

(5)　借地借家法問題には，規定そのものが不明確で事前の法的予測可能性が小さいことに伴う問題点がある。このような予測可能性の小ささそのものが，裁判官，弁護士，法解釈学者等の法律専門家集団における職業的専門性を発揮するうえでの中核的領域になっていると考える余地がある。このような仮説について明らかにし，制度の歪みを，より明確に捉えていくことが課題となる。

あとがき

本書は，1989年に筆者が実務家として都市住宅政策に携わることとなり，政策課題としての都市住宅問題の解決の困難さを認識するとともに，研究課題としての都市住宅問題分析の重要性を痛感したことに端を発する。以来，直接の業務は都市住宅を離れても，その研究は常に筆者の第一次的関心事項であり続けた。このような中で，従来の都市住宅に関する研究の豊かな蓄積から多くを学ぶと同時に，都市住宅に関して，工学，経済学，法学等のそれぞれの優れた方法を統合した学際的研究を進める必要性を強く認識するにいたった。本書は，このような方向での取組みを現時点で総括し，特に工学的手法を活用した法と経済学の方法により都市再生の方向を探ろうとする試みである。

本書は，1997年に授与された京都大学博士学位の請求論文「社会経済的厚生評価規準に基づく住宅市街地の更新整備方策に関する研究」に加筆修正したものである。

その後，2000年には本書第6章初出論文の提言が定期借家法の施行として結実し，その立法過程に直接参画したことには格別の感慨がある。

執筆に当たっては，三村浩史氏より全編にわたる丁重なご指導をいただいた。宗本順三氏及び飯田恭敬氏からも，的確なご指示を多数いただいた。高田光雄氏には，全編をくり返しお目通しいただき，懇切なご指導をいただいた。東樋口護氏及び川上光彦氏からは，研究会での報告等を通じて多くの有益なご教示をいただいた。

巽和夫氏からは，住宅研究の重要性を教示いただいたのみならず，筆者の住宅研究の取組みに対して終始変わらぬ暖かいご指導を賜った。

熊田禎宣氏は，多くの有益なテーマに関する研究機会を与えていただくとともに，常に創造的研究のあり方の範を示された。

八田達夫氏，福島隆司氏，八代尚宏氏からは，経済学の分析方法を折にふれ直接ご教示いただいた。

久米良昭氏は，論理の構築，データの収集等において常に有益な示唆を与えていただくとともに，学術的議論一般に関する最良のパートナーであった。

鈴木禄弥氏からは，借地借家法に関して有益な示唆をいただいた。

保岡興治氏，山下魁川氏，田中啓一氏，那珂正氏，山本繁太郎氏，和泉洋人氏，下村郁夫氏は，著者の都市住宅研究を終始励ましていただいた。大竹亮氏には，本書のデータを更新するうえで格別の助力をいただいた。

袖山貴氏には本書の刊行にあたってご尽力をいただいた。

各位に心より感謝申し上げたい。

本書のうち，既発表論文等を改稿した章については，以下に初出論文等を示す。序章及び第7章は書き下ろしである。

第2章　「住宅・土地問題への接近の視点とその評価軸」(1990) 住宅39巻9号

第3章　「象徴的存在としての低層住宅密集市街地」(1992) 岩田規久男・小林重敬・福井秀夫『都市と土地の理論』ぎょうせい

第4章　「低層住宅密集市街地の将来」(1992) 岩田・小林・福井前掲書

第5章　「道路拡幅を伴う敷地集約化型共同建替事業の調整作業費用」(2000) 都市住宅学32号

第6章　「借地借家の法と経済分析(上)，(下)」(1994) ジュリスト1039，1040号

2001年7月

米国ミネソタ州ノースフィールドにて

著　者

事項索引

い

一団地の住宅経営 ……156
一団地の住宅施設 ……156
一般民間賃貸住宅貸付制度 ……58
違法建築 ……122
インセンティブ ……78
インフラ ……1,19,51

え

延焼火災 ……49

お

汚染のライセンス ……34

か

開発利益 ……111,214
——の内部化 ……86
外部経済 ……33
外部効果 ……32
外部性 ……39
——の内部化 ……34,39
外部不経済 ……22,33
価値判断 ……41
借上げ社宅 ……187
カルチェ・ダムール ……77
監視区域 ……36
換　地 ……58
官僚機構 ……38

き

期限付建物賃貸借 ……172
規制緩和 ……26
規制緩和委員会 ……211
既成市街地 ……47,89
帰属家賃 ……16
期待収益 ……136
キャピタルゲイン ……35
供給曲線 ……28
狭小敷地 ……47
行政による裁量 ……38
共同建替え ……116
寄与分に応じた分配の公平評価規準 ……29

く

クリアランス ……61
クリアランス型 ……71,164

け

経済的インセンティブ ……34
継続賃料 ……175
——抑制 ……213
——抑制主義 ……16,178
契約自由の原則 ……169,181
限界効用曲線 ……28
限界費用曲線 ……28
権利関係の複雑性 ……48
権利調整 ……79,128
——主体 ……128
——費用 ……118
権利変換 ……57

こ

合意形成費用 ……118
交換分合 ……124,158
公共政策 ……43
高度利用地区 ……58
コースの定理 ……34
国土利用計画法 ……36
戸建居住ニーズ ……120
固定資産税 ……36
個別建替え ……75,116
コミュニティの維持・存続 ……21,63,115

さ

再開発地区 ……55
財産権の自由 ……163
財産処分の容易性 ……120

再分配・再投資のサーキット……………………19
再分配政策……………………………………………31
差額配分法……………………………………175

し

地上げ………………………………………………20
市街化区域…………………………………………36
市街地区域内農地…………………………………36
市街地再開発事業…………………………………57
市街地住宅小委員会………………………………67
市街地住宅密集地区再生事業……………………62
敷地共同化型………………………………………76
敷地共同化プロジェクト…………………………59
敷地の共同化………………………………………82
事業用資産の買換特例……………………………56
資源配分の効率性……………………8,25,40
自己使用……………………………………………173
自己責任原則……………………………26,216
資産格差の拡大……………………………………18
市場機構………………………………………………4
市場均衡……………………………………………28
市場の失敗…………………………………32,39
私的自治の原則……………………………………39
社会経済的厚生評価規準……………………24,27
社会経済的厚生を増大させるための
　再分配評価規準…………………………………32
社会経済的弱者……………………………………209
社会的余剰…………………………………………28
社会福祉的観点からの分配の公平評価規準…31
弱者保護……………………………………………26
借地権価格…………………………………………181
借地借家法…………………………………37,169
借家供給関数………………………………………192
借家経営……………………………………………200
借家権価格……………………174,177,181
借家需要関数………………………………………192
住環境………………………………………68,111
　——の悪化………………………………………22
住居費負担能力……………………………………14
従前居住者対策……………………………………63
住宅・土地統計調査………………………………183
住宅供給……………………………………………67
住宅金融公庫融資…………………………………58
住宅市街地…………………………………………47
住宅市街地整備……………………………………67
住宅社会立法………………………………………206
住宅需要実態調査…………………………………183
住宅地区改良事業…………………………60,156
住宅地区改良法……………………………………60
住宅地高度利用地区計画…………………55,67
重点供給地域………………………………………62
修復型………………………………………………71
収用権を背景とする道路網整備…………………123
収用事業……………………………………………156
収用適格事業………………………………84,85
需要曲線……………………………………………28
小規模敷地活用型賃貸住宅貸付制度……………58
上限規制……………………………………………29
譲渡所得課税の特例………………………………56
消費者余剰…………………………………………28
消費税制……………………………………………30
将来住宅市街地像…………………………………93
将来ビジョン………………………………………70
所得分配の公平性……………………………8,25

す

ストック更新………………………………………146
スライド法…………………………………………175

せ

生産者余剰…………………………………………28
生産緑地……………………………………………37
政治の失敗…………………………………………38
正常賃料主義……………………………192,213
制度・システムの設計評価規準…………………34
正当事由制度…………………15,37,169,209
税負担の増大………………………………………23
セカンドベスト……………………………………122
積算法………………………………………………175
接道状況……………………………………………49
接道条件……………………………………………55
セットバック………………………………85,124
全面買収……………………………………………84

そ

総合設計……………………………………………55
相続財産……………………………………………30
相続税………………………………………30,37

相続税制の歪み ……208

た

大都市住宅調査 ……183
大都市地域における住宅及び住宅地の供給の促進に関する特別措置法 ……62
大都市法 ……62
第2種市街地再開発事業 ……157
宅地開発指導要綱 ……3
宅地並みの課税 ……37
立退料 ……173
建物譲渡特約付借地権 ……170

ち

地価上昇 ……35
地区計画 ……55
地区施設 ……85
地代・家賃の増減額請求訴訟 ……171
地代家賃統制令 ……183
長期営農継続農地認定制度 ……36
調整作業費用 ……118
調停前置 ……171
賃貸住宅政策 ……14
賃貸事例比較法 ……175
賃料改定方式の特約 ……178
賃料紛争 ……172

て

定期借地権 ……170
定期借家権 ……210
定期借家研究会 ……211
定期借家制度 ……15
定期借家等に関する特別調査会 ……211
定期借家法 ……170,211
低層住宅密集市街地 ……47,68

と

東京圏住宅市場モデル ……191
投票のパラドクス ……38
道路整備 ……84
特定街区 ……55
特定住宅地区整備促進事業 ……61
都市居住再生融資 ……60
都市計画・建築規制 ……33,54
都市再開発法 ……127
都市再生 ……170
都市住宅問題 ……1,13,47
——の評価規準 ……24
豊島区東池袋4・5丁目地区 ……90
都心の居住機能 ……21
土地・住宅税制 ……56
土地基本法 ……38
土地キャピタルゲイン税 ……122,214
土地区画整理事業 ……58,121
土地投機 ……3,35
土地取引規制 ……36
土地利用転換 ……20
トレード・オフ ……28,40

に

2項道路 ……85

の

農地転用賃貸住宅貸付制度 ……58

は

パターナリズム ……15
パレート最適 ……25,32,164

ひ

ピグー税 ……34
非有効利用 ……49
費用対効果 ……73
票の取引 ……38

ふ

複数の目的には複数の手段評価規準 ……40
不動産鑑定評価基準 ……175
不動産融資 ……35
分配の公平性 ……40

ほ

防災街区整備地区計画 ……55
防災街区の整備の促進に関する法律 ……63
防災性 ……68
法定再開発 ……121

ま

マクロ経済学 ……2
街並み誘導型地区計画 ……55
マックスミニの原則 ……32

み

ミクロ経済学 ……2
密集住宅市街地整備促進事業 ……122

も

木造賃貸住宅地区総合整備事業 ……62
木造賃貸住宅密集地区 ……47,68
木賃・住環境対策 ……68
持家から借家へ ……17
持家政策 ……14

や

家賃対策補助 ……62
家賃補助 ……215

ゆ

遊休土地利用転換促進地区 ……67
有効利用 ……51

よ

容積率のボーナス ……55
用途別容積型地区計画 ……55,67
横浜市鶴見本町・潮田地区 ……90

り

立体換地 ……58
利回り法 ……175
良質な賃貸住宅等の供給の促進に関する特別措置法 ……15,211

る

累進税率 ……30

れ

零細敷地の固定資産税優遇措置 ……122
レントハウスローン ……58

わ

ワンルーム・マンション ……207

〈著者紹介〉

福 井 秀 夫（ふくい ひでお）

法政大学社会学部教授（行政法）。1981年東京大学法学部卒。京都大学博士（工学）。
建設省都市局，住宅局，大臣官房会計課等を経て，1996年より現職，2000年より政策研究大学院大学客員教授。2000より2001年までミネソタ大学及びセントオラフ大学各客員研究員。

著書に『都市と土地の理論』（共著，ぎょうせい，1992年），『東京問題の経済学』（共著，東京大学出版会，1995年），『住宅の経済学』（共著，日本経済新聞社，1997年），『定期借家権』（共編著，信山社，1998年），『実務注釈定期借家法』（共編著，信山社，2000年），『社会的規制の経済分析』（共著，日本経済新聞社，2000年），『司法を救え』（共編著，東洋経済新報社，2001年），『競売の法と経済学』（共編著，信山社，2001年）ほか。

都市再生の法と経済学

2001年(平成13年) 9月20日　　第1版第1刷発行
1866-0101

著　者　　福　井　秀　夫
発行者　　今　井　　　貴
発行所　　信山社出版株式会社
〒113-0033 東京都文京区本郷6-2-9-102
電　話　03 (3818) 1019
FAX　03 (3818) 0344

Printed in Japan

印刷・製本／勝美印刷・大三製本
ISBN-4-7972-1866-5 C3332
1866-012-030-030
NDC分類323.911

ISBN4-7972-2181-X　C3332　NDC323.011

棟居　快行　著　（むねすえ・としゆき）成城大学法学部教授

憲法学再論

～現代憲法学の先端問題を鋭く分析する～

A5 判変型 520 頁上製箱付　本体 10,000 円

<収録論文>ポストモダンの憲法学？/多元的社会における個人情報保護・情報公開/自衛隊災害派遣/日本的秩序と「見えない憲法」の可視化/公用収用法理の展開/人権観の種類と選択/人権の私人間効力/監視カメラの憲法問題/開示請求権の位置づけ/規制緩和の憲法論/プロセス・アプローチ的司法審査観/行政紛争への司法の関与/現代型訴訟としての違憲国賠訴訟/陪審制の憲法問題

ISBN4-7972-1778-2　C3332　NDC

田島　裕　著　（たじま　ゆたか）筑波大学大学院ビジネス科学研究科企業法学専攻教授

英米法判例の法理論

［田島裕著作集 8］［第 1 回配本］

～英米の最重要判例の解説～

A5 判変型　上製カバー　254 頁　本体 6,000 円

通常裁判所による司法審査の範囲、委任立法に対する司法審査、憲法事実の司法審査、言論・集会の自由と市民的抵抗の権利、選挙権の平等、「市民参加」の理論、環境保護、立入検査の司法令状、土地利用と正当な補償、水利権、不法行為法の相殺の原則、死刑、ヨーロッパ人権規約などに関係する判例解説。事項・法令・判例索引付。

ISBN4-7972-3301-X　C3333　NDC

下村　郁夫　著　（しもむら　いくお）政策研究大学院大学政策研究科教授

土地区画整理事業の換地制度

～都市計画の実現にとって重要な議論～

A5 判変型　上製カバー　288 頁　本体 6,000 円

土地区画整理事業は日本の都市計画を現実化する上で重要な役割を担ってきたが、この事業は物理的事業であるのと同時に宅地の権利関係を再編成する法的事業であるので、その効果は事業の中核をなす換地制度によって制約されている。本書は照応原則、申出換地、小規模宅地対策、清算を中心に換地制度とその運用の理論的含意を解明し、また土地区画整理事業をさらに有効に利用するための制度改正を提案する。

ISBN4-7972-2206-9　C3332　NDC327.101

小野　秀誠　著　（おの　しゅうせい）一橋大学大学院法学研究科教授

大学と法曹養成制度

～日本型ロースクール論議に必読の労作～

A5 判　上製箱付　452 頁　本体 12,000 円

1990 年代末から、わが国でも司法制度改革が行われており、その一環として、法曹養成制度、大学における法学教育のあり方が議論されている。ドイツの大学制度は、他のヨーロッパ諸国の制度とならんで、かねてわが国のモデルになったものであり、その意義・問題点・近時の発展を整理・検討しておくことは、議論の前提となり、また時宜にかなったことでもあ

ISBN4-7972-3063-0　C3332

入札談合規制に携わってきた著者がその防止対策を提案！

入札談合の研究

～その実態と防止策～

鈴木　満（すずき　みつる）　著　桐蔭横浜大学法学部教授・元公正取引委員会首席審判官

A５変型判　上製カバー　３８８頁　本体価格　６,２８０円

本書は、独占禁止法制定以来平成12年秋までに同法の規制対象となった１６７件にのぼる入札談合事件のすべてを分析し、わが国における入札談合規制の変遷および規制対象に、国や全国５００を越える地方自治体の入札談合防止対策や入札制度改革の実態・効果を基に、あるべき入札談合防止対策を具体的に提案する。

目　次

第1部　独占禁止法による入札談合規制の手続

1 はじめに
2 入札談合とその弊害
3 カルテルの一種としての入札談合
4 カルテル認定の要件
5 事業者団体主体のカルテル
6 違反事件の処理手続
7 談合罪となる場合

第2部　独占禁止法違反事件にみる入札談合の実態　－入札談合規制の変遷と談合のルール－

1 概　説
2 第Ⅰ期　課徴金制度導入前（昭和22年7月～53年3月）
3 第Ⅱ期　建設工事入札談合の摘発活性化と業界の反発（昭和53年4月～平成4年3月）
4 第Ⅲ期　外圧による建設工事入札談合規制の強化（平成4年4月～7年3月）
5 第Ⅳ期　官製談合の摘発展開期（平成7年4月～12年10月）

第3部　入札談合防止対策

1 国の入札談合防止対策
2 地方自治体における入札談合防止対策の実態

第４部　あるべき入札談合防止対策

1 はじめに
2 入札談合防止対策が要請される背景
3 入札談合防止対策の検証と改善の方向
4 入札改革の推進に伴って生ずる問題とその克服策
5 入札談合をしにくくする予定価格制度・予算制度の検討
6 発注者のゆ着および能力不足と入札談合

第5部　入札談合に対する抑制力の強化策

1 独占禁止法に基づく入札談合規制の課題と改善の方向
2 建設業法による処分の強化
3 あっせん利得罪処罰法の問題点
4 損害賠償請求訴訟の活発化

あとがき

事項索引（巻末）
入札談合事件索引（巻末）
巻末資料　入札談合事件審決等一覧（昭和22年7月～平成12年10月）